Steve Fry
Ich bin der Ich bin
Gott offenbart sich

D1719380

Steve Fry

Ich bin der Ich bin

Gott offenbart sich

teamwork 17/12

Verlag, Musik + Handel GmbH

Titel der amerikanischen Originalausgabe:

I AM by Steve Fry
The Unveiling Of God
© 2000 by Steve Fry
ISBN 1-57673-690-3

Published by Multnomah Publishers, Inc.
204 W. Adams Avenue,
P.O. Box 1720, Sisters, Oregon 97759 USA
All non-English rights are contracted through: Gospel Literature International,
P.O. Box 4060, Ontario, CA 91761-1003, USA

German © der deutschen Ausgabe 2004
by teamwork 17.12
Verlag, Musik + Handel GmbH
Industriestaße 10
61191 Rosbach-Rodheim, Germany
E-mail: info@teamwork17-12.de
www.teamwork17-12.de

ISBN 3-936811-02-4

Die Bibelzitate wurden, wenn nicht anders angegeben, aus der Bibelübersetzung von
Franz E. Schlachter entnommen. Revidierter Text 1951
© Genfer Bibelgesellschaft, Postfach, CH-1211 Genf

Übersetzung: Marita Wilczek
Umschlaggestaltung: Creativ.Werbe.Design.Bonnert, Friedberg
Satz: Satz & Medien Wieser, Stolberg
Druck: Breklumer Druckerei M. Siegel, Breklum

Dieses Buch widme ich meiner Mutter Peggy, durch deren Erziehung ich so viel über Gottes Wege gelernt habe. Es war ihre Hand, die mir in so mancher Krise Halt gab, ihr Wort, das mich tröstete, wenn meine Welt einzustürzen schien, ihr Rat, der mich vor mehr als einem Desaster bewahrte.

Als Sohn bin ich meiner Mutter, mit ihrem nie endenden Glauben, zu niemals endender Freude und Dankbarkeit verpflichtet.

„Ich bin, der ich bin!"
(2. Mose 3,14)

„Wer mich gesehen hat, der hat den Vater gesehen!"
Johannes 14,9

„Du hast vormals die Erde gegründet
und die Himmel sind deiner Hände Werk.
Sie werden vergehen, du aber bleibst;
Sie alle werden wie ein Kleid veralten,
wie ein Gewand wirst du sie wechseln,
und sie werden verschwinden.
Du aber bleibst, der du bist,
und deine Jahre nehmen kein Ende!"
Psalm 102,26-28

Inhalt

Dank 9

Vorwort 13

Einleitung 17

1 Die Wunder Gottes 21

2 Er gibt ewiges Leben 27

3 Die unermessliche Gnade Gottes 33

4 Er heilt die Herzen 38

5 Zur Veränderung befreit 43

6 Er befreit uns von Schuld 49

7 Ein Gott der Vergebung 54

8 Ein gebender Gott 58

9 Gott war einer von uns 62

10 Als er zur Sünde wurde 68

11 Ein Gott, der trauert 73

12 Der Zorn Gottes 80

13 Gott missverstehen 85

14 Gott: Ein wahrer Freund 90

15 Unser gerechter Richter 94

16 Ein ringender Gott 99

17 Begegnung mit einem eifersüchtigen Gott 104

18 Ein Gott der Heiligkeit 108

19 Er nennt uns „heilig" 116

20 Der unsere Lasten trägt 120

21 Wenn Gott schweigt 127

22 Gott: unsere tiefe Erfüllung 133

23 Der unsere Schmerzen getragen hat 137

24 Gott wirkt durch unsere Schwachheit 142

25 Segen in der Dunkelheit 147

26 Das Maß seiner Kraft 154

27 Er stellt unsere Unschuld wieder her 160

28 Ein Gott, in dem wir Ruhe finden 165

29 Freudiger Gehorsam 171

30 Er ist das Zentrum unseres Lebens 176

31 Ein Gott, der feiert 181

32 Gott im Krieg – doch er sitzt auf seinem Thron 186

33 Sein Ruf zur Anbetung 191

34 Er ist würdig, geehrt zu werden 195

35 Er stillt unsere Bedürfnisse – und mehr als das 200

36 Gott, unsere Freude 208

37 Er gießt seine Barmherzigkeit aus 212

38 Ein Gott, der den Verstand befriedigt 217

39 Gottes Ruf zur Abhängigkeit 222

40 Mit Gott von Angesicht zu Angesicht 227

Anmerkungen 233

DANK

In diesem Buch finden auf sehr vielfältige Weise die Beiträge verschiedener Mentoren Ausdruck. Ein Mann, der mein Leben so tief geprägt hat wie wohl kaum ein anderer, war Campbell McAlpine, den ich als eine der klarsten prophetischen Stimmen in der zweiten Hälfte des 20. Jahrhunderts betrachte. Für mich und viele meiner Kollegen war dieser Mann herausragend als eine kompromisslose Stimme in einer Kirche, die oft ihre Vision der zentralen Bedeutung Jesu verloren hat.

Auch andere haben eine bedeutsame Rolle in meinem Leben gespielt, indem sie meinen Hunger nach Gott weckten und mir die Art und Weise seines Wirkens verständlich machten. Ich denke an Albie Pearson, die mich in den frühen Jahren meines Dienstes anleitete; an Joy Dawson, die mir als jungem Grünschnabel zeigte, dass ich die Stimme Gottes hören und ihm von ganzem Herzen nachfolgen konnte; an Pastor Desmond Evans, einem Waliser Bibellehrer, der an mich glaubte, als ich selbst nicht an mich glauben konnte; an Iverna Tompkins, ebenfalls eine begabte Bibellehrerin, die für mich und viele andere ein großes Vorbild ist, die genau im richtigen Augenblick erstaunliche Einblicke der Weisheit bereithielt; an Rick Howard, der in mir den Wunsch weckte, anderen das Wort Gottes mitzuteilen und an David Reece-Thomas, der mir oft einen sicheren Hafen bot, wenn ich den Weg nicht sehen konnte.

Doch mein größter Freund und Mentor ist wohl mein Vater Gerry Fry gewesen, der mir durch sein Vorbild zeigte, dass Demut diejenige Gnade ist, die alle anderen Gnaden erschließt, und der mich lehrte, was es heißt, mehr nach Gottes Gegenwart als nach irgendetwas sonst zu hungern. Ein Sohn könnte sich keinen besseren Vater wünschen. Diesen allen und so vielen anderen spreche ich meine tiefe Wertschätzung aus.

Danken möchte ich auch allen Kollegen und Kolleginnen der *Messenger Fellowship*, die bei meinen zahlreichen Unternehmungen in aller Welt mit mir zusammengearbeitet haben; sie waren für mich eine reiche Quelle der Freundschaft und Unterstützung.

Im Lauf der Jahre haben viele Sekretärinnen und Partner mit großer Sorgfalt an einer breiten Palette von Manuskripten gearbeitet, die nie veröffentlicht wurden; aber sie alle meinten, dass meine vielfältigen Überlegungen eines Tages vielleicht doch ihren Weg in den Druck finden würden. Lila Hedlund, Helen Lallo, Jeannie Russell, meine Schwestern Shannon Hoye und Candace Strubbar, Terry Wardley, Beverly Kaemmerling, Shari Hicks und – besonders wichtig – Libby Whittaker, die meine Frau und mich in den vergangenen sieben Jahren unermüdlich unterstützt hat – euch allen, die ihr unzählige Seiten abgeschrieben habt, die nie veröffentlicht wurden, sei an dieser Stelle herzlich gedankt!

Meine tiefe Dankbarkeit möchte ich auch meinem Freund und Verleger David Hazard aussprechen, der mehr als irgendein anderer in mir die Liebe zum Schreiben geweckt hat. Er war mir eine willkommene Quelle der Ermutigung und zugleich ein urteilsfähiger Lehrmeister, der mich durch den manchmal ermüdenden Prozess der Manuskripterstellung geleitet hat und dabei in meinen Gedankenwirrwarr stets den Funken Klarheit hineinbrachte.

Danken möchte ich auch Don Jacobson, dem Präsidenten von *Multnomah Publishers*, und dem ganzen Team bei Multnomah, die so enthusiastisch an dieses Buch geglaubt haben und ihm weite Verbreitung wünschten. Mein besonderer Dank gilt Tracy Sumner, die bei Multnomah für dieses Projekt eingetreten ist und es in der letzten Phase der Fertigstellung sorgfältig überwacht hat.

Schließlich danke ich meiner Frau Nancy, die nun seit dreiundzwanzig Jahren mein größter Fan ist. Auch sie hat im Lauf der Jahre ganze Stapel von Artikeln, Büchern und Schulungsmappen getippt. Weit wichtiger ist aber, dass sie in zahllosen geistlichen Auseinandersetzungen für mich gebetet hat, mich ansornte, angesichts zahlloser Herausforderungen an Gottes Verheißungen zu glauben, und mir in den vielen Situationen zur Seite stand, in denen ich mich völlig verlassen fühlte. Ihre Zuneigung ist für mich oft der köstlichste Ausdruck der Liebe unseres himmlischen Vaters gewesen, die wir auf dieser Seite des Paradieses erfahren.

Ich danke auch meinen drei Kindern Cameron, Kelsey und Caleigh, die so manches Mal auf die Zeit mit ihrem Dad verzichtet haben, aber meine Begeisterung für die Veröffentlichung eines Buchs teilten, das anderen helfen würde, Gottes Liebe zu entdecken.

Mit Paulus kann ich sagen: „Gott aber sei Dank, der uns allezeit in Christus triumphieren lässt und den Geruch seiner Erkenntnis durch uns an jedem Ort offenbart" (2. Korinther 2,14). Mein Leben wurde von diesem alles überspannenden Gedanken geleitet: Wenn Menschen sehen, wie Gott wirklich ist, können sie nicht anders, als ihn zu lieben. Nichts anderes erfüllt mich so wie die Gemeinschaft mit Gott, in der ich durch seine Gnade Einblicke in sein Wesen erhasche, während ich von Angesicht zu Angesicht Zeit mit ihm verbringe. Das Schürfen in der Bibel nach jedem Körnchen Einsicht in seinen Charakter ist die Art von Suche, die ein sich ständig weitender Weg der Freude ist: Je mehr man weiß, desto mehr möchte man wissen. Alles fließt aus *ihm*; deshalb kann ich mit großer Gewissheit und Begeisterung sagen: „Gott sei die Ehre!"

VORWORT

Nichts an diesem Buch – abgesehen von *allem* – überrascht mich.

Das sind sorgfältig gewählte, aufrichtige Worte und nicht nur ein klug konstruierter Aufhänger, um Ihre Aufmerksamkeit zu wecken. Lassen Sie mich das einen Augenblick erklären, um Ihnen dann „freien Lauf zu lassen", dieses ungewöhnlich bereichernde Buch zu *durchschlendern* (zur Erfrischung) oder zu *erforschen* (zur größeren Tiefe).

Nichts an diesem Buch überrascht mich, denn ...

Vor etwa zwanzig Jahren begegnete ich Steve Fry zum ersten Mal. Da saß dieser Teenager am Klavier und begann, eine recht große Versammlung von Pastoren und geistlichen Leitern im ersten Teil des Abendgottesdienstes in die Anbetung zu führen. Ich war, um ehrlich zu sein, ein wenig enttäuscht. Jedenfalls am Anfang.

Nun muss ich Folgendes sagen: Ich bin weder snobistisch noch herablassend gegenüber Teenagern – ganz im Gegenteil bin ich bis auf den heutigen Tag erstaunt und fühle mich geehrt, wenn ich eingeladen werde, zu großen Gruppen von Teenagern zu sprechen. Doch wie mir damals schien, wären die Veranstalter angesichts dieser vielen Hundert kirchlichen Leiter und Leiterinnen gut beraten gewesen, für einen so wichtigen Teil der Veranstaltung einen erfahreneren Leiter einzuladen. Also hatte ich zu Beginn meine Zweifel. Und das lag nicht etwa an den Fähigkeiten des jungen Leiters (die sofort erkennbar und bemerkenswert waren), sondern an seinen jungen Jahren, die einen Mangel an der nötigen Substanz (Autorität, Reife oder Gehalt in geistlichen Dingen) erwarten ließen, die er für die Leitung einer solchen Gruppe erfahrener Anbeter und geistlicher Kämpfer brauchte.

Der Teenager (er hieß Steve Fry, wie ich später erfuhr) hatte kaum das dritte Anbetungslied angestimmt, als ich mich in einem Zustand dankbarer Verwunderung wiederfand. *Dieser Bursche ist wirklich erstaunlich,* dachte ich. *Seine Bemerkungen haben*

Substanz, in seiner Haltung ist etwas *(besser gesagt:* jemand*) spürbar präsent und in seiner Musik liegt eine echte, fundierte Leidenschaft für Gott.* Als ich mich mit größerer Zuversicht seiner Leitung anvertraute, erlebte ich zusammen mit den anderen Anwesenden nicht nur Gottes Güte und Gegenwart, sondern gewann den tiefen Eindruck, dass die *Liebe* dieses jungen Mannes zu Gott wie bei David aus der leidenschaftlichen Sehnsucht entsprang, Gott zu *kennen.*

Es mag genügen zu sagen, dass meine Enttäuschung nicht nur bald verflogen war, sondern dass ich an jenem Abend einen wahren Partner – eine ganze Generation jünger als ich – in derjenigen Art von leidenschaftlicher Suche nach Gott gefunden hatte, die sich über Formen und Trends hinwegsetzt und innig danach strebt, den zu kennen, der uns im Allerheiligsten hinter dem Vorhang erwartet. Dieser Junge lehrte uns an diesem Abend eines seiner eigenen Lieder (ohne zu erwähnen, dass es von ihm stammte, oder zu sagen: „Gott hat es mir gegeben"). Der Text drückt alles, was ich beschrieben habe, besser aus, als ich es in Worte fassen könnte:

> *Abba, Father! Abba, Father!*
> *Deep within my heart I cry.*
> *Abba, Father! Abba, Father!*
> *I will never cease to love you!*
>
> *(Abba Vater! Abba Vater!*
> *Aus der Tiefe meines Herzens rufe ich zu dir.*
> *Abba Vater! Abba Vater!*
> *Ich werde nie aufhören, dich zu lieben!)*

Die Haltung dieses jugendlichen Leiters und die Nachhaltigkeit seines Charakters und seiner Lieder, die ich in Steve kennen lernte, machen es mir unmöglich, je wieder über die Reichhaltigkeit seines Dienstes überrascht zu sein. Und so habe ich begonnen, dieses enorme Buch mit neuer Ehrfurcht zu lesen – Ehrfurcht über die Fähigkeit des Heiligen Geistes, durch bloße menschliche Worte zu bewirken, dass unsere Herzen erforscht, unsere Seelen erweckt und unsere Vorstellungskraft gesprengt werden, indem uns neu die Augen für die Wunder unseres allmächtigen und bedingungslos liebenden Vaters Gott geöffnet werden.

Und so überrascht mich *alles* an diesem Buch, denn ...

Steve setzt hier fort, was ich an jenem Abend bei ihm „entdeckte", was er in seinem Dienst aber schon seit mehr als zwei Jahrzehnten mit Integrität und Treue getan hat. Ob er aus dem Wort Gottes lehrt, uns mit selbst verfassten Liedern in die Anbetung Gottes leitet oder – wie hier – durch seine Bücher einlädt, die Wunder Gottes tiefer zu erkennen: Seine außergewöhnliche Gabe, in uns einen größeren Hunger nach Gott zu wecken, führt uns zum Segen.

Beim Lesen dieser Seiten wurde in mir eine weitere Dimension des Hungers nach Gott und der sehnsüchtigen Suche nach tieferer Erkenntnis Gottes geweckt. Und natürlich ist es immer genau diese Reihenfolge, die jedem von uns die Gelegenheit eröffnet, einen flüchtigen Einblick in mehr von Gott zu erhaschen – wo *alles* eine neue Überraschung ist! Aber diese Suche ist kein beiläufiges Unterfangen und diese Seiten wurden nicht beiläufig geschrieben. Sie wecken Hunger, weil sie aus Hunger entsprungen sind. Und Hunger ist der Schlüssel. Nicht Information. Nicht Neugier. Nicht kurzlebiges Liebäugeln mit dem Übernatürlichen.

Dieses Buch zu lesen heißt, zu einem solchen Hunger eingeladen zu werden – zu einer Sehnsucht, die uns zu einer tieferen, leidenschaftlicheren Suche nach Gott bewegt. Und so stellen wir fest, dass wir daduch zu *seinem* Platz der letztendlichen, sicheren Erfüllung geführt werden. Das hat Jesus gesagt: Indem er uns aufforderte, unsere eigene innere Leere, getrennt von Gott, zu bekennen, versprach unser Heiland allen, die mit dieser Aufrichtigkeit zu ihm kommen, die Belohnung mit den Worten: „Selig sind, die nach der Gerechtigkeit hungern und dürsten; denn sie sollen satt werden!" (Matthäus 5,6).

So finden wir Gewissheit und Ganzheitlichkeit, so wird die Seele von Frieden und Heilung durchflutet und so fangen wir an, aus der einzigen Quelle wahrer Freude zu trinken. Indem wir uns von dem Hunger anziehen lassen, Gott umfassender zu erkennen – und indem wir dieser Anziehung folgen –, begeben wir uns auf eine Entdeckungsreise, auf der wir eine neue Offenbarung

seiner liebenden Absichten für jeden von uns und eine neue Entfaltung seines Lebens und seiner Kraft in uns finden.

Nehmen Sie also diese Einladung an: Öffnen Sie dieses Buch -
und dabei zugleich Ihr Herz. Kommen Sie, um mehr vom Wunder
Gottes zu schauen - und zu merken, wie Ihr Hunger nach Gott
wächst. Er ist der Gott, der alles umfasst, was wir je ersehnen
können - vom Heiland unserer Herzen bis zu einem Freund, den
wir von Angesicht zu Angesicht kennen lernen können.

Jack W. Hayford
The Church On The Way
The King's Seminary
Van Nuys, Kalifornien

Einleitung

Meine Frau Nancy und ich haben drei großartige Kinder. Wie bei den meisten Eltern stammen einige unserer liebsten Erinnerungen aus der Zeit, in der wir uns auf ihre Ankunft freuten: das Kaufen von Babykleidung, das Anstreichen des Kinderzimmers und ... die gemeinsame Teilnahme an der Geburtsvorbereitung.

Wir saßen wie auf glühenden Kohlen, als wir zum ersten Mal an der Geburtsvorbereitung teilnahmen. *Wie würden die Wehen tatsächlich verlaufen?*, fragten wir uns. Nancys Schwangerschaft war schon recht fortgeschritten, als wir das erste Mal in den Klinikraum tapsten, in dem man uns beibrachte, wie wir dieses Kind mit einem Minimum an Schmerzen zur Welt bringen konnten. Im Laufe mehrerer Wochen lernten wir, wie man während der Wehen atmet und wie man auf die Kontraktionen eingeht. Man teilte uns sogar mit, wann wir *nicht* in der Klinik erscheinen sollten.

Die ersten Termine machten Spaß. Aber eines Abends kam die Kursleiterin auf die „Übergangsphase" zu sprechen, auf jenen Punkt der Geburtswehen, wenn der Gebärmuttermund sich auf sieben bis zehn Zentimeter weitet und die Geburt unmittelbar bevorsteht. Wie alle Mütter wissen, ist das die schmerzhafteste Phase der Geburtswehen. Die Kursleiterin erklärte, dass es in diesem kritischen Moment entscheidend ist, uns auf einen bestimmten Fokus zu konzentrieren. Ein Fokus sei notwendig, meinte sie, um die Wehen gut zu bewältigen.

„Wählen Sie ein Bild an der Wand oder eine Blume in der Vase – irgendetwas, das Ihnen hilft, Ihre Gedanken von den Kontraktionen abzulenken", erklärte sie. Ich erinnere mich noch, mit welchem Ernst sie uns das einschärfte.

Der Augenblick kam, an dem unser Sohn Cameron seine unmittelbare Bereitschaft signalisierte, diese Welt zu betreten. Stunden später traf die „Übergangsphase" Nancy wie ein Schlag. *Fokus*, sagte ich mir. *Wir brauchen einen Fokus!* Ich hatte Nancy durch die Wehen begleitet, aber jetzt nahm die Tortur an Intensität zu. Während ich verzweifelt nach einem geeigneten Fokus suchte, der sie durch ihre Schmerzen hindurchbringen würde, packte sie mich am Arm und flüsterte: „Weißt du, Schatz, ich denke, ich möchte einfach dein Gesicht anschauen, während ich das hier durchstehe. Ich möchte, dass dein Gesicht mein Fokus ist."

Im Laufe unseres Lebens erleben wir immer wieder die Freude einer „Geburt" - die Gründung einer Familie, den Beginn einer beruflichen Laufbahn, die Entstehung eines geistlichen Dienstes. Und wir werden schmerzhafte Zeiten durchmachen. Nicht jede Frage wird beantwortet, nicht jede Wunde verbunden werden. Aber es gibt einen Fokus, der uns durchbringen wird. Das ist das Wunder Gottes selbst!

Gott zu erkennen und sich an ihm zu freuen ist das Quellwasser des Lebens. Alles entspringt aus einer Beziehung mit Gott. Heute wird viel Aufmerksamkeit auf das Gebet, das Erreichen der Unerreichten und die dringende Notwendigkeit einer Erweckung in der Gemeinde gelenkt. Aber nur eine leidenschaftliche Beziehung zu Gott wird Öl in unsere Gebetskämpfe bringen, auch dann, wenn wir nur wenig Frucht sehen; nur eine leidenschaftliche Beziehung zu Gott kann unsere Anbetung davor bewahren, zu einem emotionalen Ventil zu verflachen; nur eine leidenschaftliche Beziehung zu Gott wird uns davor schützen, leblose Strategien umzusetzen; nur eine leidenschaftliche Beziehung zu Gott wird unseren Dienst ein Leben lang mit Freude zieren.

Richard Rolle, der bedeutende Mystiker des 14. Jahrhunderts, drückte es so aus: „Gott ist von unendlicher Größe, übersteigt unsere Vorstellungskraft … immer dann, wenn im Herzen die Sehnsucht nach Gott zu brennen beginnt, wird es befähigt, das unerschaffene Licht zu empfangen, und es schmeckt - inspiriert und erfüllt von den Gaben des Heiligen Geistes - die Freuden des Himmels."

Gott bringt in und durch seine Gemeinde Neues zur Geburt und viele von uns spüren die Wehen: Wir spüren sie im rapiden moralischen Niedergang unserer Gesellschaft; wir spüren sie im beschleunigten Tempo technischer Veränderungen; wir spüren sie in einem gewissen Verlust an Intimität und Gemeinschaft mit den Menschen unserer Umgebung. Manche haben das Gefühl, vom Strudel der Ereignisse aus ihrer Bequemlichkeitszone gerissen zu werden; andere fühlen sich eingezwängt zwischen den sicheren und voraussagbaren Bildern vergangener Zeiten und der unvermeidlichen Gewissheit ständiger Veränderungen in einer chaotischen Zukunft. Mitten in alledem schafft Gott Neues: indem er uns kreative Wege zeigt, unsere Welt zu beeinflussen, uns neue Blickwinkel öffnet, um zeitlose Wahrheiten zu erforschen, und uns frische Energie gibt, um untereinander nach Einheit zu streben. Doch die einzige Konstante, die unseren Wunsch nähren wird, in alledem treu zu leben, ist eine intensive Fokussierung auf Gott.

Ich hatte das Vorrecht, gelegentlich an Theaterproduktionen beteiligt zu sein. Bei einer dieser Produktionen sagte mir eine Ballerina, dass eine Balletttänzerin einen Fokus braucht, wenn sie Pirouetten dreht; sie muss ihren Blick auf irgendetwas heften, während sie ihren Körper dreht, um nicht aus der Bahn geworfen zu werden. Oft habe ich die anmutigen Bewegungen einer Balletttruppe beobachtet, wenn *Schwanensee* oder der *Nussknacker* aufgeführt wurden. Es ist schon etwas Besonderes, wenn eine Primaballerina makellose Pirouetten tanzt und sich mit solcher Formvollendung im Gleichgewicht dreht. Was ist ihr Geheimnis? Der Fokus. Indem sie ihre Augen auf irgendeinen Zuschauer oder eine Bühnenrequisite heftet, wirbelt sie ausgelassen herum und wendet den Kopf erst im letzten Augenblick jeder anmutigen Drehung, um so ihre Haltung zu bewahren.

Wenn wir uns nicht auf Gott fokussieren, werden unser Leben, unsere Familie, die umfassenden nationalen Koalitionen, die wir zu schaffen versuchen, und die internationalen Missionsinitiativen, die wir mit solchem Eifer verfolgen, letztlich aus dem Ruder gleiten. Nur indem wir das Wunder dessen, wer Gott ist, intensiv betrachten, werden wir in der Lage sein, mit Ausgewogenheit und Fassung in einer verrückten Welt unseren Weg zu gehen.

Vor Jahrhunderten schrieb ein unbekannter Autor ein Buch, das zu einem Klassiker der christlichen Literatur wurde: *The Cloud of Unknowing* (Die Wolke der Unwissenheit). Seine Sprache klingt für moderne Ohren etwas seltsam, deshalb umschreibe ich seine Worte. „Erhebe dein Herz zu Gott", schrieb er, „mit einer demütigen Regung der Liebe; und suche ihn um seiner selbst willen, nicht für das Gute, das er dir geben würde. Und sieh zu! Verabscheue es, an irgendetwas anderes zu denken als an Gott selbst, damit du nicht auf deine eigene Klugheit vertraust, noch auf deine eigene Willensstärke, sondern nur aus der Freude an Gott selbst handelst."

Vor langer Zeit sah ein Mann aus der Ferne einen Dornbusch brennen. Als er vorsichtig näher trat, hörte er eine Stimme - die Stimme des unvergleichlichen Schöpfers des Universums. Als Mose dieses Schauspiel betrachtete, hüllte der strahlende Glanz der göttlichen Herrlichkeit ihn in seine Strahlen ein. Der ICH BIN war gegenwärtig! Diese Herrlichkeit war so tröstlich, dass Mose seine größten Zweifel ablegen konnte, und so fesselnd, dass er wusste, nichts anderes könnte ihn je wieder so befriedigen. Ein anderer treuer Heiliger, Thomas von Kempen, rief Jahrhunderte später aus: „Eitelkeit der Eitelkeiten, alles ist eitel, außer Gott zu lieben und nur ihm allein zu dienen."

Während Sie beim Lesen dieser Seiten über die Schönheit und Majestät Gottes nachdenken, wünsche ich Ihnen, dass Sie ihn so tröstlich und fesselnd finden, wie Millionen von Menschen aller Zeitalter. Denn sobald Sie ihn erst einmal gesehen haben, wie er ist, können Sie nicht anders, als ihn zu lieben.

KAPITEL 1

Die Wunder Gottes

Heilig, heilig, heilig ist der Herr, Gott der Allmächtige,
der da war, und der da ist, und der da kommt!
OFFENBARUNG 4,8

Vor einigen Jahren holte mich ein Pastor, in dessen Gemeinde ich sprechen sollte, am Flughafen ab. Als wir das Terminal verließen, fing er an zu reden wie ein Wasserfall, gestikulierte mit den Händen und stupste mich am Arm. Offensichtlich war er ganz aufgeregt. Seine Begeisterung war ansteckend. Was ihn so fesselte, waren einige geistliche Entdeckungen, die er kürzlich gemacht hatte. Es war erfrischend zu hören, was ein begeisterter Mensch zu sagen hatte – nicht über seine Pläne oder das Gemeindeprogramm, sondern über seine Gotteserkenntnisse.

„In den letzten zwölf Monaten bin ich verändert worden", erklärte er. „Ich wusste gar nicht, dass Gott so faszinierend sein kann. Aber je mehr ich über ihn entdecke, desto mehr wird mir bewusst, was ich *nicht* weiß. Hast du so etwas schon einmal erlebt, Steve?"

Ich versicherte es ihm.

„Monat für Monat fesselt mich diese Suche danach, Gott tiefer zu erkennen. Das Seltsame ist, dass die Reaktionen meiner Kollegen, wenn ich ihnen von einigen besonders aufregenden Entdeckungen erzählte, ausgesprochen gleichgültig oder nahezu flapsig waren. Wenn ich ihnen etwas berichtete, was ich über Gott herausgefunden hatte, sagten sie: ‚Ach ja, das haben wir im theologischen Seminar gelernt.' Da suche ich nun mit aller Kraft nach Gott – und sie zeigen sich so gleichgültig."

Schade, dass solche nüchternen Reaktionen so verbreitet sind, dachte ich.

Er fuhr fort: „Also, neulich ging ich zu Gott und sagte: ‚Gott, jetzt lerne ich dein Herz immer tiefer erkennen und doch habe ich kaum den Eindruck, dich überhaupt zu kennen. Und diese anderen Leute scheinen sich völlig über dich im Klaren zu sein, aber sie wirken so selbstgefällig.‘ Da kam mir der Gedanke in den Sinn – und ich glaube, er kam von Gott: *Jeder kann meinen, mich vollständig zu sehen – aus der Distanz.*"

Seine Worte trafen mich wie ein Blitz. Wie wahr sie doch waren! Manchmal ist unsere geistliche Gelassenheit nichts als Selbstgefälligkeit. Wir segeln dahin und verlieren mit der Zeit dieses gewisse Staunen, das uns sicher erfassen würde, wenn wir uns die Zeit nähmen, die Tiefen Gottes zu betrachten, besonders seine Liebe zu uns und seine heilende Berührung für diejenigen, deren Leben verletzt wurde.

Gott kennen zu lernen erscheint vielen Christen als eine mühsame Angelegenheit – als die Domäne mürrischer Theologen, die über staubigen Handschriften brüten. Anderen scheint die Zeit zwischen den Fingern zu zerrinnen, sodass sie nie wirklich dazu kommen, sie mit Gott zu verbringen, sein Wort zu lesen und über seine Güte nachzudenken. Für viele Menschen klingt das ziemlich langweilig. Die stille Zeit mit Gott rangiert oft weit hinter einem spannenden Spielfilm im Fernsehen. Andere dagegen wollen zwar eine tiefe Begegnung mit Gott, scheuen aber die Einsamkeit, denn dort werden wir mit unseren unbeantworteten Fragen, unseren Verletzungen, unserer ungezügelten Geschäftigkeit und, ja, unserer nicht vor Gott bekannten Sünde konfrontiert. Für uns ist Gott nicht die Quelle herrlicher Faszination, sondern eine Erinnerung an unsere Fehler.

Das Buch der Offenbarung gleicht einem Schlüsselloch, durch das wir einen Blick auf die zukünftigen Wunder erhaschen können. Heerscharen von Engeln umgeben den himmlischen Königsthron und besingen die Majestät Gottes:

- Klänge, die kein menschliches Ohr je vernahm, hallen durch die Ewigkeit.
- Eine Facette des Lobgesangs nach der anderen rühmt Gottes Majestät.

- Man hört ehrfürchtig gedämpftes Flüstern,
- ein Crescendo des Gesangs,
- erhebt sich von Melodie zu Melodie;
- Akkorde prallen in ekstatischen Harmonien aufeinander,
- intensivieren sich mit jeder neuen Tonart,
- vom Heiteren in das Erhabene übergehend;
- und in jeder Note schwingt das Wunder Gottes!

Diese Wesen befinden sich in ständiger Verklärung, sind zutiefst fasziniert von dem, den sie anbeten. Denn ein ums andere Mal haben sie Gott in völliger Selbstvergessenheit angebetet, verzückt von der göttlichen Faszination. Die Tatsache, dass diese Wesen offenbar nie an sich selbst denken, sondern einzig und allein auf die Anbetung Gottes konzentriert sind, sagt etwas über Gott aus.

Was für ein Gott ist das, dem wir dienen, wenn er die Engel so völlig von jeglichem Eigeninteresse befreien und in verzückter Aufmerksamkeit fesseln kann? Er muss so unfassbar faszinierend, so unvergleichlich erfüllend sein, dass sie keinen Gedanken mehr an sich selbst verschwenden, sondern damit zufrieden sind, ihn unaufhörlich zu preisen.

Wie beschämend ist im Vergleich dazu meine Selbstbezogenheit!

Wenn ich an meine eigenen Zeiten der Anbetung denke, bezweifle ich, dass ich mehr als eine Stunde lang „Heilig, heilig, heilig" rufen könnte. Ich würde mich schon für außerordentlich geistlich halten, wenn ich es zwei Stunden lang tun könnte. Aber diese Wesen haben *nie aufgehört*, ihn zu preisen – seit zahllosen Jahrtausenden! *Wie können sie eine so ungeheure Kapazität haben?*, fragte ich mich.

Beim Nachdenken über diese Bibelabschnitte frage ich mich, ob Gott immer dann, wenn diese Wesen „heilig" rufen, mit der Offenbarung einer weiteren Facette seines Charakters antwortet, die sie nie gesehen hatten. Denn wie der Apostel Paulus uns in Epheser 3,10 in Erinnerung ruft, ist Gottes Weisheit vielschichtig. Und jede neue Offenbarung Gottes veranlasst sie umso mehr, „heilig" zu rufen – worauf Gott sich ihnen tiefer offenbart. Und dies geschieht schon seit Aberjahrtausenden – ein erstaunliches Wechselspiel von Anbetung und Offenbarung.

Stellen Sie sich vor, Sie würden die wunderbare Unterwasserwelt des Pazifiks mit ihren vulkanischen Spalten und Korallenriffen erforschen. Oder die schimmernden, leuchtenden Herbstfarben eines Waldes betrachten. Oder die weite Serengeti in Afrika. Oder die immense Ausdehnung der chinesischen Mauer. Gott ist herrlicher als all das.

Das Wunder Gottes ist unerschöpflich!

In jedem von uns gibt es eine Ruhelosigkeit, die uns veranlasst, Gott zu suchen. Wir versuchen, diese Ruhelosigkeit mit vielfältigen Vergnügungen zu betäuben; wir versuchen sie durch stundenlange Arbeit zum Schweigen zu bringen; wir versuchen, sie zu ignorieren, und reden uns ein, wir wären in dieser materiellen Welt mehr oder weniger zu Hause. C. S. Lewis stellte einmal diese Frage:

> „Beklagen sich Fische beim Meer, weil es nass ist? Täten sie es, würde diese Tatsache nicht nahe legen, dass sie nicht immer reine Wassertiere gewesen sind oder es nicht immer sein werden? Wenn wir wirklich ein Produkt des materiellen Universums sind, warum fühlen wir uns dann hier nicht zu Hause?"[1]

Die Geschöpfe des Meeres beklagen sich nicht, denn sie leben in ihrem Element. Die Tatsache, dass wir uns beklagen – die Tatsache, dass wir ruhelos sind – verrät, wie unwohl wir uns in einem materiellen Universum, getrennt von der Beziehung zu dem Gott fühlen, der es erschuf.

Wenn Sie die Sehnsucht verloren haben, Gott anzubeten, müssen Sie ihm vielleicht in neuen Facetten seiner Persönlichkeit und seines Wesens begegnen. Haben Sie Ihren Frieden, Ihr Glück und Ihren Sinn verloren? Indem Sie Ihre Seele vom Staunen über das Wunder Gottes durchfluten lassen, können Sie zum Wesen des Lebens selbst zurückkehren und Kraft für Ihren geistlichen Weg schöpfen.

Ewiges Leben zu haben bedeutet mehr, als ewig zu leben. Jesus sagte, ewiges Leben ist, *Gott zu kennen*. Es ist, was G. K. Chesterton als die praktische Romanze des Lebens bezeichnete – eine Sicht der Dinge, die „das Element des Staunens und das Element des Willkommenseins" in sich verbindet. Das ist die Romanze, die wir in der Beziehung zu Gott erfahren können – ehrfürchtig über ihn staunend und geborgen in dem Wissen, dass wir ihm willkommen sind! Das ist der Grund, weshalb Paulus immer wieder darum betete, dass die Gemeinden mit dem Geist der Offenbarung, der Weisheit und der Erkenntnis gesegnet würden (siehe Epheser 1,17-18).

Angela von Foligna, eine Schülerin des heiligen Franz von Assisi sagte einmal: „Der erste Schritt einer Seele, die Gott nahen möchte, muss sein, Gott in jeder Wahrheit zu erkennen, und das nicht nur äußerlich wie durch die Nuance der Schrift. *Denn so, wie wir kennen, so lieben wir;* wenn wir also nur wenig und dunkel kennen, wenn wir nur oberflächlich und bittend über ihn nachdenken und meditieren, wir werden ihn folglich auch nur wenig lieben."

GEBET

Herr, mein Herz singt nicht immer aus Lob zu Dir, denn oft wird es durch Enttäuschung erstickt. Mein Herz ist nicht immer empfänglich für Deine Liebeserweise, weil es sich oft durch große und kleine Verärgerungen verhärtet. Mein Herz ist nicht immer auf Dich ausgerichtet, denn ich fürchte, wenn ich mich Dir rückhaltlos öffne, werde ich nicht Deine Herrlichkeit, sondern meine Armut sehen. Oh, Gott, erneuere in mir die Freude, Dich zu kennen. Ich öffne Dir jetzt mein Herz. Schaffe in mir einen Hunger nach Dir, wie ich ihn nie zuvor erlebt habe, damit mein Herz wieder für Dich singen, Dir zuhören und Dich umfassen kann.

Fragen zum Nachdenken:

1. Haben Sie Gott je als faszinierend betrachtet?
2. Haben Sie festgestellt, dass Ihr Staunen über die Person Gottes nachgelassen hat? Warum oder warum nicht?
3. Welche Faktoren könnten Sie von der Suche nach Gott ablenken?
4. Welche Schritte könnten Sie unternehmen, um Ihre Liebe zu Gott und Ihr Staunen über ihn neu zu entfachen?

KAPITEL 2

Er gibt ewiges Leben

Das ist aber das ewige Leben, dass sie dich, den allein wahren
Gott, und den du gesandt hast, Jesus Christus, erkennen.
Johannes 17,3

In dem Hollywood-Musical *Scrooge* lädt der Geist der gegenwärtigen Weihnacht den alten Griesgram zu einem üppigen Weihnachtsfestmahl ein. Während Scrooge genüsslich trinkt und schlemmt, singt der Geist, in Gestalt eines jovialen Nikolaus, ein mitreißendes Lied:

> *I like life; life likes me;*
> *life and I fairly fully agree.*
> *(Ich mag das Leben; das Leben mag mich;*
> *das Leben und ich sind recht einig sich.)*

Für einen flüchtigen Moment wird Scrooge vom grantigen Geizkragen in einen ausgelassen feiernden Menschen verwandelt, der sich am Fest des Lebens erfreut, wie es eigentlich gedacht war.

Leben. Das Hochgefühl, auf Skiern einen Pulverschneeabhang hinunterzusausen. Das Behagen eines sommerlichen Nickerchens in der Hängematte. Das vertraute Lachen von Freunden. Die Befriedigung einer gut geleisteten Arbeit. Leben:

- wenn die Wirklichkeit unsere Erwartungen erfüllt;
- wenn wir einen befriedigenden Rhythmus finden zwischen dem, was wir sind, und dem, was wir tun;
- wenn wir Erfüllung und echtes Glück erleben;
- wenn Integrität eine Freude ist und Beziehungen gelingen.

Wir alle wünschen uns ein gutes Leben. Johannes bemerkte, wie Jesus wahres Leben definierte – und das ist, wie unser Herr versprach, mehr, als wir uns je vorstellen können. Die befriedigendsten Vorstellungen, die wir uns ersinnen könnten, reichen nicht einmal annähernd an das heran, was Gott uns gegeben hat, und das ist ewiges Leben. Es bedeutet weit mehr, als nur ewig zu leben – es bedeutet, ewig *erfüllt* zu leben. Die Betonung liegt hier nicht nur auf der Ewigkeit, sondern auf der Qualität des Lebens – eines Lebens, das in dem Augenblick beginnt, in dem wir Jesus begegnen.

Leben ist alles, was der Tod nicht ist. Tod bedeutet Isolation und Einsamkeit, etwas Kaltes und Gefühlloses, ein Abgeschnittensein von Energie und Vitalität, ein Zustand, in dem Angst uns den Frieden raubt und Zorn die Freude erstickt. Leben bedeutet Gutes in überreicher Fülle.

Zumindest war das Gottes Absicht.

Leider verbringen viele Menschen einen großen Teil ihres Lebens in einem Zustand des Todes – einsam, sich abgelehnt und vernachlässigt fühlend, misstrauisch gegenüber jeder innigen Beziehung, sogar verhärtet in ihrem Herzen. In diesem Kontext ist Tod nicht das Aufhören biologischer Funktionen, sondern der Verlust von Freude und Arglosigkeit. Wenn wir einem guten Freund vertrauen und dieser Mensch uns verrät, stirbt etwas in uns. Oder wenn uns bewusst wird, dass wir einen lang gehegten Traum nie verwirklichen werden, stirbt wieder etwas in uns. Tod ist die nie erhaltene Beförderung, das enttäuschte Vertrauen, die Herzlosigkeit eines Sohnes oder einer Tochter oder der Schmerz einer verpassten Chance – Dinge, die uns innerlich hundertmal sterben lassen.

Würde man uns eine Gelegenheit bieten, dem Elend einer sinnlosen Existenz zu entrinnen, würden die meisten von uns sie sofort ergreifen und fragen: „Was kann ich tun? Für wie viel Geld kann ich das kaufen? Wo ist die gepunktete Linie für meine Unterschrift? Wie kann ich wirklich leben?" Die Antwort finden wir nicht im Gefühl einer befreiten Persönlichkeit, in menschlicher Freundschaft, in persönlichen Leistungen, im Rückzug auf irgendeine exotische Urlaubsinsel oder im Empfang eines reichen Erbes.

Auf die Frage: „Willst du wirklich leben?", würden wir mit all unseren verborgenen Wünschen nach Wohlstand, Vergnügen und Prestige zur Ausgabe stürmen – nur um dort die Antwort Jesu zu hören: „Das ist Leben – *Gott zu kennen.*" Bei diesen Worten bleiben wir erstarrt stehen. Irgendwie scheinen Gott und das Leben nicht zusammenzugehören; sie sind nicht Teil derselben Melodie. Mit „Gott" verbinde ich alles, was an mir falsch ist; oder noch schlimmer: mit „Gott" verbinde ich den Grund meines Elends.

Wir wollen Leben, aber manchmal sind wir nicht bereit, den Weg anzutreten, der uns zum wahren Leben führt. Die Wahrheit ist, dass viele von uns Gott eigentlich nicht so nahe kommen wollen. Bei einigen liegt es daran, dass sie Angst vor ihm haben. Sie erinnern sich, wie oft sie ihr Versprechen nicht erfüllt haben, sich zu bessern, und wie oft sie versagt haben. Oder sie haben die Vorstellung eines rachsüchtigen Gottes, der die ganze Erde nach Menschen durchsucht, um sie zu richten, und das weckt unangenehme Schuldgefühle, die in den Schattenwinkeln ihrer Seele lauern. Unsicher, wie sie vor Gott dastehen, wahren sie eine beruhigende Distanz zwischen sich und ihm. Der Gedanke, dass Gott zu kennen gleichbedeutend mit einem erfüllenden Leben ist, übersteigt ihre Vorstellungskraft. *Wie kann jemand, der solche Beklemmungen auslöst, die Quelle meiner Erfüllung sein?*, fragen sie sich. Für sie mag Gott zwar ein Vater sein, aber allenfalls ein strenger, den man ständig beschwichtigen muss.

Bei anderen ist nicht Angst das Problem, sondern Zorn – über irgendein nicht erhörtes Gebet, eine schmerzende Verletzung oder den Verlust eines geliebten Menschen. Sie machen Gott dafür verantwortlich und hegen Groll, werden sogar verbittert – verbittert über die erlittene Ungerechtigkeit, verbittert über vermeintliche Chancen, die ihnen versagt blieben, verbittert über die erbarmungslos scheinenden Nöte, die sie durchmachten, ohne eine befriedigende Antwort von Gott zu erhalten. Der Gedanke, dass Gott zu kennen ein Leben höchster Erfüllung bedeutet, wird sie, wie schon erwähnt, nur noch mehr irritieren. *Wie kann ein Gott, der mir so viel Kummer zugemutet hat, die Quelle meines Glücks sein?*, schimpfen sie.

Wieder andere wissen genug über Gott, um in seiner Vaterschaft und der Gewissheit des ewigen Lebens geborgen zu sein, sind aber einfach des Lebens im Hier und Jetzt müde geworden. Menschen, deren harte Arbeit immer noch keine sichtbaren Früchte trägt, die ohne Belohnung ausgeharrt haben, die den Anfechtungen des Feindes und der Ablehnung durch Menschen ausgesetzt waren, die gelernt haben zu ertragen, aber die beflügelnde Erfahrung des Überwindens nicht machen konnten – für sie alle klingt die Vorstellung, dass Gott zu kennen der Schlüssel für ein zutiefst erfüllendes Leben *in der Gegenwart* ist, zwar gut, aber nicht länger glaubwürdig. Sie bemühen sich, ihm zu *dienen*, haben aber die Fähigkeit verloren, sich an ihm zu *freuen*. *Wie kann ich wieder dahin kommen, dass die Freude am Herrn meine Stärke wird?*, fragen sie.

Das sind die Menschen, an die ich mich wenden möchte – die ängstlichen, die zornigen, die erschöpften: Menschen, die Enttäuschungen nicht verarbeiten können; Menschen die Gott lieben, aber die Leidenschaft für seine Absichten verloren haben; und Menschen, deren Leben einfach aus der Spur geraten ist.

Es geht nicht so sehr darum, dass Jesus Christus uns die Antworten *gibt* – er *ist* die Antwort. Indem wir meinen, das Leben wäre großartig, wenn wir nur unsere Probleme lösen und unsere Ärgernisse beseitigen könnten, erkennen wir vielleicht nicht, dass die Pflege unserer Freundschaft mit Gott tatsächlich der Weg zu der Art von Leben ist, nach der wir uns sehnen.

Erst wenn wir unsere Ängste, unseren Groll und sogar unsere Mattigkeit ablegen und danach trachten, ihn zu *kennen* und nach ihm zu suchen, einfach weil wir darüber staunen, wer er ist – nicht, um Antworten zu bekommen, unsere Bedürfnisse zu erfüllen oder Kraft zu empfangen –, erst dann werden wir plötzlich feststellen, dass unsere Ängste, unser Groll und unsere Müdigkeit von einer Flut der Freude weggespült werden, die aus der Erkenntnis Gottes entspringt.

Nikolaus von Kues, ein Kirchenführer, der vor vielen Jahrhunderten in einer völlig anderen Epoche lebte, sprach Worte aus, die heute noch genauso relevant sind wie damals. Im Überschwang der Begeisterung über die Liebe Gottes schrieb er: „Das ewige Leben ist nichts anderes als jener selige Brennpunkt, an dem du nie aufhörst mich zu betrachten, ja, an verborgenen Orten meiner Seele. Bei dir heißt betrachten, Leben zu geben, unaufhörlich deine köstliche Liebe zu verleihen und mich durch die Zuwendung der Liebe zu entfachen, dich zu lieben ..."

Bitten wir den Heiligen Geist, uns neue Einblicke zu schenken, wie Gott wirklich ist, indem wir uns an das erinnern, was der Herr vor Jahrhunderten durch einen Propheten sagte:

> „Der Weise rühme sich nicht seiner Weisheit, der Starke rühme sich nicht seiner Stärke, der Reiche rühme sich nicht seines Reichtums; sondern wer sich rühmen will, der rühme sich dessen, dass er Einsicht habe und mich erkenne ..., spricht der Herr" (Jeremia 9,22+23a).

Und Sie? Sind Sie erschöpft und vom Leben enttäuscht? Dann versuchen Sie, geeignete Bibelabschnitte zu finden, die bestätigen, wie gut Gottes Charakter ist. Wir alle haben Zeiten durchgemacht, in denen wir über das Leben frustriert waren und Gott die Schuld dafür gaben. Welche Schritte können wir unternehmen, damit unsere Herzen für seine Stimme empfänglich bleiben? Wie können wir jene ruhige Gewissheit der Gnade des Vaters bewahren, die uns durch die belastenden Herausforderungen des Lebens durchträgt?

Gebet

Herr, bringe mich dahin, dass ich mich wirklich an Dir freuen kann. Gib mir ein Herz, das sich danach sehnt, Dich zu kennen, ein Herz wie das von David, als er in der Wüste nach Deiner Gegenwart dürstete: „Deine Liebe bedeutet mir mehr als das Leben" (Psalm 63,4; Gute Nachricht Bibel). Ich weiß, dass ich manchmal umherrenne und überall nach etwas suche, das meine tiefste Sehnsucht stillt, aber ich erkenne, dass ich letztlich eigentlich nur Dich brauche.

Fragen zum Nachdenken:

1. Genießen Sie das Leben im Großen und Ganzen? Warum oder warum nicht?
2. Betrachten Sie Gott eher als liebenden Vater oder als strengen Herrscher? Warum sehen Sie ihn so?
3. Wohin gehen Sie oder an wen wenden Sie sich in Zeiten der Enttäuschung und Not?
4. Wie kann die Suche danach, Gott zu kennen, Ihnen bei den Problemen des Lebens helfen?

KAPITEL 3

Die unermessliche Gnade Gottes

*Da wir nun durch den Glauben gerechtfertigt sind,
so haben wir Frieden mit Gott durch unsren Herrn Jesus Christus, durch welchen wir auch im Glauben Zutritt erlangt haben
zu der Gnade, in der wir stehen . . .*
RÖMER 5,1-2

„Jesus liebt mich ganz gewiss, denn die Bibel sagt mir dies, . . .“

Dieser einfache Refrain eines unschuldigen Liedes lädt uns ein, wirklich zu *glauben*, dass Gott uns liebt.

Aber jeder, der sich schon sehr lange auf dem Boden der Tat-sachen bewegt, hat oft genug die Erfahrung gemacht, dass Un-schuld zerstört wird. Die meisten von uns archivieren das Lied „Jesus liebt mich“ in der Kleinkind-Rubrik der Gemeinde. So sehr wir an Gottes Liebe glauben mögen, fühlen wir uns doch unsicher in unserer Beziehung zu ihm. Wir erinnern uns an unsere Unversöhnlichkeit gegenüber dem Nächsten, der uns Unrecht ge-tan hat, und an die Worte Jesu: „Wenn ihr nicht vergebt . . .“ Wir hören den Prediger sagen: „Wenn du nicht betest, wirst du keine Kraft in deinem Leben haben“, und denken an die vielen Augen-blicke der vergangenen Woche, in denen wir hätten beten kön-nen, es aber nicht taten. Oder jemand hat uns grob behandelt, und statt mit Freundlichkeit zu antworten, schlagen wir zurück. Und wenn wir uns falsch verhalten haben, ertönt ein Orgelkonzert anklagender Stimmen, die schrill und beschämend zugleich klingen:

„Ich wusste, ich würde es nicht schaffen!“

„Ich habe Gott gegenüber einfach den Bogen überspannt!“

„Es hat ja alles doch keinen Sinn."

Da liegt der Konflikt.

Stellen Sie sich vor, Sie wären ein kleines Kind und hätten Ihren Vater enttäuscht. Sie möchten sich in seine Arme flüchten, aber Sie scheuen vor seiner Zuneigung zurück. So machen wir es auch bei Gott. Das ständige Bemühen, Gott zu gefallen, und unsere Unfähigkeit, entsprechend zu leben, nehmen uns mit der Zeit jeden Eifer für Gott, den wir ursprünglich hatten. Wir werden zu Jo-Jos, die ihren Drall verloren haben und schließlich am unteren Ende des Schicksalsfadens hängen bleiben. An die Stelle der Hoffnung in unserem Herzen ist die Resignation getreten.

Warum ist Gottes Liebe so schwer anzunehmen? Wie kommt es, dass ich ihm immer weniger zu gefallen *scheine*, je mehr ich *versuche*, ihm zu gefallen? Die Antwort lässt sich in einem einfachen Wort finden, das Teufel fluchen und Engel ehrfürchtig staunen lässt: *Gnade*. Es ist Gnade, die uns für die Liebe Gottes öffnet. Ohne Gnade mögen wir zwar an seine Liebe glauben, aber wir werden ihr nie Raum geben, unser Leben radikal zu verändern.

Gnade ist die Tatsache der Gunst Gottes, auch wenn wir sie nicht verdienen. Gnade ist die Wahrheit, dass Gottes Gunst nicht etwas ist, was wir verdienen, sondern etwas, was wir bereits haben. Doch wenn es eine primäre Taktik gibt, die der Feind benutzt, um uns aus dem Gleichgewicht zu bringen, dann ist es sein betrügerischer Versuch, Zweifel an Gottes Gunst zu wecken. Wir meinen immer noch, seine Gunst sei etwas, was wir verdienen müssten. Unsere Sicht Gottes ist wechselhaft: „Er liebt mich, er liebt mich nicht ..."

Als Jugendpastor habe ich, ohne es zu wissen – und recht arglos, wie ich hinzufügen möchte –, diese verzerrte Sicht Gottes noch gefördert. Viele von uns, Jugendleiter ebenso wie Teenager, waren nicht damit zufrieden, als Jugendgruppe von beträchtlicher Größe eine Art vorpubertärer Hort zu sein –, wir wollten so radikal sein wie die ersten Christen in der Apostelgeschichte. Aus diesem Grund betonten wir Gottes *Maßstäbe* ungleich stärker als seine *Gnade* und predigten Jüngerschaft als wahren Prüfstein der Bekehrung. Nicht, dass es eine falsche Information gewesen wäre; sie wurde nur in der falschen Reihenfolge vermittelt. Nach Gottes Maßstäben zu leben wurde ein *Mittel, um Gottes Gunst zu erlangen*, statt eine *Reaktion auf seine Gunst* zu sein. Die meisten von uns waren radikal, aber unsicher, und mit der Zeit nahm uns diese Haltung gefangen.

Meine Unsicherheit wurde mir einige Jahre später wieder bewusst, und zwar völlig überraschend in der Geborgenheit meines eigenen Wohnzimmers mit dem friedfertigsten Menschen, den ich kenne: meiner Frau Nancy. Wir steckten mitten in einer Diskussion – wie Ehepaare sie manchmal erleben, wenn die Lautstärke steigt und die Hitze tropische Dimensionen erreicht. Als die Auseinandersetzung heftiger wurde, ließ ich eine unfreundliche Bemerkung fallen. Nancy zahlte mir mit gleicher Münze zurück. In den nächsten Minuten schossen die bissigen Bemerkungen wie Pfeile hin und her, bis Nancy sich schließlich in die Küche zurückzog, um ihre Wunden zu lecken.

Da ich an diesem Abend predigen sollte, marschierte ich in mein Arbeitszimmer, um die Vorbereitungen abzuschließen. Ich fing an zu beten, aber nach weniger als zehn Minuten auf den Knien wusste ich, was ich tun musste. Wenn ich mich nicht auf der Stelle bei Nancy entschuldigte, würde ich an diesem Abend auf keinen Fall mit Überzeugung predigen können. Also schlich ich in die Küche, wo sie mir gerade pflichtbewusst das Abendessen machte, starrte verlegen auf meine Füße und sagte ihr, dass mir meine Worte Leid taten.

Kaum hatte ich die letzte Silbe des letzten Wortes meiner Entschuldigung ausgesprochen, drehte sie sich zu mir um, blickte mir direkt in die Augen und sagte: „Ich weiß, warum du dich bei mir entschuldigst! Du willst nur sicher sein, dass Gott dich heute Abend segnet!" Mit Worten lässt sich nicht beschreiben, welcher Schock mir durch die Glieder fuhr. Sie hatte den Nagel auf den Kopf getroffen und in einem einzigen Augenblick meine Theologie der letzten Jahre aus den Angeln gehoben. Sie sagte nicht, dass die Entschuldigung nicht wichtig gewesen wäre – jeder von uns weiß, dass sie wesentlich ist. Aber in dieser einen treffenden Bemerkung entlarvte sie mich: Ich gehorchte einem richtigen Grundsatz aus den falschen Gründen. Ich praktizierte Wiedergutmachung nicht als Reaktion auf Gottes Liebe und die Liebe meiner Frau, sondern aus der Sorge, in meinem Dienst an diesem Abend zu versagen.

Was wäre geschehen, wenn ich mich nicht bei meiner Frau entschuldigt hätte? Ich nehme an, der Herr hätte meine Bemühungen an diesem Abend sehr gesegnet; anschließend hätte er mich beiseite genommen und gesagt: „Habe ich dich heute Abend nicht gesegnet? Wenn du an meine Gnade dir gegenüber denkst, hättest du da nicht auch deiner Frau gegenüber barmherzig sein können?"

Ich wäre auf heilsame Weise zerknirscht gewesen. Ich hätte meine Reue im Licht dieser großartigen Gnade gesehen und die Sache mit Nancy rasch in Ordnung gebracht. Ich hätte über eine Liebe gestaunt, die mir mit Wohlwollen begegnet und mich zugleich von Sünde überführt.

So ist Gott. *Er hat beschlossen, durch Liebe zu erobern, nicht durch Drohungen zu zwingen.*

Doch solche Bestätigungen der bedingungslosen Liebe Gottes finden in vielen skeptischen Herzen kein Echo. In der Vorstellung vieler Menschen, die treu am Gemeindeleben teilnehmen und gewissenhaft ihre Bibel lesen, ist Gottes Gunst etwas, was sie durch die rechte Lebensweise verdienen müssen. Sie bemühen sich sehr, das Richtige zu tun, fühlen sich aber dennoch sehr unsicher. Und manchmal kommt es vor, dass wir Leiter bei unseren Bemühungen, in den Gläubigen die Flamme der Hingabe neu zu entfachen, gedankenlos an diesem Gefühl der Unsicherheit anknüpfen.

So haben wir alle zum Beispiel Prediger ausrufen hören, dass uns die geistliche Kraft in unserem Leben fehlen wird, wenn wir nicht beten. Niemand würde die Verbindung zwischen einem gesunden Gebetsleben und einem vollmächtigen Dienst bestreiten. Aber hat Gott die Absicht, uns dadurch ins Gebet zu treiben, dass er uns mit einem Mangel an Vollmacht droht? Wenn wir nur beten, um geistliche Effizienz zu erreichen – oder aus Angst, sie nicht zu erreichen –, welche Art von Gehorsam praktizieren wir dann? Als Leiter neigen wir dazu, Menschen auf diese subtile Weise zu Verhaltensänderungen zu beeinflussen. Oberflächlich betrachtet mögen die Ergebnisse lohnend erscheinen: Gebete werden vor Gott gebracht, Bibeln gelesen und Grundsätze befolgt. Aber die wahre Motivation hinter all diesen Aktivitäten ist einfach der Wunsch, sich der rechten Beziehung zu Gott sicher sein zu können. In unserem Eifer haben wir unwissentlich eine weitere Kettenreaktion der Gesetzlichkeit in Gang gebracht, deren Früchte wir jetzt im geistlichen Desinteresse unserer Kinder ernten.

Diese ganze Mentalität entlarvt eine unterschwellige Unsicherheit, nie völlig gewiss zu sein, wo wir vor Gott stehen.

Es genügt nicht, die richtigen Grundsätze zu befolgen: Wir müssen aus den richtigen Gründen gehorchen. Denn der Vater will, dass wir aus Liebe gehorchen, nicht aus Angst.

GEBET
Das Wunder Deiner Gnade erfüllt mich mit Ehrfurcht!
Der Gedanke, dass Du mich ein für alle Mal aus der Tretmühle eigener Leistungen befreit hast, lässt mich staunen.
Das Bewusstsein, dass ich Deine Gunst nicht mehr verdienen muss, sondern dass Du mich mit Deiner Gnade überschüttet hast, macht mich sprachlos vor Dankbarkeit. Wenn ich im Wirken Deiner Gnade erkenne, wie gewaltig Deine Liebe ist, macht mich das nicht nur demütig, sondern weckt in mir auch den leidenschaftlichen Wunsch, mich in allen Dingen ganz auf Dich zu stützen. In diesem rückhaltlosen Vertrauen auf Dich will ich danach trachten, einen Gott, der mich so innig liebt, nie durch meine Eigensinnigkeit zu verletzen.

Fragen zum Nachdenken:

1. Welche Bedeutung hat die Erkenntnis, dass Jesus Sie *bedingungslos* liebt, für Sie?
2. Wie verhalten Sie sich Gott gegenüber, wenn Sie wissen, dass Sie versagt haben? Laufen Sie *zu ihm hin* oder *von ihm weg*?
3. Reagieren Sie positiver auf Drohungen oder auf liebevolle Zurechtweisungen? Warum?
4. Was bedeutet das Wort *Gnade* für Sie?

KAPITEL 4

Er heilt die Herzen

Nun aber, in Christus Jesus, seid ihr, die ihr einst ferne waret,
nahe gebracht worden ...
EPHESER 2,13

Ablehnung gehört zum tiefsten Kummer, den das Leben mit sich bringen kann. Jemanden zu lieben, der unsere Liebe zurückweist, schneidet entsetzlich tiefe Wunden in unser Herz. Unser Bestes zu geben und übergangen zu werden, schockiert uns bis ins Mark. Einer Gruppe angehören zu wollen, aber ausgeschlossen zu werden, löst einen stechenden Schmerz in uns aus.

Ich bin nicht erwünscht! Während dieser monotone Refrain dutzendfach in uns nachhallt, schotten wir uns allmählich immer mehr von anderen ab und teilen uns nur äußerst selektiv mit, um das Risiko der Ablehnung möglichst gering zu halten. Wir legen uns verschiedene Rollen zu, versuchen, ein anderer Mensch zu sein, als wir tatsächlich sind, um eine Person abzugeben, die von anderen akzeptiert wird.

Wir geben, damit uns wiedergegeben wird.

Wir schmollen, wenn wir empfinden, dass andere sich von uns zurückziehen.

Wir erlernen die Kunst, bei den Menschen, nach deren Aufmerksamkeit wir uns sehnen, Schuldgefühle zu wecken.

Doch schließlich holt uns die Nutzlosigkeit solcher Manöver ein, und wir explodieren vor Zorn über die Ungerechtigkeit des Lebens, was uns nur weiter von anderen isoliert und uns in eine neue Phase der Ungerechtigkeit, Manipulation und Einsamkeit treibt. Erschöpft stimmen wir schließlich ein Klagelied an: „Ach, wie bin ich so allein …"

Das alles ist Millionen von Lichtjahren von Gottes ursprünglicher Absicht entfernt. Gott schuf einen Garten, in dem seine Kinder, in der Gewissheit seiner liebevollen Annahme, Liebe so freimütig verschenken würden, wie sie sie empfangen haben. Doch die Freude, die Gott für uns beabsichtigt hat, verschwand, als unsere ersten Eltern der Täuschung des Versuchers erlagen.

Wenn wir den Bericht über den Sündenfall Adams und Evas lesen, neigen wir leicht dazu, ihn nur eindimensional zu verstehen: Sie waren ungehorsam und zogen sich die entsprechenden Konsequenzen zu. In Wirklichkeit war die Sache wesentlich subtiler. Denn als Satan Eva versuchte, verleitete er sie nicht nur zur Rebellion, sondern weckte in ihr auch ein Gefühl vorausgeahnter Ablehnung. Er brachte Eva dazu, an Gottes Liebe zu zweifeln. „Sollte Gott gesagt haben …?", fragte er sie. Könnten wir ihre Gedanken lesen, würden wir vielleicht beobachten, wie sie mit sich rang: *Warum hat Gott uns die Frucht dieses einen Baumes vorenthalten? Gibt es da etwas, was er mir verschweigt? Kann der Herr mir nicht vertrauen? Bin ich seines Vertrauens nicht würdig?*

Die Taktik des Feindes bestand nicht nur darin, Eva zum Ungehorsam zu verleiten, sondern er wollte auch ihr Misstrauen wecken. Und dieser Wirbelsturm an Fragen löste das Gefühl der Ablehnung aus. Die Tragödie war, dass Eva der Lüge glaubte und, indem sie sich Gottes Ablehnung vorstellte, der List des Feindes zum Opfer fiel.

Aus dem Gefühl der *vorausgeahnten* Ablehnung wurde das Gefühl der *verdienten* Ablehnung. Adam folgte ihr im Ungehorsam und beide fanden sich auf der Flucht wieder, wobei sie hilflos versuchten, ihre Blöße mit Feigenblättern zu bedecken. Plötzlich wurden sie frontal mit einem neuen Herrn konfrontiert: der Angst. Und seither hat der Mensch nie aufgehört zu flüchten, sich zu verstecken und seine Blöße zu bedecken.

Durch dieses Gefühl der verdienten Ablehnung hat Angst wie eine akute Infektion die Gesellschaft zerfressen und eine Rasse hervorgebracht, die fieberhaft von einem alles beherrschenden Ziel beseelt wird: Selbsterhaltung. Die einen hat es zu Vorurteilen und Voreingenommenheit als Mittel des Selbstschutzes getrieben; andere hat es zu Eifersucht und Rivalität provoziert, sodass sie die Fehlschläge anderer zum eigenen Vorteil ausschlachten.

Die ansteckende Krankheit Furcht vergiftete die gesunden Beziehungen, die Gott eigentlich für den Menschen beabsichtigte. Beziehungen wurden nicht auf der Grundlage der Liebe aufgebaut, sondern dienten als Mittel, den eigenen Wert zu bestimmen. Menschen wurden dazu benutzt, das schwache Ego anderer zu stützen und dann wieder fallen gelassen, sobald das Risiko zu groß wurde, selbst verletzt zu werden. Ablehnung wurde zur Pockenepidemie der Menschheit und spielt für das Elend der menschlichen Situation eine ebenso fundamentale Rolle wie die Rebellion.

Rebellion erfordert Buße, Ablehnung erfordert Heilung. Wie sollte Gott diese Heilung bereitstellen? Was war das Heilmittel gegen die Infektion der Ablehnung? Wieder ist die Antwort im Wunder der Gnade Gottes zu finden; er fand einen Weg, die Ablehnung zu heilen, indem er ihr Gegenteil anbot: Annahme. *Bedingungslose Annahme!* Das Neue Testament bezeichnet dies als *Rechtfertigung.* Dieses Wort bedeutet eine Menge, aber der Kern ist, dass Gott uns ohne Wenn und Aber annimmt, sobald wir uns Jesus Christus völlig hingegeben haben.

G. Campbell Morgan war wohl einer der größten Bibelausleger in der ersten Hälfte des 20. Jahrhunderts. Bevor er die Wertschätzung seiner Kollegen und Landsleute erfuhr, erlebte er als junger Mann einige frühe Phasen der Ablehnung. Als er eingeladen wurde durch eine Predigt zu zeigen, dass er sich für den Dienst in der methodistischen Kirche eignete, sollte er in einem Auditorium predigen, das über tausend Menschen fasste. Nur fünfundsiebzig erschienen und er gab eine jämmerliche Vorstellung ab. Er scheiterte kläglich und wurde für den Dienst als Pastor abgelehnt. Niedergeschlagen über sein Scheitern schickte er seinem Vater ein Telegramm: „Abgelehnt!" Umgehend telegrafierte sein Vater zurück: „Auf der Erde abgelehnt – im Himmel angenommen."

Im Himmel angenommen! Die Tatsache, dass wir bedingungslos angenommen wurden, scheint zu schön, um wahr zu sein. Tief im Innern fühlen wir uns höchst unannehmbar. Von einer Gnade zu sprechen, die uns zum Vaterherzen bringt, wo Gott uns in seine liebenden Arme schließt, klingt eher nach dem Märchen von Aschenputtel als nach einer biblischen Wahrheit. Aber Gnade ist kein Märchen. In Wirklichkeit ist die Offenbarung der Gnade Gottes für uns nicht nur ein Ausdruck seiner Liebe, sondern auch ein Ausdruck seiner Weisheit. Er war nicht einfach freundlich, als er uns von seiner bedingungslosen Annahme wissen ließ. Er war schlicht und einfach weise. Denn Gott wusste, dass bedingungslose Annahme das Einzige ist, das uns von der Infektion der Ablehnung heilen würde.

GEBET

Herr, ich halte einen Augenblick in Deiner Gegenwart inne.
Bitte mache mir einen Bereich in meinem Leben bewusst,
in dem mein Verhalten anderen Menschen gegenüber
aus einem Gefühl der Ablehnung entspringt.
Hilf mir, mich an Begebenheiten der Vergangenheit oder
Gegenwart zu erinnern, die der Feind benutzen kann,
um mich zu Rückzug, Unsicherheit oder sogar Arroganz zu
veranlassen – Reaktionen, die ich so oft benutze, um die
Wunden der Ablehnung auf meine eigene Weise zu verbinden.
Ich weiß, dass ich letztlich geheilt werden kann, indem ich im
Glauben Deine Gnade ergreife und dort erfahre, dass ich vom
Schöpfer des Universums bedingungslos angenommen werde.
Deshalb lege ich jetzt alle Gefühle der Ablehnung
Stück für Stück bei Dir ab. Wasche sie ab,
indem Du mich in Deine Gnade tauchst.

Fragen zum Nachdenken:

1. Können Sie sich erinnern, wie Ihnen in Situationen zumute war, in denen Sie Ablehnung erfuhren oder jemand Ihnen das Herz brach? Welche Auswirkungen hatten diese Erfahrungen auf Sie?
2. Wie wirkt sich die Angst vor Ablehnung auf Ihre Beziehungen aus – mit anderen Menschen und mit Gott?
3. Leben Sie in der Gewissheit, dass Gott Sie nie ablehnen wird?
4. Betrachten Sie sich selbst aufgrund der Tatsache, dass Gott Sie liebt, als *annehmbar*? Warum oder warum nicht?

KAPITEL 5

Zur Veränderung befreit

Wo aber der Geist des Herrn ist,
da ist Freiheit.
2. KORINTHER 3,17

Es war einmal ein achtjähriger Junge, der so ungezogen war, wie er nur sein konnte. Dieser Bursche war böse, gemein, verdorben und frech! Er war so schlimm, dass seine Mutter ihm kurz vor Weihnachten mitteilte, dass der Weihnachtsmann ihm keine Geschenke unter den Christbaum legen würde. Nun, das machte den kleinen Kerl wütend; also rannte er in sein Zimmer, holte ein Blatt Papier aus dem Schreibtisch und schrieb Jesus einen Brief mit der Bitte, er möge den Weihnachtsmann veranlassen, ihm Geschenke zu bringen. Sein erster Entwurf lautete ungefähr so:

> *Lieber Jesus,*
> *ich verspreche Dir, ein Jahr lang brav zu sein, wenn Du dem Weihnachtsmann sagst, dass er mir Geschenke bringen soll.*

Als er seinen Brief noch einmal durchlas, wurde ihm klar, dass er es kein ganzes Jahr durchhalten würde. Also holte er ein neues Blatt heraus und begann von vorn:

> *Lieber Jesus,*
> *ich verspreche Dir, drei Monate lang brav zu sein . . .*

Bei diesem Brief dachte er noch länger nach, aber er musste schließlich einsehen, dass er auf gar keinen Fall drei Monate lang brav sein konnte. Der kleine Tunichtgut schrieb einen Entwurf nach dem anderen und die Zeitspannen, in denen er brav zu sein versprach, wurden immer kürzer. Verzweifelt holte er schließlich ein weiteres Blatt hervor und schrieb:

> *Lieber Jesus,*
> *ich verspreche Dir, einen ganzen Tag brav zu sein, wenn Du dem Weihnachtsmann sagst, dass er mir zu Weihnachten Geschenke bringen soll.*

Er dachte, dass er wohl einen Tag durchhalten könne. Doch kaum hatte er sein Zimmer verlassen, blieb er oben auf der Treppe stehen, da ihm bewusst wurde, dass er es nicht einmal einen Tag lang schaffen würde. Was tut nun ein böser, gemeiner, verdorbener und übler kleiner Bursche in einem solchen Dilemma? Nun, er lief die Treppe hinunter, nahm die kleine Marienfigur von der Krippe auf dem Kaminsims, rannte zurück in sein Zimmer, zog ein letztes Blatt Papier aus dem Schreibtisch und schrieb:

> *Lieber Jesus,*
> *falls Du deine liebe Mutter je wiedersehen willst …*

Die meisten von uns würden nie auf eine so eindeutige Manipulation zurückgreifen, um Gott zu veranlassen, unsere Bitten zu erfüllen. Tief im Innern wissen wir, dass wir Strafe verdient haben, und dieses Gefühl der verdienten Strafe löst starke Angst und Unsicherheit aus. Wir wissen, dass Gott unendlich gut ist und dass wir hoffnungslos egoistisch sind. Wir wissen, dass ohne das Kreuz Jesu eine Verbannung aus dem Garten seines Herzens alles wäre, was wir je zu erwarten hätten. Doch aus seiner Gnade durch den Tod Christi am Kreuz sind wir „nahe gebracht" worden.

Man könnte meinen, dass wir uns, da der Sohn Gottes auf so grausame Weise für uns starb, in unserer Beziehung zu ihm ziemlich sicher fühlen würden. Aber unser Bewusstsein, eine Bestrafung verdient zu haben, führt oft dazu, dass unsere Unsicherheit uns zerfrisst. Und wenn wir ein empfängliches Herz für Gott haben, wird unser Dilemma umso größer, je verzweifelter wir versuchen, dieses Bewusstsein zu beschwichtigen, indem wir uns noch entschlossener bemühen, Gott wohlgefällig zu sein. Die Ironie ist: Je mehr wir uns bemühen, ein Gott wohlgefälliges Leben zu führen, desto weniger Kraft scheinen wir zu haben, diese Absicht zu verwirklichen. Das empfinden wir als Widerspruch. Gewiss sollten wir den biblischen Geboten doch umso besser gerecht werden können, je mehr wir uns darauf konzentrieren, als Christen nach diesen Geboten zu leben. Tja, aber da gibt es eine subtile Verschiebung, denn indem wir unsere Aufmerksamkeit auf seine Gebote konzentrieren, verlieren wir in Wirklichkeit ihn selbst aus dem Blick – und er ist der Einzige, der die *Macht* hat, uns überhaupt zu diesem Gehorsam zu befähigen.

Vor Jahren hörte ich einen weisen alten Prediger sagen: „Liebe heißt, einem anderen Menschen die Kraft zu geben, sich zu verändern." Erst wenn wir von dem Bedürfnis frei sind, selbst etwas darzustellen, werden wir wirklich motiviert sein, uns zu verändern. Oh, wir mögen wohl vorübergehend unser Verhalten modifizieren, wenn wir versuchen, das Wohlwollen eines anderen Menschen zu gewinnen, oder wenn wir uns durch das Missfallen einer anderen Person bedroht fühlen. Aber am Ende werden wir auf diesen Druck negativ reagieren und entweder offen rebellieren oder uns so vollständig an die Erwartungen anderer anpassen, dass wir aufhören, echt zu sein. Es ist alles eine Frage des Herzens. Wir sind durch Gnade in Gottes Umarmung geborgen – und nur in dieser Umarmung hören Gottes Gesetze auf, ein Verhaltenskodex zu sein, und werden stattdessen zu unserem Herzensanliegen.

Es ist Gottes Sache, unser „Ich muss" in ein „Ich will" zu verwandeln und einen Zustand des Herzens in uns zu schaffen, in dem wir so über das Wunder staunen, von Gott angenommen zu sein, dass wir selbst den Wunsch haben, nach seinen Geboten zu leben.

Der Apostel Paulus wiederholte diese Wahrheit mit den Worten: „Wo aber der Geist des Herrn ist, da ist Freiheit" (2. Korinther 3,17). Die Freiheit, die er meint, ist nicht die Willkür, zu tun, was wir wollen und wann wir es wollen; es geht vielmehr um die Freiheit zur Veränderung. Gottes bedingungslose Annahme ist kein Gutheißen unseres Ungehorsams, sondern der Beginn einer bleibenden Veränderung.

Gott weiß, dass wir uns nur im Kontext der Freiheit ändern. Deshalb hat er seine Gnade so reich über uns ausgeschüttet: damit wir von jeder Unsicherheit befreit, von jedem Rückstand der Ablehnung geheilt und von jedem Gefühl der Verlassenheit befreit werden, die uns an einer echten Veränderung hindern würden.

Paulus erörterte dieses Phänomen und fand einen Begriff dafür: Er bezeichnete es als das Gesetz der Sünde und des Todes (Römer 8,1-2). Einfach ausgedrückt: Je mehr du versuchst nach dem Gesetz zu leben, desto mehr wirst du letztlich *nicht* nach dem Gesetz leben. Je mehr die Israeliten unter dem Bund Moses versuchten nach dem Gesetz zu leben, desto unmöglicher wurde es. Aber warum? Das widerspricht jeder Vernunft. Das Problem für die Israeliten war die Tatsache, dass sie sich auf das Gesetz konzentrierten, statt auf Gott zu schauen. Es ist wie der Versuch, sich von Gedanken der Angst zu befreien. Je mehr man darum ringt die Angst zu überwinden, desto ängstlicher wird man. Warum? Weil man sich vor allem auf die Angst konzentriert. *Was man bezwingen will, bleibt bestehen.*

Das führt uns zu einem interessanten Punkt. Bevor Adam und Eva rebellierten, lebten sie in ungehinderter Gemeinschaft mit Gott. Es war nicht seine Absicht, dass Menschen ihm gleich würden, indem sie zwischen Gut und Böse wählen und sich für das Gute entscheiden. Warum nicht? Weil die Erkenntnis von Gut und Böse ihren Blick darauf lenken würde, gut sein zu müssen, was unweigerlich zur Selbstbezogenheit führen würde. Nein, Gott erschuf den Menschen dazu, durch die innige Gemeinschaft mit ihm heilig zu werden. Der menschliche Charakter sollte sich dem Zentrum der menschlichen Aufmerksamkeit angleichen – Gott!

Selbstgerechtigkeit ist wesentlich subtiler und scheint edler zu sein als eine Einstellung, sich für heiliger zu halten als andere Menschen. Sie kann als ehrliche Auseinandersetzung mit dem persönlichen Verhalten beginnen – mit der Frage, ob wir nach den richtigen Grundsätzen handeln, ob es Sünde in unseren Herzen gibt und so weiter. Führt man diese Selbsterforschung zu weit, kann sie zum Götzendienst werden. Es ist der Götzendienst der inneren Gerechtigkeit, der Pharisäer hervorbringt. Das mag nach einer starken Verwässerung der heiligen Maßstäbe Gottes klingen. Aber hier geht es nicht um die Notwendigkeit, nach diesen Maßstäben zu leben – das ist selbstverständlich. Es geht darum, *wie* diese Maßstäbe erfüllt werden und *warum*. Das Ringen um eine Gerechtigkeit nach eigenem Ermessen dient nur dazu, die Ablehnung zu verstärken, die uns wiederum antreibt, entschlossener darum zu ringen, bis wir schließlich in den Fängen der Verdammnis stecken bleiben.

Gnade bedeutet zu wissen, dass wir Gottes Gunst auch dann haben, wenn wir sie nicht verdienen; sie bedeutet, dass er uns bedingungslos annimmt. Es mag uns schwer fallen, dies zu begreifen, weil es an einen Kompromiss zu grenzen scheint. *„Denn wenn Gott uns bedingungslos angenommen hat"*, argumentieren wir, *„was für eine Rolle spielt es dann, ob wir gehorchen oder nicht? Wenn Gott uns bereits angenommen hat, dann ist unser Verhalten kaum von Bedeutung."* Doch jeder, der diese Schlussfolgerung zieht, hat noch nicht einmal angefangen, die Tiefe der Gnade Gottes zu erkennen.

Paulus betont mit allem Nachdruck, dass es keine Verdammnis für diejenigen gibt, die in Christus Jesus sind (Römer 8,1). Freiheit von Verdammnis erwächst nicht aus einer strikten Befolgung der Gebote Gottes. Diese Freiheit kommt dadurch zustande, dass wir nach dem Heiligen Geist dürsten, der unseren Blick auf Christus lenkt, was uns zum Gehorsam motiviert. Oswald Chambers sagte: „Gott kann mich nicht befreien, solange mein Interesse nur meinem eigenen Charakter gilt."[2]

Gott allein gibt uns die Kraft zur Veränderung, den Wunsch zur Veränderung und die Freiheit zur Veränderung. Oder, wie andere es geschickter formuliert haben: Wir wandeln nicht im Geist, indem wir das Fleisch überwinden, sondern wir überwinden das Fleisch, indem wir im Geist wandeln.

GEBET

Vater, ich bekenne, dass ich nicht auf Deine Kraft vertraue,
mich zu verändern. So oft merke ich, wie ich versuche,
das Richtige zu tun, und entweder über meine
eigene Unfähigkeit frustriert bin oder mutlos werde,
weil ich ein hoffnungsloser Fall zu sein scheine.
Ich möchte in meinem Leben mit Dir diszipliniert sein,
aber ich weiß, dass Disziplin die Folge meiner Sicherheit in
Dir ist und nicht das Mittel ist, diese Sicherheit zu erlangen.
Reinige mich von allen eigenen Anstrengungen!
Halte in mir das Bewusstsein wach, dass ich Deine Gnade
brauche, und stärke in mir das tiefe Vertrauen
auf Deinen Heiligen Geist, der mich belehrbar macht.

Fragen zum Nachdenken:

1. Merken Sie, dass Sie selbst versuchen, „gut" zu sein? Welche Ergebnisse erzielen Sie gewöhnlich mit diesen Bemühungen?
2. Macht Ihre scheinbare Unfähigkeit, sich selbst positiv zu verändern, Ihnen oft Angst?
3. Welche Verbindung besteht zwischen Heiligkeit und der Gemeinschaft mit Gott?
4. Welche Seite Gottes motiviert uns zur Veränderung?

KAPITEL 6

Er befreit uns von Schuld

Denn wenn infolge des Sündenfalles des einen
der Tod zur Herrschaft kam durch den einen,
wie viel mehr werden die, welche den Überfluss der Gnade
und der Gabe der Gerechtigkeit empfangen,
im Leben herrschen durch den Einen, Jesus Christus!
RÖMER 5,17

Ich hatte gerade die *High School* abgeschlossen, als die Watergate-Affäre ans Licht kam. Die Aufdeckungen der Hintergehung, die schließlich die Präsidentschaft Nixons torpedierten, schockierten eine ganze Generation. Als die Tatsache der Vertuschung die Nation wie ein Schlag ins Gesicht traf, fühlten wir uns wie benommen von der Intensität einer Entrüstung, wie ich sie in meinem Leben nie erlebt hatte. Obwohl Richard Nixon nie formal angeklagt wurde, blieb er im öffentlichen Denken ein Angeklagter. Präsident Ford begnadigte ihn später, aber Nixon konnte die Verdächtigungen, die Feindseligkeiten und den Abscheu der Millionen nie abschütteln, die ihn immer noch für kriminell hielten. Trotz seiner Begnadigung stand er weiter vor dem Gericht menschlicher Meinungen, vor dem er sich für den Rest seines Lebens zu verantworten hat.

Tragischerweise führen viele Christen ihr Leben so, wie Richard Nixon es tat – dankbar für ihre Begnadigung durch Gott, aber weiter anfällig für die Anklagen Satans. Wir wissen, dass uns die Übertretungen der Gebote Gottes vergeben wurden, aber es fällt uns immer noch schwer, die Schuldgefühle abzuschütteln, mit denen der Feind uns torpediert, und wir versuchen verzweifelt, uns auf dieselbe Art und Weise von diesen Schuldgefühlen zu befreien, wie wir es als Kinder taten.

Erinnern Sie sich, wie Sie als kleines Kind auf Vorwürfe reagierten? Vielleicht haben Sie noch im Gedächtnis, wie die strenge Stimme Ihres Vaters Sie als vierjährigen Missetäter für Ihre Ungezogenheit zur Verantwortung zog. „Ich werde es nicht wieder tun!", schluchzten Sie in bester Absicht, während Ihnen Tränen der Reue über die Wangen liefen. Oder Sie gehörten zu denen unter uns, die mit den Zähnen knirschten, den Nacken versteiften und trotzig erklärten: „Ich war es nicht!" Entweder versprachen wir, uns zu bessern, oder wir rechtfertigten unsere Taten, indem wir sie verteidigten oder leugneten.

Allzu sehr haben sich die Dinge mit zunehmendem Alter nicht verändert. Meistens reagieren wir auf Anschuldigungen, indem wir entweder Besserung versprechen oder uns verteidigen. Alles, nur um diese schrecklichen Schuldgefühle loszuwerden.

Satan weiß das natürlich und versucht deshalb auf Schritt und Tritt, uns anzuklagen. Schon sein Name, „der Verkläger", offenbart, worin seine vermutlich wichtigste Taktik gegen uns besteht, um unsere Beziehung mit dem Vater aus dem Gleichgewicht zu bringen. Ständig mit dem Finger auf uns zeigend versucht er, uns solange zu zermürben, bis wir uns der Enttäuschung nur noch schattenboxend zur Wehr setzen können.

Aber in seiner Gnade hat Gott diese Taktik bei der Wurzel gepackt. Denn, wissen Sie, er hat uns nicht nur vergeben – *er hat uns gerecht gesprochen!* Er hat uns, anders ausgedrückt, von Anfang an für unschuldig erklärt. Hätte Gott uns nur vergeben, wären wir noch angreifbar für die Anklagen des Feindes, und obwohl Gott uns jedes Mal für nicht schuldig erklären würde, wäre es irgendwann entmutigend, immer und immer wieder vor Gericht zu gehen. Deshalb sagte Gott mit seinem großen Herzen der Vaterliebe: „Ich werde die Sache mit dem Gericht in die Hand nehmen. Ich werde dir nicht nur vergeben; ich werde dich für *unschuldig* erklären, sodass es keinen Ansatzpunkt mehr für eine Anklage gibt."

Jahrelang habe ich mit dieser Wahrheit gerungen, dass Christus meine Gerechtigkeit ist. Natürlich wusste ich, dass ich durch Gnade in eine Beziehung mit Christus gebracht wurde, aber von da an hatte ich das Gefühl, dass es nun an mir lag, ein Gott wohlgefälliger Mensch zu werden. Das spiegelte sich auch in der Art, wie ich betete. In Gedanken sah ich mich in die Gegenwart Gottes treten, aber dann wurde mir bewusst, dass ich nicht in seine heilige Gegenwart kommen kann, bevor ich nicht mein Herz nach Sünde erforscht hatte. Deshalb sah ich mich außerhalb seiner Gegenwart und versuchte verzweifelt, jede Sünde auszuräumen, um endlich in seine Gegenwart zu kommen. So schwankte ich in meinen Gebetszeiten hin und her, bis ich eines Tages diese verblüffende Wahrheit erkannte: *Ich bin in Christus gerecht gesprochen* – und das aus sehr weisen Gründen.

Da Gott mich für gerecht erklärt hat, muss ich nicht länger Sünde bereinigen, um in Gottes Gegenwart zu kommen; ich bin jetzt frei, Sünde zu bereinigen, *weil ich schon in Gottes Gegenwart bin*. Ich bin sicher und geborgen im Schoß des Vaters.

Und genau das ist der Ort, an dem wir den wahren Sieg über die Sünde finden. Wenn ich auf der einen Seite das liebevolle Angesicht des Vaters sehe und auf der anderen Seite zum Beispiel mein eifersüchtiges Benehmen, befinde ich mich bereits auf dem Weg zu einer bleibenden Veränderung, denn ich möchte doch den Gott der Liebe nicht länger durch meine Eifersucht verletzen.

Es ist leider nicht verwunderlich, dass so viele Menschen sündige Verhaltensweisen nie überwinden. Sie versuchen, sie aus eigener Kraft und Stärke zu überwinden, statt von ihrer Stellung der absoluten Geborgenheit in ihrer Beziehung mit Gott auszugehen.

In meiner Zeit als Jugendpastor sah ich einmal einen Cartoon in einer christlichen Illustrierten, der einen Jugendlichen porträtierte, der total in ein Pornoheft vertieft war. Von der linken oberen Ecke des Cartoons lächelte Gott zu dem jungen Knaben hinunter. Zwischen sich und dem Licht Gottes, das auf ihn herabstrahlte, hielt der Teenager ein Kreuz hoch. Der Bildtext lautete: „Ich bin gerecht in Christus.“

Der Cartoon weist darauf hin, dass die Lehre der Rechtfertigung uns dazu einlädt, unseren Lebensstil zu kompromittieren, indem wir uns gehen lassen, und dass unser Verhalten keine Rolle spielt, da wir ohnehin bereits für gerecht erklärt wurden. In unserem Jugenddienst stimmten viele von uns der Schlussfolgerung dieses Cartoons zu und rebellierten gegen eine Lehre, die wir für schändliche Lauheit hielten. Doch in unseren Bemühungen, eine Generation zu größerer Hingabe in der Nachfolge anzuspornen, ließen wir etwas außer Acht, das ich später als Eckstein der Gewissheit erkannte, auf dem jedes gute Verhalten aufbaut.

Die Rechtfertigung in Christus bedeutet in keiner Weise, dass hohe moralische Maßstäbe einer billigen Gnade geopfert werden. Sie beruht ausschließlich auf der Weisheit Gottes. Gott hat es uns ermöglicht, wahrhaftig frei zu sein und uns in diesem Kontext wirklich zu verändern.

Indem er uns gerecht spricht, entzieht Gott dem Feind jeden Boden, uns zu schikanieren und anzuklagen, und holt uns zugleich endgültig in seine Gegenwart. Von diesem Ort der Sicherheit aus können wir den wahren Sieg über die Sünden finden, die uns sonst zerstören würden. Diese Wahrheit ist weit davon entfernt, eine Büchse der Pandora für faule Kompromisse und geistliche Zügellosigkeit zu öffnen, sondern befreit uns dazu, dem Ziel unserer Zuneigung – Christus selbst – ähnlicher zu werden, indem wir in der Gewissheit leben, dass Gott – wie Pascal es ausdrückte –, uns „zu jedem anderen Ziel als ihm selbst unfähig machen wird".

GEBET

*Schuld ist so lähmend, oh Gott. Sie hält so viele gefangen, sie
sind versklavt durch die Konsequenzen ihrer Entscheidungen.
Ich spiele die Folgen meiner falschen Entscheidungen nicht
herunter und schiebe die Schuld an meinem Egoismus auch
nicht anderen zu. Doch in alledem sprichst Du mich gerecht,
so sorgfältig, damit ich nicht durch Schuld gelähmt werde.
Viele in der Welt haben dich missverstanden und denken,
Du wärest ein Gott, der gern in ihnen Schuldgefühle weckt.
In Wirklichkeit bist Du der Gott der Gnade,
der das Problem der Schuld endgültig gelöst hat, wenn wir nur
Dein Geschenk des Lebens durch Jesus annehmen.
Weit davon entfernt, meine Schuld zu ignorieren,
weiß ich nur zu gut, wie schuldig ich bin.
Aber aus Gnade um Gnade hast Du mich gerecht gesprochen!
Ich werde nicht versuchen, das vollständig zu begreifen,
sondern es im Glauben annehmen, denn ich weiß,
dass der Weg des Glaubens damit beginnt,
dass ich auf das vertraue, was Du über mich gesagt hast:
Ich bin in Jesus Christus wahrhaftig gerecht gesprochen!*

Fragen zum Nachdenken:

1. Was ist Ihrer Meinung nach der richtige Platz für Schuldgefühle im Leben eines Christen?
2. Können Sie zwischen den Anklagen des Feindes und der Überführung von Sünden durch den Heiligen Geist unterscheiden?
3. Auf welcher Grundlage sind wir als Kinder Gottes gerecht?
4. Wie wichtig ist ein gutes, moralisches Verhalten im Leben eines Christen? Wofür ist dieses Verhalten in unserem Leben ein
Kennzeichen?

KAPITEL 7

Ein Gott der Vergebung

Als wir noch Feinde waren,
[sind wir] mit Gott versöhnt worden ...
durch den Tod seines Sohnes.
RÖMER 5,10

Als ich kürzlich kreuz und quer durchs Land reiste, landete ich dort, wo ich mich in letzter Zeit allzu oft wieder finde – in irgendeinem Hotel, wo ich auf die Zimmerservicekarte starre. Ich beschloss, den Fernseher einzuschalten und den Lokalsender eines christlichen Fernsehnetzwerks zu suchen. Ich sah einen schweißgebadeten Evangelisten, der auf der Bühne hin und her schritt, und die Zuhörer mit seinen feurigen Worten anheizte. Neugierig setzte ich mich hin und hörte ihn erzählen, wie der Journalist einer einflussreichen Zeitung ihm kürzlich aufgelauert hatte.

Der Journalist hatte den Evangelisten am Flughafen erkannt und um ein spontanes Interview gebeten, das der Evangelist ihm auch großzügig gewährte. Der Journalist fragte ihn, was er über einen sehr bekannten christlichen Leiter denke. Der Evangelist erklärte der Menge, dass der Journalist ihn offensichtlich ködern wollte, also habe er mit dem Zeigefinger auf den Mann gezielt und gedonnert: „Sie, mein Herr, sind der Feind!" Das christliche Publikum signalisierte mit ausgelassenem Applaus seine Zustimmung, dass dieser „unbeschnittene-Philister-von-einem-Journalisten" in der Tat ein Feind sei.

Während sie zustimmend jubelten und der Evangelist über die ganze Länge der Bühne schritt, offensichtlich angetan von dem Gefühl der Macht, das eine so enthusiastische Reaktion weckt, konnte ich einen inneren Schmerz nicht unterdrücken. Immer wieder hallten in mir die Worte nach: „Sie sind der Feind!" Sowohl der Evangelist wie auch das Publikum ließen, milde gesprochen, einen deutlichen Mangel an Barmherzigkeit erkennen. Mir wurde klar, dass vielleicht gerade die Art und Weise, wie wir die Menschen als Fremde behandeln, einer der wesentlichen Gründe ist, warum wir als Gemeinde in der Gesellschaft kein Gehör mehr finden.

Die Wahrheit ist tatsächlich, dass wir Christen ungläubige Menschen manchmal als Feinde behandeln – nach dem Motto: „sie" gegen „uns". Das ist natürlich weit von dem entfernt, was der Apostel Paulus im fünften Kapitel des Römerbriefs mit solchem Nachdruck sagt, nämlich dass Christus die ganze Menschheit mit Gott versöhnt hat, sodass jeder von uns die Möglichkeit hat, Gottes Geschenk der Erlösung anzunehmen. Anders ausgedrückt gilt Gottes Gunst und Vergebung durch das, was Christus am Kreuz tat, allen Menschen überall. Das ist in der Tat eine gute Nachricht.

Wir neigen zu der Auffassung, dass Vergebung durch den Akt der Buße erlangt wird – dass einer Person, solange sie noch keine Buße getan hat, nicht dieselbe Vergebung angeboten wird, die wir als Christen genießen. Ich würde sagen, das ist eine tragische Entstellung der Gnade Gottes, die schwerwiegende Folgen in der Gemeinde hat. Unter anderem wirkt sie sich auf unsere Evangelisation aus. Denn wenn wir die Menschen als solche betrachten, die nicht mit Gott durch das Kreuz versöhnt wurden, werden wir sie eher als feindselige Fremde behandeln, statt als hilflose Sklaven des Bösen. Wir entwickeln eine antagonistische Einstellung, durch die wir die bedürftigen Menschen weiter von der Guten Nachricht distanzieren, nach der sie sich sehnen.

Ich erinnere mich noch, wie es war, als diese Tatsache mir zum ersten Mal bewusst wurde. Meinen Glauben zu bezeugen war eine Pflicht, denn ich behandelte Ungläubige so, als gehörten sie zu den Gegnern. Als ich die Tatsache begriff, dass Gottes Vergebung *schon jetzt* gültig ist, sagte ich mir: *Kein Wunder, dass man es Gute Nachricht nennt.* Wenige Tage später predigte ich auf den Straßen von Mexiko City und erklärte mehreren hundert Menschen, die sich auf dem Platz versammelt hatten, fröhlich: „Dir ist vergeben. Komm und nimm das Geschenk an, das Gott dir unverdienterweise gibt!"

Natürlich dürfen wir mit dieser Gnade, die uns ein so großes Heil gegeben hat, nicht spielen. Ohne eine gesunde Furcht Gottes gleiten wir allzu leicht in eine Oberflächlichkeit ab, wie der Agnostiker Voltaire sie so zynisch erkennen ließ, als er über Gottes Vergebung sagte: „C'est son métier", was so viel bedeutet wie: „Das ist eben sein Beruf."

Auf eine Liebe, die so erstaunlich ist, dass sie Vergebung bereits angeboten hat, kann man nur mit echtem Glauben und Buße antworten: Das sind die beiden angemessenen Reaktionen auf Gottes unverdientes Geschenk. Im Licht dessen, was Gott für uns getan hat, ist es außerdem nicht überraschend, dass der Schreiber des Hebräerbriefs so dramatisch beschrieb, welche schrecklichen Konsequenzen es hat, wenn wir „ein so großes Heil versäumen" (Hebräer 2,1-4). Trotzdem steht bei vielen von uns Christen im Vordergrund, dass wir sowohl die Reichweite seiner Gnade als auch das Privileg der Verkündigung des Evangeliums vergessen haben. Unsere Sicht der Gnade wirkt sich entscheidend darauf aus, ob wir die Evangelisation als Pflicht oder als Freude betrachten.

Wenn wir Ungläubige als Feinde behandeln, werden sie wie Feinde reagieren. Vielleicht erinnern Sie sich an einen besonders Anstoß erregenden Kinofilm mit dem Titel „Die letzte Versuchung Christi", der vor mehreren Jahren in die Kinos kam. Die Darstellung sexueller Fantasien Christi über Maria Magdalena entrüstete viele Menschen. Hollywood zeigte sich von seiner blasphemischsten Seite. Damals umlagerten Christen die Kinos und konterten so vehement, wie sie nur konnten, dass die säkulare Gesellschaft der Feind sei und sie kämpfen würden.

Vielleicht ist das ja der Grund, weshalb solche Filme überhaupt erst gedreht werden; vielleicht ist das der Grund, weshalb die Gemeinde mit solcher Schärfe verhöhnt wird. Nicht, dass ich eine solche Blasphemie entschuldigen wollte, und ich möchte unseren energischen Protest auch nicht dämpfen. Aber ich kann mein Unbehagen über die Art und Weise, wie wir Ungläubige oft behandeln, nicht abschütteln – als Feinde, die zu bekämpfen sind, statt als Gefangene, die Befreiung brauchen. Haben wir

Christen den Sinn für Güte verloren, weil wir selbst unser Bewusstsein der Gnade verloren haben?

Erinnern wir uns daran, dass jede Person, der wir begegnen, bereits mit Gott versöhnt wurde und dass alle Menschen seine Vergebung frei annehmen können – wenn sie wollen. Unser Verhalten ihnen gegenüber kann die Tür der Kommunikation mit Gott entweder weit aufstoßen oder sie noch fester zuschlagen.

GEBET
Herr, hilf mir, ein Vermittler der guten Nachricht zu sein!
Erfülle meine Seele so tief mit der Realität Deiner Gnade,
dass ich verwandelt werde.
Wecke in mir eine Begeisterung wie nie zuvor,
anderen Menschen meinen Glauben weiterzugeben,
und hilf mir, Dich der ungläubigen Welt richtig darzustellen.
Wirke durch Deinen Heiligen Geist so überfließend in mir,
dass andere dadurch zu Jesus hingezogen werden.

Fragen zum Nachdenken:

1. Wie betrachten Sie andere Menschen, die Jesus Christus noch nicht kennen? Stellen Sie manchmal bei sich fest, dass Sie sie als eine Art Feind betrachten, den Sie besiegen müssen?
2. Welche Beziehung sollten wir als Christen zu Menschen haben, die Christus nicht kennen?
3. Auf welcher Grundlage ist uns vergeben worden? Wann wurde diese Vergebung für uns zugänglich gemacht?
4. Was bedeutet es für Sie, mit Gott versöhnt zu sein?

KAPITEL 8

Ein gebender Gott

Wie sollte er uns mit ihm nicht auch alles schenken?
RÖMER 8,32

Don Evans, Professor der Philosophie an der Universität zu Wales, erzählte mir vor vielen Jahren folgende Geschichte.

Ein Mann hatte einen Traum, in dem er an die Pforten der Hölle gelangte und in die muffig und bedrückend wirkende Eingangshalle eines Hotels geführt wurde. Während er sich in seiner düsteren Umgebung umschaute, traten zwei schaurige Boten zu ihm, die ihn in einen großen Speisesaal brachten. Beim Betreten des Saals fühlte er sich abrupt mit einer Fülle chaotischer Eindrücke konfrontiert. Der Raum war nur schwach beleuchtet, doch er konnte seine weite Ausdehnung erkennen. Von überall her hörte er den Widerhall von Flüchen und Handgreiflichkeiten. Im Mittelpunkt des Saals stand ein langer festlicher Tisch mit den köstlichsten Speisen, die er sich vorstellen konnte. Alle kulinarischen Delikatessen, von denen er je gehört oder gelesen hatte, übersäten den Tisch, doch ein beißender Geruch verwesenden Fleisches hinderte ihn daran, den Duft des Festmahls zu genießen.

Im dämmrigen Kerzenschein sah er Hunderte verwahrloste Gestalten von knochiger Erscheinung, die den Tisch umringten und zu essen versuchten, aber nichts tun konnten, außer sich gegenseitig zu beschimpfen und zu zerkratzen. Als er genauer hinschaute, sah er, dass die Bestecke, die sie benutzten, ca. 15 cm länger als ihre Arme waren. Jedes Mal, wenn sie sich einen Löffel Truthahn-Trüffel in den Mund schieben wollten, kamen sie mit dem Besteck nicht über einen bestimmten Punkt hinaus. Sie erreichten bestenfalls ihre Schultern und ließen die Löffel unbeholfen auf den Boden fallen. Und so saßen sie einfach da. Unfähig, irgendetwas zu essen, siechten sie in nie endenden Hungerqualen dahin.

Überwältigt von diesem grausamen Schauspiel der Sinnlosigkeit merkte der Mann plötzlich, wie er in den Himmel versetzt wurde. Dort fand er sich vor einem Gebäude wieder, das so unfassbar war, dass es sich jeder Beschreibung entzog. Er stand vor dem Hotel des Himmels, das grandioser war als das Tadsch Mahal, prächtiger als ein Loireschloss, eleganter als jeder Palast, den er je gesehen hatte oder aus Reisebeschreibungen kannte. Als er das Foyer betrat, nahm er eine Schönheit wahr, die sich mit jeder Sekunde intensivierte. Zwei Männer in strahlender Kleidung kamen ihm entgegen und geleiteten ihn in einen Speisesaal. Es war ein prächtig erleuchteter Raum, der sich weit nach hinten erstreckte, mit einem festlich gedeckten Tisch. Dieser Tisch war umringt von Hunderten zufrieden und entspannt wirkenden engelgleichen Wesen, die sich aneinander zu freuen schienen. Bei näherer Betrachtung sah er, dass sie dieselben Bestecke benutzten, die er in der Hölle gesehen hatte; jede Gabel und jeder Löffel war etwa fünfzehn Zentimeter länger als ihre Armspanne. Der Unterschied war jedoch, dass diese Wesen nicht vergeblich versuchten, selbst zu essen, sondern von den Speisen nahmen und sie denjenigen reichten, die ihnen am Tisch gegenüber saßen.

Die Moral dieser Geschichte liegt auf der Hand. Indem alle gaben, wurde jeder von ihnen gesättigt.

Das ist mehr als eine unterhaltsame Geschichte: Sie beschreibt, wie wir auf diesem Planeten nach Gottes Absicht leben sollten. Wenn Gottes Geschöpfe zuerst an die anderen denken, werden sie tatsächlich selbst versorgt.

Diese Geschichte sagt viel darüber aus, wie Gott ist. Gott ist Liebe. Nicht nur *liebevoll*, sondern *Liebe*. Liebe ist keine Beschreibung für Gott – sie ist das Wesen Gottes. Ein praktischer Ausdruck der Liebe ist das Geben, und zu sagen, dass Gott uns liebt, bedeutet zu sagen, dass er gibt. Die Erhaltung jeder geschaffenen Art, ob Menschen oder Engel, beruht auf der Priorität des Gebens und der Bereitschaft, sich selbst an den Schluss zu stellen.

„Gebt, so wird euch gegeben werden" ist mehr als ein guter Vorschlag; diese Aufforderung beschreibt das System der Ewigkeit.

Es ist zutiefst bereichernd, über die Tatsache nachzudenken, dass der Vater innerhalb der Dreieinigkeit nie an sich allein gedacht hat, sondern immer an sich in Bezug auf die beiden anderen Personen Gottes. Das erstaunt mich umso mehr, wenn ich daran denke, wie selbstbezogen ich bin.

Wenn Gott *immer* zuletzt an sich selbst gedacht hat, was sagt das über seine Beweggründe aus, uns zu erschaffen? Ich nehme an, als Gott unsere ersten Eltern erschuf, tat er das nicht, weil er weitere Diener oder etwa Anbeter brauchte. Er ist kein egozentrischer Gott, der ein ständig wachsendes Bedürfnis nach größerer Verehrung hat. Ich nehme an, dass er sie nicht einmal aus seinem Bedürfnis nach Gemeinschaft erschuf. Er erschuf sie, um ihnen zu *geben*. Da gab es keine heimlichen Motive, keine verborgenen Absichten. Er wollte sich selbst bedingungslos geben.

Gott hat sich nicht verändert. Er hat mehr zu geben, als wir je empfangen könnten. Und das Erstaunliche ist: Indem wir demütig empfangen, werden wir selbst in Geber verwandelt.

Sie und ich können Gottes Fähigkeit und Wunsch, zu geben, nie ausschöpfen. Wir können sie behindern, aber nicht erschöpfen. Vielleicht sind Sie durch das ständige Ringen matt geworden oder meinen, Sie hätten den Etat seiner Vergebung aufgebraucht. Vielleicht haben Sie das Gefühl, Sie hätten in dem verzweifelten Bemühen, ein unlösbares Problem zu verstehen, schon so lange an die Pforte des Himmels geklopft, dass Sie zu einer unwillkommenen Plage geworden sind. Und Sie mögen den Eindruck haben, Sie seien in seinem Vorratshaus der Gnade auf Grund gestoßen. Schauen Sie noch einmal genauer hin und Sie werden eine Tür sehen, hinter der sich beim Öffnen eine ganze Landschaft der Liebe und Güte erschließt, wie Sie sie nie hätten erahnen können.

Merken Sie sich jedoch, dass auf dieser Tür „Demut" und auf dem Türgriff „Vertrauen" steht. Denn, wie der heilige Augustinus sagte: „Gott gibt, wo er leere Hände vorfindet." Gehen Sie zu Gott, so wie Sie sind, mit all Ihren Kämpfen und all Ihren Fragen. Gehen Sie zu ihm in dem Wissen, dass Gott in allen Dingen gerecht ist. Gehen Sie durch diese Tür hindurch und Sie werden einen Gott entdecken, der, wie es in einem alten Kirchenlied heißt: „gibt ... und gibt ... und immer wieder gibt."

> **GEBET**
> *Herr, so viele Menschen, die Dich nicht kennen,*
> *halten Dich für einen fordernden, selbstsüchtigen Gott.*
> *So viele meinen, Du wärest nur eine Art kosmischer Boss*
> *mit Machtgebaren. So viele bezweifeln, dass Du ein Gott der*
> *Liebe bist, und meinen, Du hättest uns alle nur erschaffen,*
> *damit Du noch mehr angebetet wirst. Hilf ihnen und mir,*
> *zu erkennen, dass Du nichts von alledem bist. In Wirklichkeit*
> *bist Du ein Gott, der immer zuletzt an sich selbst denkt.*
> *Angesichts einer so unfassbar selbstlosen Liebe – angesichts ei-*
> *nes Gottes, dessen Geben jedes menschliche Vorstellungsver-*
> *mögen übersteigt – wie kann ich da anders,*
> *als mich mit jeder Faser meines Seins Dir zurückzugeben?*

Fragen zum Nachdenken:

1. Sehen Sie Gott als „gebenden" Gott? Nennen Sie Beispiele!
2. Was sind einige der Dinge, die Gott Ihnen persönlich gegeben hat? Physisch? Emotional? Geistlich?
3. Können Sie bei sich selbst die Bereitschaft und die Fähigkeit feststellen, sich in der Erwartung an Gott zu wenden, dass er geben wird?
4. Was hindert manche Menschen daran, an einen Gott zu glauben, der geben *möchte*?

KAPITEL 9

Gott war einer von uns

Siehe, die Jungfrau hat empfangen
und wird Mutter eines Sohnes,
den sie Immanuel nennen wird.
JESAJA 7,14

Joan Osborne drückte vor einigen Jahren mit ihrem Grammy-prä-
mierten Song „One of us" die verzweifelte Sehnsucht einer Generation aus, die gegen alle Hoffnungen hofft, dass es einen Gott
gibt und er ihre zerrütteten Emotionen irgendwie versteht.

> *What if God was one of us?*
> *Just a slob like one of us?*
> *Just a stranger on the bus,*
> *Trying to make His way home ...*
> *(Was wäre, wenn Gott einer von uns wäre?*
> *Nur ein Gammler wie einer von uns?*
> *Nur ein Fremder im Bus,*
> *der versucht, nach Hause zu kommen ...)*

Profan? Geringschätzig? Eine krasse Respektlosigkeit? Oder vielleicht nur das Nachdenken eines verlorenen Kindes?

Der Gott eines lautstarken Hochleistungsevangeliums, der
Gott eines behaglichen christlichen Kaffeeklatschs oder ein ge-
schniegelter Gott, den unsere Begierden anwidern und unsere
Fragen entrüsten – diese Art von Gott weckt kein Interesse in
einer Generation, die es zu einer Kunst gemacht hat, sich irgendwie durchzuschlagen.

Kann Gott meinen Schmerz mitfühlen?

Versteht er meine Ängste?

Weiß er, warum mein Denken so verdreht ist?

Spürt er meine Angst, wenn mir ein Freund einen Joint anbietet?

Kann er verstehen, dass Versuchungen mich innerlich zerreißen?

Das sind die Fragen, mit denen zahllose Menschen sich herumschlagen in der Hoffnung, dass es da draußen einen Gott gibt, der persönlich genug ist, sich mit ihrer Menschlichkeit zu identifizieren, aber mächtig genug, sie von sich selbst zu befreien. Sie fragen sich: *Kann ein vollkommener Gott mit einer so unvollkommenen Person wie mir je eine Beziehung haben?*

Das kann er – weil er schon wie Sie geworden ist! Es geht nicht mehr um die Frage: *Was wäre, wenn Gott einer von uns wäre?* Tatsache ist, *dass er bereits einer von uns geworden ist!*

Gott kam als Mensch und wurde durch die unaufhörlichen Abweisungen der Menschen wund gerieben, über die Maßen erschöpft, indem er ihre Lasten trug, durch die Schläge von Krankheiten und Gebrechen betäubt, und sein Herz war durch die schreiende Hässlichkeit unserer Unmenschlichkeit verwundet.

Dass Gott Mensch wurde ist eine Tatsache, die nie die Kraft verliert, Ehrfurcht zu wecken. Genauso wenig verliert sie für den Skeptiker je ihr Stigma. Doch tief im Innern hungern wir alle nach der Gewissheit, dass Gott wirklich versteht, was wir durchmachen. Diese Gewissheit konnte auf keine andere Weise kommen als dadurch, dass Gott Mensch wurde.

Selbst Sokrates gelangte Jahrhunderte vor der Geburt Christi zu dem Schluss, dass Gott, wenn er uns von uns selbst retten wollte, Mensch werden und sich mit der menschlichen Schwachheit identifizieren müsste. Dies bezeichnen wir als die *Inkarnation*, und sie ist natürlich weit davon entfernt, Gott auf die Ebene des Menschen zu reduzieren; ganz im Gegenteil macht sie uns seine Majestät noch stärker bewusst und vertieft unsere Überzeugung, dass nichts für Gott zu schwer ist, nicht einmal die Menschwerdung.

Doch noch erstaunlicher ist die Tatsache, dass er ein *Baby* wurde. Das ist für den säkularen Menschen nun wirklich schwer zu verdauen. Die Idee, dass Gott sich plötzlich als Mensch materialisierte – sozusagen vom Himmel gebeamt wurde – und ein paar Jahre lang unter den Menschen weilte, mag noch akzeptabel, wenn auch ein wenig weit hergeholt erscheinen. Aber Gott als das hilflose Baby von Bethlehem? Das geht zu weit! Aber bedenken Sie: Hätte Gott nur beabsichtigt, uns die Erlösung zu ermöglichen, hätte Jesus als erwachsener Mensch erscheinen und sein Werk am Kreuz vollbringen können. Hätte Gott nur die Absicht gehabt, uns ein Beispiel der Gerechtigkeit zu geben, hätte Jesus als erwachsener Mensch erscheinen und es uns durch sein Leben zeigen können. Doch das Kommen Christi bedeutete mehr, als uns zu retten oder uns zu zeigen, wie wir leben sollen, so herrlich beides auch tatsächlich ist.

Als ich noch ein kleiner Junge war, war Baseball mein größtes Hobby. Damals befanden sich die *Los Angeles Dodgers* auf dem Gipfel ihrer Karriere, als Maury Wills mehr als einhundert Bases pro Saison schaffte und Sandy Koufax das Ass am Aufschlag war. Ich wollte sein wie sie. Stundenlang warf ich den Baseball gegen die Betonwand in unserem Hof und stellte mir vor, der Star-Pitcher zu sein.

Als meine Neigung zur fixen Idee wurde, wollte ich einen eigenen Baseball-Handschuh haben. Mein Vater sorgte dafür, dass ich einen bekam. So dankbar ich war, dass mein Vater mir die Möglichkeit gab, Baseball zu spielen, wirklich glücklich war ich erst, wenn er sich seinen eigenen Handschuh schnappte und rief: „Komm, spielen wir eine Runde Baseball." Die Tatsache, dass Dad mir einen Handschuh und einen Baseball kaufte, war seine Art zu sagen: „Sohn, ich finde dich super – ich will, dass du Spaß hast." Aber wenn er sagte: „Lass uns zusammen spielen", gab er mir damit zu verstehen: „Ich bin nicht nur dafür, dass du spielst – ich möchte mit dir zusammen sein."

Als Gott die Gestalt eines Säuglings annahm, war es, als würde er sagen: „Lasst es uns zusammen machen." Es genügte Gott nicht, nur *für* uns zu sein; er wollte *bei* uns sein. Er wurde, durch seinen Sohn, der *Immanuel – Gott mit uns*.

Die Tatsache, dass Gott ein Baby wurde, verweist auf eine der tiefsten Wahrheiten im gesamten Plan Gottes. Indem er ein Baby wurde und aufwuchs wie wir, bekam Jesus alles zu spüren, was wir fühlen; er wurde versucht und geprüft genauso wie wir, damit er mit unserer Schwachheit mitfühlen konnte. Aber warum? In gewissem Sinn verdiente er sich so das Recht, in Ihr Leben einzutreten, seinen Geist in Ihnen wohnen zu lassen und durch Sie sein Leben zu leben.

Der Apostel Paulus rief aus: „Ist Gott für uns, wer mag wider uns sein?" (Römer 8,31). Der Tod und die Auferstehung Christi waren Gottes Art zu erklären, dass er für uns ist. Es ist das, was Theologen als die *Sühne* bezeichnen - Christus starb für uns, um uns zu retten. Welchen größeren Beweis, dass Gott für uns ist, könnten wir erbitten? Und doch hat Gott in der Liebe seines großen Vaterherzens gesagt: „Es genügt nicht, dass ich *für* euch bin - ich will *mit* euch sein." *Immanuel.*

Die Sühne erlöste uns, die Inkarnation erhob uns. Was ich damit meine, ist dies: Die Tatsache, dass Jesus für uns starb, ist überwältigend. Als Empfänger einer solchen Gnade könnten wir für immer als dankbare Diener in unerschöpflicher Begeisterung leben. Aber es genügte Gott nicht, dankbare Diener zu schaffen - er wollte Kinder. Und das ist der Grund, weshalb Gott als Baby auf die Welt kam. Indem er alles durchmachte, was wir je durchmachen, und indem er nun sein Leben durch uns lebt - auf jede unserer Herausforderungen, jede unserer Schwächen mit der Kraft und Gnade antwortet, die er vom Heiligen Geist schöpfte, während er auf der Erde lebte - führt der Herr uns als Söhne und Töchter zur Reife.

Wäre Jesus kein Baby geworden, hätte er nicht in unser Leben kommen können. Denken Sie daran, dass „Christus *in* Ihnen" Ihre Hoffnung der Herrlichkeit ist. Unsere Berufung erschöpft sich nicht darin, Christus *nachzuahmen*, sondern uns Christus *hinzugeben* und ihn sein Leben durch uns leben zu lassen. Er hat jede Not und jede Versuchung, mit der Sie je konfrontiert werden, schon durchlitten. Wenn jemand Sie das nächste Mal provoziert, versuchen Sie nicht, Ihren Ärger selbst zu überwinden. Geben Sie dem Herrn die Gelegenheit, durch Sie so mit diesem Ärger umzugehen, wie er es tat, als er auf der Erde lebte - aus der Kraft des Heiligen Geistes. Wenn Sie das nächste Mal spüren, wie Sorgen in Ihnen aufkommen, steigern Sie sich gar nicht erst hinein. Sagen Sie einfach:

„Herr Jesus, Du hast diese Art von Sorgen schon bezwungen, als Du ein Mensch warst. Die Umstände waren sicher verschieden, aber die Ursachen waren dieselben. Deshalb, Jesus, gehe hier und jetzt durch mich so mit diesen Sorgen um, wie Du es als Mensch auf der Erde getan hast. Denn ich glaube, dass Du in mir bist, und vertraue jetzt ganz auf Dich, damit Du durch mich handeln kannst."

Ich wünschte, ich könnte mit Joan Osborne reden. Ich wünschte, ich könnte ihr sagen, dass Gott *tatsächlich* einer von uns wurde und dass er kein Fremder zu sein braucht, sondern der innigste Freund sein kann, den sie sich je wünschen könnte. Und er versucht nicht, den Weg nach Hause zu finden. Nein, er hat schon ein Zuhause geschaffen – für alle, die auf seine Liebe vertrauen.

GEBET

*Herr, ich habe Dir schon gedankt, aber ich danke Dir erneut
für die Tatsache, dass Du schon alles durchgemacht hast,
was ich je erleben werde – jede Verletzung, die ich zu spüren
bekam, und jedes Problem, dem ich mich stellen musste.
Danke, dass Du nicht nur Mensch, sondern ein Baby wurdest.
Danke, dass Du hilflos wurdest, damit mir geholfen werden
kann. Danke, dass Du bereit warst, als Mensch zu wachsen,
damit ich als Dein Kind wachsen kann.
Hilf mir, jede Schwierigkeit als eine Gelegenheit zu sehen,
Dein Leben und Deine Kraft in mir wirken zu lassen.
Ich kann mich sogar auf Schwierigkeiten freuen,
weil sie mir eine Gelegenheit geben zu sehen,
wie Du als mein Partner sie durch mich überwindest.*

Fragen zum Nachdenken:

1. Was bedeutet es für Ihre Beziehung mit Gott, zu wissen, dass
   er Ihre Schwierigkeiten versteht, weil er durch Jesus Christus
   selbst ein Mensch wurde?
2. Welche Unterschiede gäbe es in Ihrer Beziehung zu Gott,
   wenn er *nicht* Mensch geworden wäre?
3. Gibt es Ihnen Kraft zu wissen, dass Jesus wie wir versucht
   wurde, aber sündlos blieb?
4. Fällt es Ihnen schwer zu glauben, dass Gott *mit* Ihnen sein
   möchte?

KAPITEL 10

Als er zur Sünde wurde

Er hat den, der von keiner Sünde wusste,
für uns zur Sünde gemacht.
2. KORINTHER 5,21

Ich hatte einmal einen homosexuellen Freund. Darryl stammte aus einer christlichen Familie, dennoch hatte er mehrere Jahre lang homosexuelle Beziehungen. Eines Tages begegnete ihm Gottes Liebe neu und er fand Christus auf eine neue, lebendige Weise. Er gab seinen homosexuellen Lebensstil auf, begann, eine bibelgläubige Gemeinde zu besuchen, und wuchs in seiner Beziehung mit dem Herrn.

Einige Jahre lang waren die Echtheit seines Glaubens und die Reife seiner Lebensweise für alle offensichtlich – bis zu dem Tag, an dem er bei einem Menschen auf Ablehnung stieß, der ihm sehr viel bedeutete. Diese Ablehnung traf ihn so tief, dass er dachte, er könne nur in dem alten Lebensstil Trost finden, den er aufgegeben hatte. Er ging in die homosexuellen Kreise zurück und suchte nach der Art von Gemeinschaft, die ihm die einzige Gewissheit eines Hauchs von Annahme zu bieten schien.

Dennoch kämpfte Darryl in dieser ganzen Zeit mit seinen inneren Konflikten, weil er wusste, dass sein Weg falsch war. Der Schmerz der Ablehnung war aber immer noch so stark, dass er das Gefühl hatte, Jesus könnte keine Beziehung zu ihm haben – Jesus könnte ihn nicht an dem Punkt berühren, wo er seine Hilfe am meisten brauchte.

Und trotzdem: Irgendwie, auf irgendeine Weise, berührte Jesus Darryl doch und er fand den Weg zurück zum Herrn. Doch kurz nachdem er Christus sein Leben neu geweiht hatte, stellte er fest, dass er AIDS hatte. Nach allem, was er durchgemacht hatte, nun das. Die Hoffnungslosigkeit machte ihn zuerst ganz benommen. Aber er gab Gott nicht die Schuld und wandte sich auch nicht von ihm ab. Während die Krankheit seinen Körper zu schwächen begann, machte er es sich vielmehr zum Anliegen, allen Menschen, denen er begegnete, von der Liebe Gottes zu erzählen – seinen Ärzten, den Krankenschwestern in der Klinik, seinen Freunden. Mehr als ein Jahr lang kämpfte er gegen die Krankheit. Dann spürte er, dass sein Leben zu Ende ging. Trotzdem war er zufrieden, weil er wusste, dass er trotz seiner Schmerzen siegreich für Jesus gelebt hatte.

An dem Tag, der sein letzter werden sollte, kam einer seiner Freunde ins Krankenhaus, um ihn zu besuchen. Als dieser Freund sich der Tür näherte und einen Blick durchs Fenster warf, sah er, dass Darryl aufrecht im Bett saß und angeregt mit einer Person sprach, die sein Freund durch das Fenster nicht sehen konnte. Als er näher heranging, um den geheimnisvollen Besucher sehen zu können, bemerkte er am Fuß des Bettes ein großes, strahlendes Licht, aber er konnte noch immer keine Person in diesem Zimmer sehen. Der Freund war völlig verblüfft, denn Darryl sprach lebhaft mit – einem Licht? Was konnte das sein? Vielleicht ein Engel?

Nein – Jesus war in diesem Raum. Jesus stand einem AIDS-Patienten bei und bereitete ihn darauf vor, nach Hause geholt zu werden. Jesus konnte bei Darryl in diesem Raum sein, weil Jesus *selbst* ein AIDS-Patient gewesen war. Er wusste genau, was Darryl empfand, was er durchgemacht hatte und in welche Tiefen der Sünde er gefallen war. Aber weil Jesus am Kreuz zur Sünde geworden war, konnte er sich ganz mit Darryl identifizieren, der sterbend auf seinem Bett lag.

Das ist vielleicht eines der tiefsten Geheimnisse des Kreuzes. Für Christus bedeutete das Kreuz die tiefste Identifikation mit uns. Die Qualen, die er durchlitt, waren tiefer, als nur stellvertretend für uns „unsere Sünde zu tragen". Paulus schreibt im zweiten Brief an die Korinther, dass Jesus zur Sünde *wurde*. In diesem Moment größter Qualen wusste er, wie es ist, ein Dieb, ein Süchtiger, ein Ausgestoßener zu sein; er bekam alles, was je böse gewesen ist, am eigenen Leib zu spüren. Nicht, dass er selbst gewählt hätte, alles das zu werden, sondern er hing aus Gehorsam zum Vater an diesem Kreuz. Aber genauso wenig starb er einfach einen vertraglich festgelegten Tod, losgelöst von jedem Gefühl unserer Verdorbenheit.

Er *fühlte*, wie es ist, als betrunkener Ausgestoßener in der Gosse zu liegen.

Er *fühlte* die Beklemmung eines von Ängsten geplagten Studenten.

Er *fühlte* die nackte Abhängigkeit eines Süchtigen, der seinen nächsten Schuss braucht.

Er *fühlte* die Scham der Prostituierten, die ihrer verlorenen Unschuld nachtrauert und wünschte, sie könnte wieder ein kleines Mädchen sein.

In diesem Sinn *wurde* er zur Sünde.

Leute neigen leicht dazu, auf Jesus zu deuten und zu sagen: „Wie könntest du dich je mit meinem Schmerz und meiner Zerbrochenheit identifizieren, da du selbst nie gesündigt hast?" Auf diese Frage antwortete ein weiser alter Prediger einmal: „Was Jesus in seinem Leben nicht zu spüren bekam, das bekam er in seinem Tod zu spüren." Wir alle haben Erfahrungen gemacht, die uns über die Maßen frustrierten und uns provozierten, eine Fülle deftiger Bemerkungen auszuspucken. Und dann sagen wir uns selbst: „Wie kann Gott sich je mit mir identifizieren? Jesus hat nie geflucht!" Na, da täuschen wir uns aber. Jesus hat nicht nur das ganze Spektrum menschlicher Emotionen erlebt, sondern auch Verlust und die Schuld der Sünde gespürt. Er *fühlte* die Emotionen des Mannes, der sich schämt und elend fühlt, nachdem er wieder geflucht und gelästert hat. Es gibt keine einzige Emotion – ob gut oder schlecht –, die Jesus nicht zu spüren bekam. Er wurde zur Sünde gemacht. Am Kreuz wurde jeder perverse Gedanke, den Menschen je hegten, und jede selbstsüchtige Tat, die Menschen je begingen, in Christus ausgegossen, bis ihm unter der Last buchstäblich das Herz brach.

Die Worte Jesu am Kreuz waren kein auswendig gelerntes Skript. Als Jesus ausrief: „Mein Gott, mein Gott, warum hast du mich verlassen?", zitierte er nicht nur den zweiundzwanzigsten Psalm zur Erfüllung einer Prophetie. Es war der Ausdruck eines echten Schocks gegenüber seinem Vater, der selbst mit dem Entsetzen konfrontiert war: der Trennung von seinem geliebten Sohn.

Wir sind Emotionen gegenüber so misstrauisch, dass wir dazu neigen, Gott als eine Art „Superhirn" zu betrachten, das wie die Atomuhr tickt. Doch wenn wir Emotion aus Gottes Natur ausklammern, werden wir die Art seines Wirkens unweigerlich trivialisieren. Das Trauma von Golgatha geht weit über die körperlichen Qualen Christi hinaus. Denn in der Frage „Warum"?, die der Sohn Gottes an seinen Vater richtet, offenbart sich eine Tiefe der Not, die kein menschliches Verstehen je ergründet hat. Dass Gott an Gott die Frage nach dem Warum stellte, muss die ganze Ewigkeit erschüttert haben.

Wie konnte dies sein? Damit wir uns nicht selbstgefällig mit einfachen Antworten begnügen, sei erwähnt, dass Martin Luther tagelang grübelte und fastete, um eine Antwort auf dieses tiefste aller Mysterien zu erhalten, ohne sie zu finden. Wir können nur ehrfürchtig über einen Gott staunen, der so viel für uns durchlitten hat.

Die ultimative Frage, die Menschen an Gott stellen, lautet: „Warum?" Warum wurde ich so geboren? Warum ist das passiert? Warum habe ich so gelitten? Aber Christus hat es erlebt, er wurde in eine Verzweiflung gestürzt, die ihn schreien ließ: „Warum?" – er identifizierte sich völlig mit uns, damit wir völlig frei sein können.

Wenn wir je feststellen, dass wir geistlich teilnahmslos werden, gibt es kein größeres Heilmittel, als lange und aufmerksam auf das Kreuz zu schauen.

GEBET

Herr Jesus, wenn ich an die unermessliche Liebe denke, die sich im Kreuz offenbart, an dem Du meine Sünde und meine Nöte getragen hast, überwältigt mich das kostbare Geheimnis dieser Gnade. Dass Du meine Enttäuschungen gefühlt und meine Schwachheiten am eigenen Leib erlebt hast, ist eine Sache; aber etwas ganz anderes ist, dass Du zu meiner Bosheit wurdest. Ich warte in Deiner Gegenwart und staune über die Tiefe, in die Du Dich gestürzt hast, um mich zu erretten. Man sagte mir, Herr, dass es kein geistliches Übel gibt, das nicht durch einen langen, intensiven Blick auf das Kreuz geheilt werden kann. Präge mir diesen Gedanken tief ins Herz! Durchbohre mein Herz, so wie Deine Seite durchbohrt wurde. Durchdringe mein Denken, so wie die Dornen sich tief in Deine Stirn bohrten. Lass mich das Kreuz nie vergessen – denn es ist für mich die Quelle, aus der die Anbetung fließt.

Fragen zum Nachdenken:

1. Was bedeutet es für Sie, dass Jesus Christus tatsächlich zur Sünde *gemacht wurde* und dass Gott sich von seinem einzigen Sohn abwandte?
2. Was, glauben Sie, muss im Herzen des Vaters und des Sohnes in dem Augenblick vor sich gegangen sein, als Gott Jesus Christus verließ?
3. Betrachten Sie Jesus als einen, der Ihren Schmerz und Ihre Zerbrochenheit völlig versteht? Warum oder warum nicht?
4. Was ist Ihre angemessene Reaktion auf das Geschenk der Gnade, die Gott uns unverdientermaßen anbietet?

KAPITEL 11

Ein Gott, der trauert

Mein Volk, was habe ich dir getan,
und womit habe ich dich beleidigt?
MICHA 6,3

Es gibt eine interessante Anekdote über Dr. Samuel Johnson, den angesehenen englischen Essayisten des 18. Jahrhunderts. Er hatte gerade nach mehrmaligen Verzögerungen den letzten Teil seines Lexikons abgeschlossen. Er gab die endgültige Fassung einem Botenjungen, der sie zum Drucker brachte. Als der Bote zurückkam, fragte Dr. Johnson ihn: „Nun, Junge, was hat er zu dir gesagt?" Der Junge erwiderte: „Mein Herr, er sagte: Gott sei Dank, dass ich mit ihm fertig bin." Darauf kommentierte Johnson: „Ich bin froh zu hören, dass er Gott für alles dankt."

Es ist nur zu wahr, dass „Gott" für viele Menschen nur ein Füllwort als Ausdruck der Entrüstung ist. Die meisten von uns haben einfach keine Zeit, eine Beziehung mit Gott zu pflegen, noch ist uns in vollem Umfang bewusst, wie sehr er eine Beziehung zu uns haben möchte. Und doch reicht sein Wunsch nach einer Beziehung zu Ihnen und mir tiefer als unsere tiefsten Sehnsüchte.

Haben Ihnen Menschen jemals so viel bedeutet, dass Sie ihnen immerzu geben wollten, ohne etwas zurückzuerwarten, einfach aus reiner Freude zu wissen, dass Ihre Liebe sie erreicht? Haben Sie je den Schmerz erfahren, einem Menschen unbedingt Liebe schenken zu wollen, nur um dann festzustellen, dass er undankbar noch mehr verlangt – oder Ihr Geschenk von vornherein verschmäht?

Die meisten von uns haben den Kummer abgewiesener Liebe selbst erfahren. Aber haben wir je daran gedacht, dass Gott Kummer empfindet – eine Trauer, die unendlich viel tiefer geht, als wir es uns vorstellen können –, wenn seine Liebe abgewiesen wird? Was muss Gott empfinden, wenn Millionen Menschen täglich ihre Faust gegen ihn ballen, seinen Namen verfluchen oder ihn einfach ignorieren? Wie muss es den Gott der höchsten Liebe betrüben, wenn ihm vorgeworfen wird, gleichgültig und teilnahmslos oder sogar hartherzig und grausam zu sein?

Wir denken nie daran, dass es in Gott eine Seite gibt, die trauert, die schmerzlich trauert. Wir gehen einfach davon aus, dass Gott mit allem klarkommt und groß genug ist, alles zu tun, was er will, wann er es will, und dass er mit Schwierigkeiten fertig wird, weil er weiß, dass er am Ende Recht bekommen wird. Ja, er kann tun, was er will und wann er es will, aber das bedeutet nicht, dass er nicht echte Not über die Blindheit empfindet, in die der Mensch gefallen ist. Seine Liebe ist nicht nur pure Selbstlosigkeit, sondern auch tiefe Zuneigung. Gottes Herz kann erfreut, aber auch gebrochen werden.

Wenn wir lesen, wie Jeremia um sein Volk trauerte, können wir da nicht über den Propheten hinausblicken und das Herz Gottes wahrnehmen, wenn er ruft: „Oh, dass mein Haupt zu Wasser würde und mein Auge zum Tränenquell, so würde ich Tag und Nacht die Erschlagenen … meines Volkes beweinen!" (Jeremia 8,23)? Können wir nicht den Schmerz in Gottes Herzen spüren, wenn er klagend bittet: „Mein Volk, was habe ich dir getan, und womit habe ich dich beleidigt?" (Micha 6,3)? Können wir nicht den Kummer eines Gottes spüren, der nach dem Grund sucht, weshalb sein Volk seine liebevollen Zuwendungen und seine schützende Liebe ignoriert? Können wir nicht die Untröstlichkeit Gottes spüren, während er nach einem Weg sucht, mit denen in Berührung zu kommen, die seine Liebe abgewiesen haben?

Ja, Gott hat alles im Griff. Er ist in sich so souverän, dass seine Liebe vollkommen und seine Trauer, wenn diese Liebe abgelehnt wird, unermesslich ist. Als Gott der Vater unsere ersten Eltern erschuf, hatte er nicht nur den Wunsch, sie zu lieben, sondern wollte auch etwas mit ihnen teilen. Von Anfang an war es Gottes Wunsch, das ganze Universum unter die Herrschaft Jesu zu bringen. Tatsächlich war das Universum als Liebesgeschenk an seinen Sohn gedacht. In der Größe seiner Liebe wollte der Vater, dass alle Menschen überall Anteil an diesem Geschenk erhalten. Indem er diesen kleinen Planeten Christus gab, ging es Gott um die Freude einer Partnerschaft mit den Menschen, die er erschaffen hatte. Und selbst in dieser Partnerschaft zwang Gott die Menschen nicht zu einer Aufgabe, sondern warb innig um sie, indem er sich ihnen selbst bedingungslos schenkte.

Es brach Gott das Herz, dass Mann und Frau ihm gleich sein wollten, denn sie wollten es auf ihre Art und Weise und zu ihren Bedingungen. Warum? Weil er persönlich beleidigt war? Nein, sondern weil die Beziehung verloren ging. Die Tiefe seiner Trauer entspricht dem Maß an inniger Vertrautheit. Gott beschenkte die Menschen, die er erschaffen hatte, großzügig und wurde von ihnen abgewiesen. Können wir angesichts einer solchen Liebe nicht sehen, wie verrückt unsere Sünde und Selbstsucht tatsächlich sind?

Gott gab sich dem Menschen und der Mensch war nicht zufrieden.

Zuerst gab Gott sich selbst dem Menschen, indem er ihm seine Schöpfung anvertraute; doch der Mensch war damit nicht zufrieden, denn er wollte größere Macht.

Gott gab sich dem Menschen, indem er einen Bund mit ihm schloss; und der Mensch war damit nicht zufrieden, denn er wollte eine Sicherheit, die er sehen konnte.

Gott gab sich dem Menschen, indem er sein Wort zu ihm sprach; und der Mensch war damit nicht zufrieden, denn er wollte ein Zeichen.

Der Mensch wollte selbst Gott sein! Gott wollte den Menschen glücklich machen – aber Gott kann nicht Gott erschaffen, also war es unmöglich, diesen Wunsch des Menschen zu erfüllen. Aber Gott war es so wichtig, den Menschen glücklich zu machen, dass er das nächstbeste tat: Er wurde selbst Mensch und gab sich ein weiteres Mal. Und der Mensch war auch damit nicht zufrieden ... also tötete er ihn.

Viele Menschen verstehen oft gar nicht, warum Jesus eigentlich am Kreuz starb. Wenn man ihnen sagt, dass Jesus für sie starb, sind sie verwundert. „Ich bin doch kein schlechter Mensch", sagen sie. „Zumindest bin ich nicht so schlecht wie manche andere. Schließlich versuche ich mein Bestes. Warum hätte Jesus meinetwegen sterben sollen?" Solche Antworten offenbaren, wie wenig uns unsere eigene Verdorbenheit bewusst ist.

Der Romanautor Joseph Conrad erkannte diese Tatsache klarer als die meisten. In einer Antwort auf den berühmten Philosophen Bertrand Russell, einem Verfechter humanistischer Ziele, versicherte Conrad: „Ich konnte nie in irgendeinem Buch oder in der Rede irgendeines Menschen etwas finden, das überzeugend genug wäre, auch nur einen Moment meinem tief sitzenden Empfinden entgegenzutreten, dass in dieser von Menschen bewohnten Welt das Schicksal regiert ... Das einzige Heilmittel für ... uns wäre ein Herzenswandel. Doch wenn man die Geschichte der letzten zweitausend Jahre betrachtet, besteht kaum Grund, dies zu erwarten, selbst wenn der Mensch zu fliegen begonnen hat ... Der Mensch fliegt nicht wie ein Adler; er fliegt wie ein Käfer."

In dem Bewusstsein, wie viel ich von einem Käfer habe, fällt es mir nicht schwer, die Notwendigkeit des Kreuzes zu verstehen, wenn ich sehe, was die Sünde Gott angetan hat - einem Gott, der sich uns selbst geben wollte und dessen Aufforderung zum Gehorsam ausschließlich in seinem Wissen begründet ist, dass wir nur dann überleben werden, wenn wir uns ihm, dem Größten alles Seienden, hingeben. Wenn ich sehe, was meine Selbstsucht angerichtet hat - dass sie Gott das Herz bricht, andere Menschen verletzt und zur hässlichen Befleckung seiner Welt beiträgt -, habe ich kein Problem damit, unmissverständlich zu erklären, dass ich den Tod verdient habe.

Bei all unseren Gesprächen heutzutage über das Selbstwertgefühl, das wir brauchen, hat es schon etwas Ironisches, dass der erste Schritt zu einem echten Selbstwertgefühl in der Erkenntnis liegt, den Tod verdient zu haben. Doch solange wir nicht an den Punkt gelangen, an dem wir diese grundlegende Tatsache verstanden haben, werden wir das Werk des Kreuzes nie wirklich schätzen können. Und wenn wir nicht zu schätzen wissen, was Jesus an diesem Kreuz für uns getan hat, werden wir uns ihm nie völlig hingeben. Wenn wir uns ihm nie völlig hingeben, werden wir den freudigen Gehorsam nicht zu unserem Lebensstil machen.

So werden wir Gott nie eine Gelegenheit geben, die Bruchstücke unseres Lebens wieder zusammenzufügen und uns zu einem neuen Menschen zu machen.

In seinem Buch *Beyond Humiliation* (Jenseits der Erniedrigung) schreibt J. George Mantle: „Unser tiefstes Ich offenbart sich durch unsere Einstellung zum Kreuz.“[3] Nur wenn wir erkennen, was Sünde dem Herzen Gottes angetan hat, können wir wirklich dankbar für das äußerste Opfer Gottes sein. Und doch finden wir genau hier am Kreuz die erstaunliche Kraft der Liebe. Floyd McClung sagte dazu: „Gott machte die Grausamkeit der Menschen zur Quelle ihrer Vergebung.“

Diejenigen von uns, die sagen, dass sie in der Beziehung zum Herrn leben, werden zweifellos jede offene Zurückweisung seiner Liebe leugnen. Wir würden nie die Faust gegen Gott erheben und wir würden ihm nie vorwerfen, uns nicht zu lieben. Aber damit wir uns nicht allzu rasch aus den Reihen derer ausschließen, die Gottes Herz gebrochen haben, tun wir gut daran, uns an die subtileren Verhaltensweisen zu erinnern, durch die wir unserem Ärger gegen ihn Luft machen.

Ich würde Gott nie direkt anklagen, aber ich kenne Zeiten, in denen die Frustration, der ich nachgab – und die ich auch unmissverständlich in Worte fasste – in Wirklichkeit eine indirekte Anklage gegen Gott war. In dem Gefühl, nicht die Antworten zu bekommen, die ich brauchte, merkte ich manchmal, wie ich über meine Kinder, über meine Pflichten und über das Leben im Allgemeinen frustriert reagierte. Ich dachte, wenn Gott sieht, wie frustriert ich bin, wird er mir zu Hilfe eilen und mir einige Antworten geben. Solche Frustrationsausbrüche können eine versteckte Art sein, Gottes Liebe abzuweisen.

Auch Selbstmitleid kann ein Weg sein, Gottes Liebe abzulehnen. Ich werde nie vergessen, wie ich als kleiner Junge von acht Jahren meinem Vater eklatant ungehorsam war und schließlich vor ihm stand. Gerade als er begann, die angemessene Strafe zu verhängen, sagte ich zu ihm: „Papa, du liebst mich nicht wirklich.“ Ich weiß noch, wie er mitten im Satz stockte, traurig den Kopf senkte und Tränen in den Augen hatte. Er schaute einfach weg und bat mich leise, den Raum zu verlassen. Ich horchte an der Tür und hörte ihn weinen. Obwohl es mir Leid tat, meinen Vater verletzt zu haben, ersparte ich mir zumindest eine Tracht Prügel. Ich hatte mir selbst Leid getan und meinen Vater beschuldigt, mich nicht zu lieben. Meine Manipulation hatte das gewünschte Ergebnis erzielt. Aber ich fühlte mich innerlich leer. Ist Selbstmitleid nicht manchmal genau das? Ist es nicht unser unbewusster Versuch, Gott zu manipulieren? Vielleicht denken wir, wenn er nur sieht, wie elend wir sind, wird er etwas an unserer schwierigen Lage ändern.

Es sind solche und andere subtile Reaktionen, bei denen wir feststellen können, dass wir ihn anklagen und seine Liebe abweisen. Vielleicht werden wir dann motiviert, uns zu ändern, wenn wir sehen, was unsere selbstsüchtigen Verhaltensweisen Gott antun.

Der einzige Grund, warum wir ihm je vorwerfen, nicht für uns zu sorgen, ist die Tatsache, dass wir sein Handeln nicht verstehen. Wir möchten, dass unsere „Hühner" gefüttert werden, während Gott versucht, uns „Adlerflügel" zu geben, damit wir fliegen können.

Selbst wenn Ihnen bewusst wird, dass Sie Gottes Herz betrübt haben, sollen Sie wissen, dass dieselbe Liebe, die eine grausame Tat von Menschen zur Quelle unserer Vergebung machte, Ihnen in der Tiefe Ihrer Scham entgegenkommt und Sie wieder in die Arme Ihres himmlischen Vaters hebt.

GEBET

Herr, ich bekenne, dass es mehr Zeiten gegeben hat,
als mir lieb ist, in denen ich an Dir gezweifelt habe.
Zeiten, in denen ich frustriert über Dich war, ja, sogar zornig,
und Dich insgeheim anklagte, mich nicht zu lieben.
Doch wenn ich sehe, wie Deine Absichten sich allmählich
in meinem Leben entfalten, muss ich unweigerlich staunen,
wie weise Du bist. Weise in den Dingen, die Du von mir
fern hältst, und weise in dem, was Du mir gibst.
Wenn ich diese Weisheit sehe, schäme ich mich für die
Situationen, in denen ich meinem Ärger gegen Dich Luft
gemacht habe.
Ich weiß, dass mir durch das wunderbare Werk Deiner Gnade
vergeben ist, aber diese großartige Gewissheit schmälert nicht
die echte und tiefe Reue, die ich empfinde, wenn ich angesichts
meiner Ungeduld und Frustration Deine geduldige Liebe er-
kenne.
Öffne mir die Augen, um zu sehen, was Du tust,
auch wenn ich es nicht verstehe. Hilf mir, Dir zu vertrauen.
Hilf mir zu erkennen, dass Deine Einladung, Dir zu vertrau-
en, auf etwas hinweist, das ich nicht sehe, und dass auch das,
was ich nicht sehe, gut sein muss, weil Du es bist, der mich
einlädt!

Fragen zum Nachdenken:

1. Welche Dinge, die Menschen tun, betrüben Gott?
2. Erscheint es Ihnen als Widerspruch, dass ein allmächtiger Gott trauern kann? Warum?
3. Unter welchen Bedingungen möchte Gott eine Beziehung zu mir?
4. Auf welche Weise beschuldige ich Gott oder zweifle an ihm?

KAPITEL 12

Der Zorn Gottes

Da ward der Herr sehr zornig über Mose.
2. Mose 4,14

Wer von uns hat nicht schon die Nerven verloren, wenn irgendein Sonntagsfahrer mit 60 Sachen direkt vor uns auf die Überholspur zieht? Wer von uns ist nicht vor Frustration an die Decke gegangen, wenn wir an einem Schalter etwas Wichtiges zum zehnten Mal erklären müssen und es immer noch nicht bekommen? Und was ist mit den Situationen, in denen Sie von Büro zu Büro geschickt werden, nur um eine einfache kurze Antwort auf eine einfache kurze Frage zu erhalten? Solche Dinge genügen, um selbst den gelassensten Kunden auf die Palme zu bringen.

Psychologen sagen, dass einer der Hauptgründe, weshalb wir zornig werden, das Empfinden ist, dass unsere Absichten vereitelt werden. Ob es die Beförderung ist, die wir zu verdienen glauben, oder die Theaterkarten, für die wir uns anstellen - wenn jemand uns in den Weg tritt, werden wir wütend. Wenn jemand einen Schritt zu weit geht, uns irritiert oder uns mit seiner Inkompetenz frustriert, rasten wir aus.

Wenn wir von Gottes Zorn gegen Mose lesen, betrachten wir das natürlich durch die Brille unserer eigenen Erfahrungen. „Mose stellte Gottes Geduld auf die Probe", sagen wir; „Er ging bei Gott einen Schritt zu weit." Wir glauben, dass Gott schließlich über die Dickköpfigkeit des Moses zornig wurde und den brennenden Dornbusch zum Lodern brachte.

Die Vorstellung, von Angesicht zu Angesicht mit Gottes Zorn konfrontiert zu werden, lässt unser Rückgrat wie Wachs schmelzen. Bilder von Feuerflammen, die vom Himmel fallen, und von der Erde, die sich plötzlich spaltet, fesseln unsere Aufmerksamkeit. Die meisten von uns haben eine panische Angst vor Gottes Zorn – wahrscheinlich durch die Art und Weise, wie wir Zorn wahrnehmen. Wir neigen dazu, unsere Gefühle in Gottes Reaktionen hineinzulesen und folgern, dass Mose Gott einfach wütend gemacht hatte. Wenn uns schließlich jemand so behandeln würde wie Mose Gott, würden wir dieser Person sagen, wohin sie sich scheren kann. Aber ist das ein zutreffendes Verständnis des göttlichen Zorns?

Gott berief Mose zu einer herrlichen Bestimmung. Er wusste auch die Dinge, die Mose verborgen waren. Er sah eine künftige Bestimmung voraus, von der nur wenige Menschen in der Geschichte auch nur einen Schimmer erhaschen würden. Er sah, wie Mose dem mächtigsten Mann der Welt entgegentreten würde; er sah, wie Mose das Meer teilen und Wasser aus dem Felsen fließen lassen würde; er wusste, dass Mose eines Tages von Angesicht zu Angesicht auf einem Berg vor ihm stehen und ein Gesetz empfangen würde, das zum Fundament der Zivilisation selbst werden sollte. Nur wenige Menschen hatten Aussicht auf ein solch spannendes Leben und ein solches Privileg, wie Mose es erfahren sollte. Doch angesichts dieser unbeschreiblich herrlichen Zukunft reagierte Mose unglaublich begriffsstutzig und nannte Gott alle möglichen Gründe, weshalb sein Mitwirken am göttlichen Plan keine so gute Idee sei.

Geduldig wehrte Gott einen Einwand Moses nach dem anderen ab. Schließlich wurde Mose ehrlich und sagte zu Gott: „Schicke einen anderen, um dein Volk zu befreien." Die einzige Reaktion, die Gott noch blieb, um Moses Zukunft zu bewahren, war sein Zorn. Also zeigte er diese Reaktion auf explosive Weise – sein Zorn loderte.

Aber wir müssen verstehen, dass Gott nicht *gegen* Mose zornig war – er war *für* Mose zornig. Es war nicht der Zorn eines aufgebrachten Monarchen, sondern die Intensität eines liebenden Gottes. Er wollte nicht, dass Mose seine Bestimmung verpasste. Deshalb überließ er Mose nicht seiner mittelmäßigen Existenz, sondern ließ seinen Zorn entbrennen, um ihn zum Gehorsam zu veranlassen. Es war nicht so, dass Gott so egozentrisch gewesen wäre, dass er um jeden Preis seinen Willen durchsetzen wollte; vielmehr war Mose ihm so wichtig, dass er ihn diese Gelegenheit nicht verpassen lassen wollte.

Der Zorn des Herrn soll nicht gemieden, sondern angenommen werden, denn es ist Gottes schützende Liebe in Aktion. Er zürnt nicht *gegen* uns - nicht so, wie wir Menschen Zorn verstehen -, sondern *für* uns, weil er nicht möchte, dass wir das Beste verpassen, das er für uns hat. Gott ist langsam zum Zorn und besitzt eine Geduld, die unsere Vorstellung übersteigt. Aber wenn wir durch unsere Widerspenstigkeit oder Nachlässigkeit den wunderbaren Plan nicht erkennen, den er für uns hat, und wenn Gott nur noch seinen Zorn als einzige Reaktion hat, die uns zur Tat bewegen kann, dann sollten wir diesen Zorn willig annehmen und entsprechend darauf reagieren, denn er ist ein sicherer Beweis seiner Liebe. Gottes Zorn mag uns überraschen, aber seine Gleichgültigkeit hätte verheerende Folgen für uns.

Ein wenig später in dieser Geschichte stieß Mose wieder auf Gottes Zorn; die Bibel stellt hier einfach fest, dass Gott Mose auf seinem Weg nach Ägypten entgegentrat und ihn töten wollte (2. Mose 4,24). Wie in aller Welt ist das nun zu verstehen? Mose war endlich dem Willen Gottes gehorsam und nun wollte Gott ihn töten. Es wird kaum eine Erklärung gegeben, abgesehen von der Tatsache, dass Mose unmittelbar nach dieser Begegnung mit Gott seinen Sohn beschnitt. Dies könnte der Schlüssel sein, der diese scheinbar so unbegreifliche Reaktion Gottes enträtselt.

Vier Jahrhunderte zuvor hatte Gott einen Bund mit Moses Vorfahren Abraham geschlossen. Dieser Bund war die Verheißung eines Segens, der nicht seinesgleichen hatte. Und das Zeichen des Bundes war die Beschneidung. Jeder männliche Nachkomme Abrahams sollte beschnitten werden - ein interessantes Zeichen, vorsichtig gesagt. (Wenn wir Gott das nächste Mal um ein Zeichen bitten, täten wir gut daran, es uns vorher gründlich zu überlegen.) Dieser Ritus der Beschneidung war der Schlüssel, der Gottes Segen für jede nachfolgende Generation freisetzen sollte. Natürlich handelte es sich um eine Vorausdeutung auf die eigentliche „Beschneidung des Herzens", indem ein Mensch sein Leben dem Herrn Jesus Christus hingibt und die innewohnende Kraft seines Heiligen Geistes empfängt.

So sehr Gott jede Generation der Nachkommen Abrahams segnen wollte: Wenn sie ihren Teil des Bundes – die Beschneidung jedes männlichen Kindes – nicht erfüllten, konnten sie seinen Segen nicht empfangen. Genauso ist es heute: Gott möchte einen Segen für jeden Menschen auf der Erde freisetzen, aber nur diejenigen, die in ihrem Herzen beschnitten wurden, indem sie aus dem Geist neu geboren wurden, gehören zu seinem Bund und haben so die Voraussetzung, diesen Segen zu empfangen.

Die Tatsache, dass Mose es versäumt hatte, seinen Sohn zu beschneiden, war der Grund für Gottes Reaktion an dieser Stelle. Doch auch hier war es nicht die Frustration eines Königs über einen dickköpfigen Diener; es war der Gipfel der schützenden Liebe. Ich vermute, wenn Mose nach Ägypten gegangen wäre, ohne seinen Sohn zu beschneiden, hätte Gott den Segen für seinen Dienst nicht freisetzen und seine Wunder nicht offenbaren können. Nicht, weil er dies nicht gewollt hätte, sondern weil er sein eigenes Wort nicht verleugnen konnte. Hätte Mose versucht, ohne diesen Gehorsamsschritt irgendein Wunder zu wirken, wären die Folgen katastrophal gewesen. Er hätte seinen Stab auf die Erde geworfen und es wäre ein Stab geblieben, und das Volk Israel hätte ihn als falschen Propheten gesteinigt. Statt Mose der Steinigung durch eine ungläubige Nation zu überlassen, trat Gott ihm deshalb in der Herberge entgegen und sagte mit der großen Barmherzigkeit seines Herzens: „Ich werde dich einfach zu mir nach Hause holen müssen." Das war kein rachsüchtiger Gott, der Mose attackierte, sondern ein Vater der Liebe!

All das soll Gottes Zorn nicht romantisch verbrämen: Er ist immer noch der Gott, der die Sintflut schickte, der Gott, der zur Zeit Moses der Erde gebot, den missmutigen Korah und seine Anhänger zu verschlingen, und – ja – der Gott, der auch nicht zögerte, nachdem er einen neuen Bund der Gnade gegeben hatte, Ananias und Saphira tot umfallen zu lassen, weil sie den Heiligen Geist belogen hatten. Aber wir müssen Gottes Zorn mit den Augen der Liebe betrachten. Hätte er nicht die Sintflut geschickt, hätten die Menschen sich durch ihre Bosheit schließlich gegenseitig vernichtet; es war Liebe, die die Flut kommen ließ und Noahs Familie rettete, um von vorn zu beginnen. Sein Zorn ist das Mittel, durch das er den Ansturm der Selbstsucht radikal in

Schach hält. A. W. Tozer drückte es so aus: „Jeder Zorn und jedes Gericht in der Geschichte der Welt war ein heiliger Akt der Bewahrung."[4] Auch wenn es nicht immer danach aussehen mag, lässt sich alles, was Gott tut, aus seiner Liebe erklären.

Diejenigen von uns, die seine Kinder sind, brauchen seine Hinweise des Zorns nie zu fürchten. Sie sind nur eine weitere Facette seiner unfassbaren Liebe. Und wenn wir uns nicht immer durch seine Güte leiten lassen, sollten wir dankbar sein, dass er uns genug liebt, um uns notfalls durch seinen Zorn an den Punkt zu bringen, an dem wir unserer Bestimmung folgen und in seinen Liebeserweisen Erfüllung finden.

GEBET
Ich nehme jeden Ausdruck Deiner Liebe an – auch Deinen Zorn.
In Wirklichkeit gibt es mir Sicherheit zu wissen,
dass Du mich genug liebst, um meinetwegen zornig zu werden, wenn es nötig ist; dass Du mich genug liebst,
um mich die Strenge Deiner Stimme hören und
die Heftigkeit Deines Missfallens spüren zu lassen.
Wie ein Prediger einmal sagte:
„Du bist darauf aus, mir Gutes zu tun!"
Deshalb führe mich weiter, oh Herr!
Und hilf mir daran zu denken, dass Dein Zorn
tatsächlich Deine schützende Liebe in Aktion ist.

Fragen zum Nachdenken:

1. Wie unterscheidet sich Gottes Zorn von unserem Zorn?
2. Welche Dinge machen Gott zornig?
3. Haben Sie je den Zorn Gottes zu spüren bekommen?
4. Wie sollten Sie am besten auf Gottes Zorn reagieren?

KAPITEL 13

Gott missverstehen

Als nun der Herr auf den Berg Sinai, oben auf die Spitze des
Berges herabgekommen war ... und alles Volk sah den Donner
und Blitz und den Ton der Posaunen und den rauchenden Berg
... zitterte es und sprach zu Mose:
Rede du mit uns, wir wollen zuhören;
aber Gott soll nicht mit uns reden, wir müssen sonst sterben!
Mose aber sprach zum Volk: Fürchtet euch nicht,
denn Gott ist gekommen, euch zu prüfen und damit
seine Furcht euch vor Augen sei, damit ihr nicht sündiget!
2. MOSE 19,20; 20,18-20

Bruce Shelly, leitender Professor der Kirchengeschichte am *Denver Theological Seminary*, erzählte folgende Geschichte: „Der Zweite Weltkrieg war fast zu Ende. Die Nachricht über einen Waffenstillstand hatte die Truppen erreicht, aber der eigentliche Befehl, das Feuer einzustellen, war noch nicht an der Front eingetroffen. Da riss eine explodierende Granate einem Soldaten eine klaffende Wunde in den Leib. Während das Blut aus der tödlichen Wunde sickerte, sagte er: „Sieht das Gott nicht wieder mal ähnlich?"

Diese Geschichte könnte man in millionenfachen Variationen erzählen, vielleicht mit weniger dramatischen Umständen, aber mit demselben Tonfall des Zorns und der Anklage gegen einen Gott, von dem viele sich schlecht behandelt fühlen. Obwohl seine zahlreichen Ankläger sich völlig berechtigt fühlen mögen, wenn sie ihre Fäuste gegen ihn ballen, haben sie Gott vielleicht völlig missverstanden.

Genauso missverstanden, wie es die Israeliten einst taten.

Mehr als vierhundert Jahre hatte Gott gewartet – darauf gewartet, sein Volk aus einer grausamen Gefangenschaft zu befreien; darauf gewartet, aus bloßen Sklaven die größte Nation der Erde zu formen; darauf gewartet, sein Volk in ein Land zu bringen, in dessen Wohlstand es gedeihen konnte. Aber mehr als alles andere hatte Gott darauf gewartet, mitten unter seinem auserwählten Volk in einer intimen Beziehung mit ihnen leben zu können. Ich benutze das Wort *intim* absichtlich, denn überall im Alten Testament gebraucht Gott das Bild der Ehe, um die Tiefe seiner Gefühle für sein Volk zu beschreiben.

Jeremia verstand das sehr gut. In seiner ersten Botschaft, die im zweiten Kapitel des nach ihm benannten Buches aufgeschrieben ist, rief er die Nation auf, zu ihrer leidenschaftlichen Brautliebe zu Gott zurückzukehren. Er sagt: „Ich denke noch ... an die Liebe deiner Brautzeit, da du mir nachzogest in der Wüste ..." (Jeremia 2,2).

Jeremia spricht hier von Israels Begegnung mit Gott am Berg Sinai. Die Situation am Fuß dieses Berges war explosiv – Feuerbälle vom Himmel, vulkanische Eruptionen und Ähnliches. Das Volk selbst hatte gerade eine Art nationale Katastrophe durchlitten. Nach Jahrhunderten in einem – wenn auch miserablen – Status quo hatte ihre Gesellschaft sich radikal verwandelt, als sie aus der Hand des mächtigsten Herrschers der Erde in jener Zeit befreit wurden. Die Israeliten hatten eine nie da gewesene Demonstration des Übernatürlichen miterlebt und waren mit Beute beladen in eine unbekannte Wüste gezogen, um dort dem Gott zu begegnen, von dem sie so wenig wussten. Plötzlich wurden sie zu dem Berg gerufen, um zu beobachten, wie Gott ihnen sein Gesetz „einhauchte". Und er hauchte gewaltig – mit Feuer und Rauch.

Jeremia deutete diese Begegnung nicht als Wirken eines göttlichen Richters, der sich eine gehorsame Gruppe von Ergebenen schaffen wollte; er sah darin vielmehr das Werben eines Mannes um seine Braut. Und die Zeit am Sinai glich einer Hochzeitsreise! Es war nicht so, dass Gott versucht hätte, das Volk durch eine kolossale Machtdemonstration einzuschüchtern. Es war nicht so, dass Gott versucht hätte zu sagen: „Ihr sollt wissen, wer hier der Boss ist, und ihr tut gut daran, nicht aus der Reihe zu tanzen;

sonst werdet ihr erleben, was ich tun werde – ich werde euch in einem einzigen Augenblick vernichten!"

Nein, so war es überhaupt nicht. Es war in der Tat eher eine Zeit der Flitterwochen. Ich denke, was wir im zwanzigsten Kapitel des zweiten Buches Mose sehen, ist ein Gott, der sich auf die Zwiesprache mit seinem geliebten Volk vorbereitet – ein Gott, der seine Robe ablegte, – ein Gott, der sich dem Volk zeigte. Aber nun passiert es einfach so, dass Gott, wenn er erscheint, mit Blitzen und Donnergetöse kommt.

Als Gottes Volk die Posaunen hörte und das Inferno auf dem Berggipfel sah, war es außer sich vor Angst und alle schrien zu Mose: „So einen Gott wollen wir nicht! Wir haben Angst, einem solchen Gott nahe zu kommen. Sei du der Mittelsmann zwischen uns und Gott." Mose war völlig erstaunt und erwiderte: „Ihr versteht nicht, was Gott tut. Er offenbart sich euch auf diese Weise, um euch davon abzuhalten, zu sündigen."

Mose war inzwischen wirklich Gottes Freund geworden. Der Gott des brennenden Dornbuschs, vor dem er noch wenige Monate zuvor gezittert hatte, war jetzt der Gott, bei dem er sich inmitten dieser tosenden Feuerflammen ganz geborgen fühlte. Und Mose verstand etwas über Gott, das die Israeliten nicht verstanden. Flehend versuchte er, das Volk vom Irrsinn seiner falschen Sicht zu befreien.

Sehen Sie, Gott wusste, dass das Volk beim Einzug in das verheißene Land auf Riesen stoßen würde, doppelt so groß wie sie, auf imposante Städte mit so dicken Mauern, dass vier Wagen oben auf der Mauer nebeneinander fahren konnten. Er wusste, das Volk würde bei diesem Anblick panische Angst bekommen , deshalb sagte er aus seinem großen Vaterherzen der Liebe: *Ich weiß, was ich tun werde. Ich werde mich ihnen in all meiner Macht und in all meiner Herrlichkeit zeigen. Ich werde ihnen zeigen, wie groß ich bin, damit sie von mir so beeindruckt sind, dass die Riesen in dem Land ihnen im Vergleich dazu wie Heuschrecken erscheinen!* Und deshalb wartete und wartete Gott in seiner großen Liebe jahrhundertelang bis zu jenem Tag, an dem er sein Volk an den Fuß dieses Berges brachte.

Ich glaube nicht, dass wir die Tiefe der Begeisterung Gottes ganz ermessen können. Endlich konnte er sich einem Volk in seiner Fülle offenbaren. Nach Jahrhunderten, in denen er nur mit einigen wenigen Personen gelegentlich gesprochen hatte, nach Jahrhunderten, in denen er nur in Träumen und Visionen gesprochen hatte, war Gott jetzt bereit, sich ihnen zu zeigen, wie er ist. Endlich wird es ein Volk geben, das ihn kennen wird, wie er ist, und sich über das Vorrecht freuen wird, ihrem Schöpfer in dieser innigen Vertrautheit zu begegnen.

Doch sie begriffen es nicht! Sie verstanden Gott völlig falsch, als sie dachten, er wolle sie mit einer Machtdemonstration einschüchtern und sie angreifen, falls sie aus der Reihe tanzten. Und weil sie ihn missverstanden, lehnten sie ihn ab. Die Bibel berichtet nicht, wie es klang, als Gottes Herz brach. Das Volk, nach dessen inniger Gemeinschaft Gott sich gesehnt hatte, verschmähte ihn. Das soll nicht heißen, dass Gott zu rührseligen, emotionalen Ausbrüchen neigen oder durch unsere Hartnäckigkeit aus dem Gleichgewicht geworfen würde. Es bedeutet einfach, dass Gott ein Gott ist, der fühlt und zutiefst trauert, wenn ihm die ersehnte Gemeinschaft mit seinem Volk versagt wird.

Wie damals die Israeliten, so gibt es auch heute viele Menschen, die Gott missverstehen. Belastungen brechen herein; etwas kommt uns quer; sorgfältig ausgeklügelte Pläne laufen schief und Wünsche bleiben unerfüllt. Oft möchten wir unsere Fäuste gegen Gott ballen und sagen: „Unfair! Warum tust du das?" Oder wir haben den Eindruck, dass Gott seinen Finger auf unsere Haltungen und Einstellungen legt oder auf die kleinen Schätze, an die wir uns klammern, wie zum Beispiel unser Ansehen oder unsere Brieftasche.

Zorn staut sich auf und wir sagen: „Das gehört mir, ich habe ein Recht darauf!" Oder Ängste steigen hoch und wir weinen: „Komm mir nicht zu nahe, Gott, denn ich kann der Tatsache meiner Unzulänglichkeiten nicht ins Gesicht sehen." So fliehen wir entweder aus Zorn oder aus Angst von diesem Ort der Transparenz, der Verletzlichkeit, der innigen Gemeinschaft, wo wir von Angesicht zu Angesicht und mit leeren Händen der feurigen Liebe unseres Gottes begegnen, der sich mehr nach uns sehnt, als wir es je begreifen werden. Wir fliehen, weil wir ihn selbst oder die Art seines Handelns nicht verstehen.

Würden wir ihn in seiner unermesslichen Liebe verstehen,

würden wir keine Sekunde zögern, unser tiefstes Ich in seinen ausgestreckten Armen zu bergen.

GEBET
Herr, ich bereue die Zeiten, in denen ich von Dir weglief
oder die Faust gegen Dich ballte, weil ich nicht verstand,
was Dein Handeln bedeutete.
Durch Deine Gnade bitte ich Dich heute demütig,
mir in jeder Situation, ob gut oder schlecht,
den Blick dafür zu öffnen, dass Du in allem handelst,
um Deine Absichten zu verwirklichen,
und dass ich die herrlichste Erfüllung finde,
indem ich mich Deinen Absichten unterordne.

Fragen zum Nachdenken:

1. In welchen Dingen missverstehen wir Gott?
2. Wie reagiert Gott Ihrer Meinung nach, wenn wir ihn missverstehen?
3. Welche Auswirkung hat es auf uns selbst oder auf unsere Beziehung zu Gott, wenn wir ihn missverstehen?
4. Wie können wir Gott kennen und verstehen lernen?

KAPITEL 14

Gott: Ein wahrer Freund

Und der Herr war ... so zornig über mich,
dass er schwur, ich sollte nicht über den Jordan gehen,
noch in das gute Land kommen ...
5. MOSE 4,21

Die Tiefe einer Beziehung – sei es eine langjährige Freundschaft oder eine Ehe –, lässt sich oft daran ermessen, wie leicht es den Partnern fällt, völlig offen miteinander zu sein und dennoch das Feuer ihrer Liebe aufrechtzuerhalten. In einer Beziehung Zurückhaltung zu üben lässt vermuten, dass wir der anderen Person nicht genug vertrauen, um ihr gegenüber ehrlich zu sein. Wir wollen diese Beziehung und möchten sie nicht dadurch gefährden, dass wir unsere ehrlichen Gefühle oder sogar Verärgerung zeigen. Also bewegen wir uns sozusagen auf Zehenspitzen im Umgang mit unseren zerbrechlichen Emotionen und werden nie reif als Menschen. Zeigen Sie mir ein Ehepaar, bei dem die Partner ehrlich ausdrücken können, was ihnen am Verhalten des anderen missfällt, und die trotzdem ein Gefühl der Nähe bewahren, weil sie sich durch solche Reaktionen nicht bedroht fühlen, und ich zeige Ihnen ein Ehepaar, das sich wirklich innig liebt.

Gott möchte Freunde, mit denen er direkt reden kann. Es gibt einen Punkt in der Beziehung zu Gott, an dem sein Missfallen uns nicht länger einschüchtert, einen Punkt, an dem wir Gottes Zorn annehmen können und ihn nur umso mehr lieben.

Für Mose war es die bitterste Enttäuschung seines Lebens, als ihm nach vierzig Jahren des unermüdlichen Dienstes für ein undankbares Volk nicht erlaubt wurde, das verheißene Land zu betreten. Im fünften Buch Mose, das seine letzte Predigt an das Volk umfasst, kommt er wiederholt darauf zu sprechen – in Kapitel 1, in Kapitel 3 und auch in Kapitel 4. Seine Wiederholung dieses Ereignisses unterstreicht, wie groß seine Enttäuschung war.

Sie erinnern sich an die Geschichte. In 4. Mose 20 forderte Gott Mose auf, dem Felsen zu *gebieten*, für das mürrische und rebellische Volk Wasser zu spenden. Es war das zweite Mal, dass Gott Mose anwies, einen unüberwindlichen Felsen zu benutzen, um die flüssige Lebensnahrung hervorzubringen. (Darin steckt natürlich in sich schon eine kleine Einsicht: Was uns in einer Situation völlig unmöglich erscheint, kann oft zur Quelle des Lebens für uns werden. Solcher Art ist die Gnade und Größe unseres Gottes. Aber das führt über unseren aktuellen Rahmen hinaus.) Das Entscheidende war, dass Gott Mose angewiesen hatte, zu dem Felsen zu *sprechen,* und nicht, wie beim letzten Mal, mit dem Stab darauf zu schlagen. In seiner Ungeduld und Frustration griff Mose auf die Strategie zurück, die schon einmal funktioniert hatte, und schlug wieder auf den Felsen. An diesem Punkt trat Gott ihm entgegen und sagte: „Weil ihr nicht auf mich vertraut habt, um mich vor den Kindern Israel zu heiligen, sollt ihr diese Gemeinde nicht in das Land bringen, das ich ihnen geben werde!" (4. Mose 20,12).

Tatsache ist, dass Mose Gott in einem kleinen Detail nicht vertraute. Er schlug auf den Felsen, statt zu ihm zu sprechen, und Gott wurde zornig. Es ist eine Sache, versagt zu haben. Das ist emotional schon schlimm genug. Eine andere Sache ist es, im Augenblick unseres Versagens Gottes Zorn zu erleben. Das kann niederschmetternd sein. Gerade im Augenblick unseres Versagens sehnen wir uns am meisten nach Gottes erlösender Gnade.

Aber gehen wir für einen Augenblick über diese eindimensionale Sicht Gottes hinaus. Gottes Zorn erschütterte die Beziehung von Mose zu ihm in keiner Weise. Die Ebene der innigen Vertrautheit blieb unangetastet, ebenso wie die Nähe Moses zu Gott. Auch hier zeigt Moses Offenheit für Gottes Zorn, dass er einen Punkt der Vertrautheit erreicht hatte, an dem selbst Zorn ein Teil der Beziehung war. Es war die Ebene der ungeschminkten Ehrlichkeit, auf der Sünde reale Folgen hat, aber die Liebe sich dennoch ständig weiter vertieft. Das ist die Ebene wahrer Freundschaft.

Manchmal lässt Überempfindlichkeit darauf schließen, dass eine Beziehung allzu zerbrechlich ist. Betrachten Sie Gottes Zorn nie als etwas, durch das Sie sich bedroht fühlen sollen. Betrachten Sie ihn stattdessen als Zeichen einer tieferen Beziehung.

Kürzlich fuhren meine Frau Nancy und ich zum *Cumberland Plateau*, einer Hochebene im Süden Tennessees an der Grenze zu Georgia. Es war einer dieser berauschend schönen Herbsttage, an denen die Sonnenstrahlen auf den Bäumen tanzen und eine Herbstbrise mit den bunt gefärbten Blättern spielt; an denen eine knisternde Frische in der Luft liegt und das Aroma von Äpfeln und Holz die Sinne betört und unsere Gedanken belebt.

Beim Fahren wandte sich Nancy mir zu und sagte etwas, was zwar schlicht klang, aber sehr tiefsinnig war: „Weißt du, Schatz, ich glaube, ich kann endlich entspannt damit umgehen, verletzlich zu sein."

Ich dachte einen Augenblick über diese Aussage nach und begriff, dass Nancy damit eine der wunderbarsten Früchte des Reifwerdens beschrieb. Sie hatte eine Ebene erreicht, auf der Offenheit keine Bedrohung mehr war, auf der Menschen ihr gegenüber auch sehr direkt sein konnten, ohne ihr Selbstwertgefühl zu gefährden. Wie viele Menschen hatte auch sie so manchen harten Schlag zu verkraften. Aber die Verletzlichkeit, zu der sie sich durchgerungen hatte, war tatsächlich das Ergebnis ihrer ständig wachsenden Geborgenheit in Gott. Personen, die ihr nahe standen, konnten direkt sein, ohne befürchten zu müssen, sie zu verletzen oder ihre Beziehung zu beeinträchtigen; diese Tatsache zeigt, dass sie einen wichtigen Gipfel der Reife erreicht hatte.

Genauso ist es bei unserer Beziehung zu Gott: Wir können in seiner Liebe verletzbar werden. Und wenn Gott sieht, dass wir in seiner Liebe immer tiefer geborgen sind, kann er immer direkter mit uns umgehen. Er hat unendlich viel Geduld mit uns, während er uns auf dem Weg der wahren Freundschaft mit ihm in die richtige Richtung schiebt. Aber denken Sie daran, dass wir auf unserem Weg mit Gott so sein sollen, wie Michael Quoist es in seinem Buch *Prayers of Life* (Gebete des Lebens) ausdrückt: „sehr, sehr klein, denn der Vater trägt nur kleine Kinder."[5]

GEBET

Herr, ich möchte Dir so nahe sein, dass ich auch eine Zurechtweisung von Dir als kostbares Zeichen Deiner grenzenlosen Zuneigung annehmen kann. Lass nicht zu, dass ich Dir durch meine Unsicherheiten die Freude nehme, offen und direkt mit mir zu sein wie vertraute Freunde. Ich möchte nicht, dass Du meine Gefühle mit Samthandschuhen anfassen musst, während Du mich auf dem Weg des Lebens leitest. Ich weiß, dass Du Geduld mit mir hast –Du wirst tausenderlei Wege finden, mich zu lehren. Aber gib mir durch Deine Gnade eine solche Gewissheit Deiner endlosen Liebe, dass ich auch die stärkste Zurechtweisung als Zeichen inniger Gemeinschaft annehmen kann.

Fragen zum Nachdenken:

1. Fällt es Ihnen schwer, sich Gott als Freund vorzustellen? Warum oder warum nicht?
2. Was ist Ihrer Meinung nach das Wesen einer wahren Freundschaft mit Gott?
3. Wie unterscheidet sich Gottes Angebot der Freundschaft von dem der Menschen?
4. Wie wirkt sich die Erkenntnis, dass Gott Sie als Freund oder Freundin betrachtet, auf Ihre Einstellung zu ihm aus?

KAPITEL 15

Unser gerechter Richter

Der aller Welt Richter ist, sollte der nicht recht richten?
1. MOSE 18,25B

Ich hatte das Glück, einen großartigen Vater zu haben. Er interessierte sich brennend für mich und hatte eine Freundlichkeit an sich, die ausgesprochen gewinnend wirkte. Wie jeder hatte auch er seine Schwächen, aber generell betrachtet war er einfach großartig.

Doch wie großartig ein Vater auch sein mag, kann er eines nur mit Mühe aufbringen: Objektivität. Für einen guten Vater ist sein Kind immer das beste, ob das nun tatsächlich stimmt oder nicht. Bestätigung ist, auch wenn sie noch so unangemessen sein mag, stets ein willkommenes Elixier gegen unser Gefühl der Unzulänglichkeit. Aber es gibt Zeiten, in denen das nicht genügt. So wesentlich die Liebe eines Vaters ist, kann sie sehr subjektiv sein.

Als ich sechzehn war, bekam ich den ersten Strafzettel. Ich hatte meinen Führerschein ganze sechs Monate, als ich bei einem lächerlichen Verstoß geschnappt wurde. Mein Vater und ich beschlossen, Einspruch zu erheben. Wir gewannen, und mein männliches Selbstbewusstsein war wiederhergestellt. Nun hätte mein Vater betonen können, was für ein guter Fahrer ich war, um mein Selbstvertrauen zu stärken. Aber das hätte wenig bewirkt. Damals brauchte ich einen Richter, der mir sagte, wo ich stand, nicht nur einen Vater, der mir zusprach, dass ich in Ordnung war. Ich brauchte ein Urteil, nicht nur väterliches Mitgefühl.

Gott ist ein gnädiger Vater. Er ist auch ein unvoreingenommener Richter. Auf uns wirkt das wie der „lange Arm des Gesetzes", zu dem wir am liebsten sichere Distanz halten. Mit seinen Urteilen verbinden wir eine Strenge, die uns nervös macht. Liebe und Gnade sind so viel anziehender. Aber es liegt etwas Wunderbares in seinen Urteilen, das viele nicht zu schätzen wissen. Gott ist tatsächlich unser Richter, aber anstatt darauf ängstlich zu reagieren, sollten wir uns ganz im Gegenteil sicher fühlen – wenn wir es nur endlich verstehen. Viele Menschen haben in den letzten Jahren die Vaterschaft Gottes neu entdeckt, und für diejenigen, die einen distanzierten, intoleranten oder sogar grausamen Vater hatten, müssen Themen wie die väterliche Fürsorge Gottes immer wieder betont werden. Aber wenn wir heil werden und an Reife gewinnen, merken wir, dass wir bereit werden, andere Aspekte von Gottes Charakter anzunehmen, die auf den ersten Blick nicht so anziehend wirkten. Gott als unseren Richter zu schätzen ist ein bedeutsamer Schritt in unserem geistlichen Wachstum.

Gott ist ein vollkommener Vater *und* Richter. Er bestätigt uns nicht nur als seine Kinder, sondern sagt uns auch, wo wir stehen. Welche Sicherheit! Gott als mein Vater verdient meine Liebe; Gott als mein Richter verdient mein Vertrauen. Denn wenn wir mit Ungerechtigkeit oder Unrecht konfrontiert werden, können wir mit Abraham gemeinsam sagen: „Sollte der Richter der ganzen Welt nicht recht richten?" Können wir nicht in einer auf Wahrheit gegründeten Gerechtigkeit ruhen, selbst wenn wir uns auf der unangenehmen Seite der Zurechtweisung befinden? Es ist tröstlich zu wissen, dass wir einen Gott haben, der uns völlig unvoreingenommen beurteilt.

Auf den ersten Blick mag dies nicht so tröstlich erscheinen. Vielleicht wünschen wir uns, er würde seine Gerechtigkeit ein klein wenig hinter seiner Liebe zurücktreten lassen, weil wir kein genaues Bild von uns wollen, sondern ein computerüberarbeitetes Porträt, das unsere geistlichen Schönheitsfehler retuschiert. Aber ist das Liebe? Ist es Liebe, die Wahrheit über uns zu beschönigen, nur damit wir uns wohl fühlen? Wenn Gott in seinen Urteilen voreingenommen wäre, müsste er dann nicht auch in seiner Liebe launisch sein? Wenn seine Gerechtigkeit nicht rein wäre, könnten wir dann seiner Liebe vertrauen? Wir sehnen uns nach dem Tag, an dem Gott zu uns sagt: „Gut gemacht!" Aber diese Beurteilung wird nur deshalb etwas bedeuten, weil sie von einem

Richter ausgesprochen wird, der vollkommen wahrheitsgetreu ist, nicht nur von einem Vater, der unser Glück will. Es ist die Gerechtigkeit Gottes, die seine Liebe bestätigt. Ohne Gerechtigkeit wäre Liebe nichts als sentimentale Romantik. Sie wäre ein billiges Gefühl, das moralische Substanz nur vortäuscht.

Von unseren drei Kindern ist Caleigh das jüngste, der Frechdachs. Stellen Sie sich vor, wie Caleigh und ich vor dem Fernseher sitzen und unsere geliebten Zeichentrickfilme anschauen. Ich sage zu ihr: „Caleigh, Papa geht in die Küche und holt uns ein paar Kekse. Während Papa weg ist, darfst du nicht den Fernseher anfassen. Wenn du ungehorsam bist und den Fernseher doch berührst, muss Papa dir einen Klaps auf die Finger geben." Dann gehe ich die Kekse holen und als ich ins Wohnzimmer zurückkomme, bemerke ich verdächtige kleine Handabdrücke auf dem Bildschirm. Die Vertikale kämpft gegen die Horizontale und der Zeichentrickfilm, den wir anschauen, ist so abstrakt wie ein Picasso-Gemälde. Offensichtlich hat die kleine Caleigh den Fernseher angefasst.

In diesem Moment gibt es in mir nicht den geringsten Wunsch, die angekündigte Strafe durchzuziehen. Ich möchte ihr keinen Klaps auf die Hand geben. Aber ich hatte ihr eine einfache Anweisung erteilt, die ihr eigentlich die Freude erhalten sollte. Meine Anweisung sollte eine Bildstörung verhindern, damit sie den Trickfilm weiter genießen könnte – aber nun hat sie natürlich keine Freude mehr daran. Wenn ich nicht tue, was ich als Konsequenz ihres Verhaltens angekündigt hatte, wie soll sie später meinem Wort glauben können? Anders ausgedrückt: Wenn ich mich jetzt nicht an mein Wort halte, wie soll sie mir später vertrauen, selbst wenn ich ihr etwas ganz Erfreuliches wie eine Fahrt ins Disneyland verspreche? Sehen Sie, Liebe und Gerechtigkeit sind untrennbar. Liebe und Gerechtigkeit sind wie die zwei Seiten einer Münze.

Als unsere ersten Eltern den Geboten des Herrn ungehorsam waren, war dem Vaterherzen sicher nicht an einer raschen Bestrafung gelegen. Alles in ihm, was Barmherzigkeit atmete, hätte gern gesagt: „Schon gut, ich werde euch eine neue Chance geben. Vergessen wir, dass es passiert ist, und ich sehe von weiteren Konsequenzen ab." Das mag Gottes Herzenswunsch gewesen sein, aber sein Wort stand auf dem Spiel. Wenn er sein Wort in dieser Situation nicht in die Tat umsetzte, wie sollte irgendjemand später noch seinem Wort vertrauen? Nicht nur das: Hätte Gott gegen sein Wort gehandelt, wäre das dem Eingeständnis gleichgekommen, dass er einen Fehler gemacht hatte – dass er das Gebot gar nicht hätte geben sollen. Damit hätte er aufgehört, vollkommen zu sein, und deshalb aufgehört, Gott zu sein. Er hätte sich selbst zunichte gemacht und wir wären wie eine Rauchwolke vergangen! Natürlich könnte jemand sagen: „Warum hat er denn überhaupt ein solches Gebot ausgesprochen?" Wie schon gesagt: zum Wohl seiner Schöpfung. Der Punkt ist, dass seine Liebe seine Gerechtigkeit unabdingbar macht. Liebe erteilte das Gebot und Liebe verlangte die Konsequenzen, als das Gebot missachtet wurde.

GEBET

Herr, ich nehme diese Offenbarung über Dich an.
So oft bin ich davor weggelaufen und dachte,
Deine Rolle als Richter wäre einschüchternd und bedrohlich.
Aber jetzt erkenne ich darin einen Ausdruck Deiner Liebe,
die mir ein tiefes Gefühl der Sicherheit gibt.
Als mein Richter bist Du ein Kompass auf meinem Lebens-
weg.
Weil Du mein Richter bist, brauche ich nie im Nebel zu gehen,
ohne zu wissen, an welchem Punkt ich stehe.
Weil Du mein Richter bist, kann ich eine Zuversicht schöpfen,
die auch den heftigsten Stürmen des Lebens und den härtesten
Angriffen des Feindes widersteht und im Glauben trium-
phiert.

Fragen zum Nachdenken:

1. Wie wirkt sich der Gedanke an Gott als Ihren gerechten Richter auf Sie aus? Macht er Ihnen Angst?
2. Welche Beziehung besteht zwischen Gottes Gericht und seiner Liebe?
3. Neigen Sie eher dazu, Gottes Gericht willig anzunehmen, oder laufen Sie eher davor weg?
4. Wie unterscheidet sich Gottes Urteil von Ihrem eigenen?

KAPITEL 16

Ein ringender Gott

Wie könnte ich dich hergeben, Ephraim,
wie könnte ich dich preisgeben, Israel? ...
Mein Herz sträubt sich dagegen,
mein ganzes Mitleid ist erregt!
HOSEA 11,8

Viele Menschen haben die Vorstellung, dass Gott zwar gütig und barmherzig ist und in einer fernen Sphäre ungetrübter Ausgeglichenheit lebt, aber sie halten ihn für eine Art galaktischen Konfuzius, der mit seinen uralten Fingern bedächtig über seinen uralten Bart streicht. Viele betrachten ihn als einen gleichmütigen Gott, der nach dem Motto „Que será, será" - „Was sein wird, wird sein" - handelt und deshalb von jeder Art von Mühe ausgenommen ist und durch seine Souveränität ewig gelassen bleibt. Gott Gefühle zuzuschreiben, wie sie uns „armen" Geschöpfen zu schaffen machen, grenzt in den Augen vieler gefährlich an Blasphemie.

Worte wie *ruhelos, ringen* oder *betrübt* in Bezug auf Gott wirken auf den ersten Blick respektlos und entwürdigend, indem sie einen Gott mit beschränktem Wissen und zu kurz greifender Macht zu porträtieren scheinen. Aber Gott ist ein Gott, der fühlt, und obwohl er unwandelbar ist und alle seine Absichten erfüllen wird, obwohl der Ausgang der Geschichte nie in Zweifel steht, soweit es Gott betrifft, hat er trotzdem Momente, in denen er unsertwegen trauert und ringt.

Zu sagen, dass Gott ringt, bedeutet nicht, dass er nicht sicher wäre, ob seine Absichten sich erfüllen werden, oder dass er in irgendeiner Weise unter Frustration litte oder dass er nicht jederzeit die völlige Kontrolle über seine Schöpfung behielte. Wie R. C. Sproul feststellte: „Es gibt im ganzen Universum kein einziges Zufallsatom." Er ist Gott der *Allmächtige*, vor dessen Gegenwart selbst die Gerechtesten erbeben (vgl. Offenbarung 1,17; Jesaja 6,4). Doch wenn wir die Möglichkeit in Betracht ziehen, dass Gott in irgendeiner Weise ringen könnte, scheinen wir gefährlich nahe an einen Punkt zu kommen, an dem wir Gott nach unserem Ebenbild sehen, als wäre er bloß ein Supermann – zwar mächtiger als wir, doch im Wesentlichen uns gleich.

Zu sagen, dass Gott ringt, sagt *in Wirklichkeit* aus, dass er in seiner überaus realen Interaktion mit den Menschen ständig um uns wirbt, oft um unsertwillen leidet, manchmal sogar mit uns streitet – alles, um uns näher zu sich zu ziehen. Er ist ein Gott, den Donald Bloesch so beschreibt: „. . . kein emotionsloser, unbewegter ,Beweger', sondern einer, der ruhelos ist, ,bis er Jerusalem herstellt' (Jesaja 62,1.7). Das ist ein Gott, der um seine Kinder leidet . . ."[6]

Zu sagen, dass Gott ringt, heißt, ihn in dieser gütigen Beharrlichkeit zu sehen, die Francis Thomas in seiner klassischen Ode *The Hound of Heaven* so gut einfängt. Dort sagt der Herr:

> *Human love needs human meriting:*
> *How have you merited – of all man's clotted clay the*
> *dingiest clot?*
> *Alas, you know not how little worthy of love you are!*
> *Who will you find to love ignoble you, save Me?*
> *All which I took from you I did but take, not for*
> *your harm,*
> *But just that you might seek it in My arms.*
> *All which your child's mistake fancies*
> *as lost I have stored for you at home:*
> *Rise, clasp My hand, and come!*[7]

> *(Menschliche Liebe braucht menschliche Verdienste:*
> *Wie habt ihr euch unter all dem Ton auch nur das*
> *schäbigste Klümpchen verdient?*
> *Ach, ihr wisst nicht, wie wenig ihr der Liebe würdig seid!*

Wen würdet ihr finden, euch Unwürdige zu lieben,
außer Mir?
Alles, was ich euch nahm,
nahm ich nicht zu eurem Schaden,
sondern nur, damit ihr es in Meinen Armen suchtet.
Alles, was euer kindischer Irrtum verloren glaubt,
habe ich zu Hause für euch aufbewahrt:
Steht auf, ergreift Meine Hand und kommt!)

Von dem ringenden Gott spüren wir etwas im Buch Jeremia, wo Gott widerstrebend die notwendigen Strafen erteilt und zugleich sehnsüchtig auf die Wiederherstellung der Beziehung wartet:

„Ich habe wohl gehört, wie Ephraim klagt: Du hast mich gezüchtigt, und ich bin gezüchtigt worden ... Ist mir Ephraim nicht wie ein teurer Sohn? Ist er mein Lieblingskind? Denn so viel ich auch wider ihn geredet habe, muss ich seiner doch immer wieder gedenken! Darum ist mein Herz entbrannt für ihn; ich muss mich seiner erbarmen, spricht der Herr" (Jeremia 31,18.20).

Spüren wir hier nicht die schmerzliche Sehnsucht der Liebe? Spüren wir nicht das aufgewühlte Herz eines Vaters? Gewiss handelt Gott aus seinem eigenen inneren Frieden heraus, aber das ist nicht dasselbe wie Passivität. Diese beiden Dinge verwechseln wir leicht. Diese Emotionen des Kummers und der Enttäuschung ändern nichts an Gottes vollkommenem Frieden, noch können sie ihn innerlich aus der Fassung bringen. Doch zu sagen, dass Gott ringt, bedeutet anzuerkennen, dass eine bestimmte Art von Kummer ihn innerlich berührt. Und es ist diese Reaktion des Kummers, die von seiner vollkommenen Liebe und seinem Frieden augenblicklich in Taten der Barmherzigkeit für uns verwandelt wird. Sein Ringen ist nicht die Abwesenheit von Frieden, wie es bei uns der Fall wäre, sondern das Zusammenspiel von heiliger Enttäuschung, ja, sogar Kummer, mit einem unverzüglichen Ausdruck der Barmherzigkeit, durch den er um uns wirbt, um uns in seine Umarmung zurückzuholen.

Vielleicht drückt kein anderes Buch dies so treffend aus wie das Buch Hosea, in dem Gott seinen Propheten auffordert, die Prostituierte Gomer zu heiraten, um zu veranschaulichen, was er wiederholt mit seinem geliebten Volk erlebt hat. Hosea leidet Qualen, während seine Frau in den Armen anderer Männer ihr Gewerbe betreibt. Doch sein Kummer verleitet Hosea keinen Augenblick dazu, seine von Gott gegebene Bestimmung als Prophet aufzugeben. So ist es auch bei Gott. Weil er ein Gott der Gerechtigkeit ist, muss er zulassen, dass sein Volk die Konsequenzen der Entscheidungen erleidet, die es selbst getroffen hat (auch hier wäre Liebe ohne Gerechtigkeit nur billige Emotion), aber er liebt es noch immer:

> „Als Israel jung war, hatte ich ihn lieb und rief ihn, meinen Sohn, aus Ägypten; aber wenn man sie jetzt ruft, so wenden sie sich davon ... Ich lehrte Ephraim gehen und nahm ihn auf meine Arme; aber sie merkten's nicht, wie ich ihnen half. Ich ließ sie ein menschliches Joch ziehen und in Seilen der Liebe gehen und half ihnen das Joch auf ihrem Nacken tragen und gab ihnen Nahrung ... sie wollen sich nicht bekehren. Darum soll das Schwert über ihre Städte kommen und soll ihre Riegel zerbrechen ... Mein Volk ist müde, sich zu mir zu kehren, und wenn man ihnen predigt, so richtet sich keiner auf. Wie kann ich dich preisgeben, Ephraim, und dich ausliefern, Israel? ... Mein Herz ist andern Sinnes, alle meine Barmherzigkeit ist entbrannt" (Hosea 11,1-8; Luther).

Darin liegt Pathos. Das ist keine gefühllose kosmische Kraft, sondern ein Gott, der in seinem Inneren die Wunden des erhabensten Ausdrucks der Liebe trägt: der Wahrheit. Das Richtige um einer Beziehung willen zu vernachlässigen bedeutet letztlich, dieser Beziehung die eigene Grundlage zu entziehen; das Richtige durchzusetzen bedeutet andererseits, eine Ablehnung zu riskieren. Das ist das Wesen dieses inneren Ringens. Indem wir sagen, dass Gott ringt, identifizieren wir letztlich vielleicht jenen Moment, in dem er Kummer empfindet und ihn in Barmherzigkeit verwandelt.

GEBET

Oh, lieber Vater! Ich bin so verdreht. Wann immer ich etwas
Gutes zu tun versuche, scheine ich, wenn ich meinen wahren
Motiven auf den Grund gehe, nichts als Egoismus zu finden.
Danke, dass ich Dir so viel bedeute, dass Du über mir wachst,
wie eine Henne über ihren Küken brütet.
Danke, dass Du mir nachgehst, mir hinterherjagst,
sogar um mich ringst – um mich an den wunderbaren Ort
der innigen Vertrautheit mit Dir zurückzuholen.

Fragen zum Nachdenken:

1. Welche Emotionen können Sie sich - wenn überhaupt - bei Gott vorstellen?
2. Was bedeutet es für Sie, dass Gott „ringt"?
3. Auf welche verschiedene Weisen „wirbt" Gott um Menschen?
4. Was sagt das Ringen Gottes um uns über das Wesen seiner Liebe aus?

KAPITEL 17

Begegnung mit einem eifersüchtigen Gott

Denn ich, der Herr, dein Gott, bin ein eifersüchtiger Gott.
2. MOSE 20,5

Haben Sie sich je ein Auto gewünscht, das für Sie der Inbegriff von Sport und Vitalität war? Haben Sie schon einmal sehnsüchtig vor einem Schaufenster gestanden, in dem Ihr Traumauto stand und Sie chromblitzend anlachte? Oder begeistert Sie vielleicht ein verheißungsvoller blauer Himmel über den weißen Stränden eines Inselparadieses?

Und haben Sie, als Sie etwas so sehr wünschten, innerlich die Warnflagge des Heiligen Geistes wahrgenommen, der Sie vor dem Kauf des Autos oder der Buchung dieses Traumurlaubs warnte oder Sie von einem anderen Schritt abhielt, der sich später als schädlich erwiesen hätte? Falls und wenn Ihnen das je passiert, ist es nicht so, dass der Heilige Geist Ihnen jeden Spaß im Leben vermiesen wollte. In Wirklichkeit bewahrt er Sie vor einem Berg potentieller Schulden, der sonst Ihren Frieden in Zukunft empfindlich beeinträchtigen würde. Dieses zurückhaltende Wirken ist ein Teil dessen, worauf Gottes Eifersucht wirklich zielt.

Für uns ist jede Vorstellung von Eifersucht negativ. Wir betrachten Eifersucht als eine zerstörerische Emotion. Sogar Salomo fragte: „. . . wer kann vor der Eifersucht bestehen?" (Sprüche 27,4b). Wenn wir also lesen, dass Gott ein eifersüchtiger Gott ist, fällt es uns schwer zu verstehen, wie ein Gott der Liebe und Heiligkeit eine solche Eigenschaft haben kann.

Eifersucht deutet auf einen Besitzanspruch, ja, auf eine Besitzgier hin, die an Götzendienst grenzt. Sie ist eine verzehrende Leidenschaft, die sich auf ein einziges Ziel fixiert. Sie trachtet mit allen möglichen Mitteln danach, das, was sie liebt, zu besitzen. Sie ist ein ungelöschtes Feuer, eine Ruhelosigkeit, die nicht beschwichtigt werden kann, bis sie hat, was sie will. Es ist die unablässige Jagd der Begierde, die sich jeder gegenteiligen Gefühlsregung widersetzt und keine Toleranz gegenüber Rivalen kennt, die um dasselbe Herz ringen.

Und doch, Gott ist eifersüchtig. Auf die reinste, höchst unnachgiebige Art ist Gott eifersüchtig. Soll das heißen, dass er ein klammerndes, manipulatives Wesen ist, das in die Getreuen vernarrt ist, aber an den Gleichgültigen Vergeltung übt? Nein, Gott ist nicht launisch. Seine Eifersucht ist von einer Art, wie ein Mann oder eine Frau sie nie verspüren. Gott ist tatsächlich der Einzige, der ein Recht hat, eifersüchtig zu sein, weil er der Einzige ist, der in der Liebe vollkommen ist.

Gottes Eifersucht hat nichts Kontrollierendes an sich. Ganz im Gegenteil ist es eine freisetzende Eifersucht. Heilige Eifersucht – Gottes Art der Eifersucht – ist Liebe auf dem höchsten Punkt der Sehnsucht. Sehen Sie, Gott liebt Sie nicht einfach; er *will* Sie. Er neigt nicht dazu, Sie zu lieben, nur um seine eigene moralische Vollkommenheit zu wahren. Er hat Sie nicht nur *erwählt*, sondern er *begehrt* Sie. Seine Eifersucht ist das ungelöschte Feuer, die unablässige Suche, die ruhelose Leidenschaft. Seine Eifersucht ist die absolute Intoleranz gegen alles, was unsere Liebe zu ihm teilt. Gott lässt nicht los – aber genau das ist es, was befreit. Es bedeutet, in Oswald Chambers Worten, von Gott verfolgt zu werden. „Von Gott verfolgt zu werden", sagt er, „bedeutet, eine effektive Barrikade gegen alle Angriffe des Feindes zu haben."[8]

Was für eine Gewissheit ist es doch zu wissen, dass Gott nicht passiv dasitzt, während wir mit Ablenkungen flirten, die unsere Seelen so gründlich zerstören können, Ablenkungen wie: der Wunsch nach einer Beförderung, egal, um welchen Preis; die Sehnsucht nach dieser romantischen Beziehung, die einem mehr bedeutet als alles andere; das Abgleiten in eine nachlässige Art des Christentums, sodass wir allmählich aufhören, unser Leben auf die Prinzipien seines Wortes zu gründen; oder eine Enttäuschung, die uns in eine abgrundtiefe Apathie abgleiten lässt.

Solche Feinde unserer Seele veranlassen einen eifersüchtigen Gott, die Festungswälle unserer Herzen zu bestürmen und zu verlangen, dass wir uns seiner Liebe hingeben. Handelt es sich hier um Forderungen der Macht oder um ein Bedürfnis, unseren Dienst und unsere Anbetung zu empfangen? Nein. Es sind vielmehr die Forderungen eines Gottes, der uns viel mehr *begehrt*, als wir je begehrt sein wollen, und der allein weise genug ist, diese Forderungen zu rechtfertigen.

In Epheser 4,1 bezeichnet Paulus sich als der „Gebundene des Herrn". Das ist wieder eines dieser sagenhaften Paradoxa, auf die wir stoßen, wenn wir tiefer im Reich Gottes schürfen. Für Paulus war es befreiend, ein Gefangener des Herrn zu sein. Auch in Römer 1,1 bezeichnet sich Paulus als einen ergebenen Knecht Gottes, im wörtlichen Sinn als einen freiwilligen Sklaven. Ein freiwilliger Sklave war einer, der sich seine Freiheit erworben hatte, aber sich dann freiwillig verpflichtete, seinem Herrn für den Rest seines Lebens zu dienen.

Selbst als Paulus um seines Herrn willen tatsächlich im Gefängnis saß, in einer römischen Zelle oder in einem Gefängnis in Philippi, bedeutete es für ihn immer noch Freiheit – denn Freiheit bedeutete für Paulus, das zurückhaltende Wirken des Heiligen Geistes nicht zu meiden, sondern freudig anzunehmen. Das zurückhaltende Wirken des Heiligen Geistes ist eine Gnade, keine Gefangenschaft. Wenn der Heilige Geist uns zurückhält, kontrolliert er uns nicht, sondern befreit uns in Wirklichkeit. Denn in der Zurückhaltung bewahrt er uns sicher vor einem Schaden, den wir nicht sehen können, da wir blind unsere eigenen Ziele verfolgen.

Ich kann mich an so viele Situationen erinnern, wenn ich eine Gelegenheit ergreifen wollte, die sicher meine Karriere gefördert hätte, ich aber sofort spürte, wie die glühende Eifersucht Gottes meinen unverschämten Willen zügelte. Versuchte der Herr mich zu kontrollieren? Oder sah er in mir eine Wurzel der Selbstsucht, die mich ohne sein Eingreifen Jahre gekostet hätte, um den Schaden wieder gutzumachen, den meine voreilige Arroganz und Überheblichkeit verursacht hätte?

Wann immer der Herr Sie zurückhält, schließt er Sie in Wirklichkeit in seine schützenden Arme; er will Sie keineswegs von etwas abhalten, was Ihnen Freude macht. Hinter seiner Kontrolle verbirgt sich tatsächlich seine Freisetzung.

GEBET
Herr, lass das Feuer Deiner Eifersucht tief in mir brennen.
Ich lade das zurückhaltende Wirken des Heiligen Geistes
in mein Leben ein. Die Grenzen und Einschränkungen,
die Du mir auferlegst, nehme ich willig an.
Ich bin so dankbar, dass Du kein gleichgültiger Gott bist.
Ich bin so dankbar, dass Deine Liebe nicht
die passive Schau eines ambivalenten Potentaten ist.
Oh, eifersüchtiger Gott, Du willst mich,
und eine solche Liebe fasziniert mich!

Fragen zum Nachdenken:

1. Wie unterscheidet sich Gottes Eifersucht von dem, was wir als Eifersucht wahrnehmen?
2. Warum sollte Gott unsertwegen eifersüchtig sein?
3. Welche Dinge, die wir tun, wecken Gottes Eifersucht?
4. Welche Beziehung besteht zwischen Gottes Eifersucht und seiner Liebe zu uns?

KAPITEL 18

Ein Gott der Heiligkeit

Betet an den Herrn in heiligem Schmuck!
1. CHRONIK 16,29B

Das Bild eines heiligen Gottes kann diejenigen nervös machen, die seine Heiligkeit nur als entfesselte Vergeltung betrachten. Vorstellungen von Feuer, das vom Himmel fällt, von Sterblichen, die in seiner Gegenwart wie Wachs schmelzen - wie eine Szene aus einem Film von Steven Spielberg -, Gottlosigkeit, die mit aller Strenge gerichtet wird. Das sind oft die Vorstellungen, die wir haben, wenn wir an Gottes Heiligkeit denken.

Die Bibel sagt, dass Gott ein „verzehrendes Feuer" ist und uns auffordert, unsere „Rettung mit Furcht und Zittern zu vollenden". Aber das ist nur eine Seite der Geschichte. Es sind die Stolzen, die Leichtfertigen und die Gleichgültigen, denen Gott sich so offenbart. Aber für die Sanften, die Unsicheren, gibt es eine wunderbar anziehende Seite seiner Heiligkeit.

König Davids Aufruf: „Betet an den Herrn in heiligem Schmuck!" erschien mir immer ziemlich widersprüchlich. Also, wie können Heiligkeit und Schönheit in einem Atemzug genannt werden? Die Heiligkeit Gottes drückt für mich alles aus, was er ist und was ich nicht bin. Es erinnert mich an die Größe meines Mangels, das Ausmaß meiner Unsicherheit, an das Gefühl, von meinem eigenen Unvermögen und Versagen überwältigt zu werden. Wenn ich an schöne Dinge denke, denke ich an das majestätische *Yosemite Valley*, den kristallähnlichen Sand am Strand von Florida oder an das wunderschöne Gesicht meiner Frau Nancy. Wenn ich an das Wort *Schönheit* denke, bringe ich es gewiss nicht mit dem Wort *heilig* in Verbindung. Was also weiß David, das mir entgangen ist? Er muss etwas über die Heiligkeit Gottes erkannt haben, das sie ihm außerordentlich attraktiv erscheinen ließ.

Vor nicht allzu langer Zeit hat ein Prediger, der uns freundlich ermahnte, ein heiliges Leben zu führen, mich herausgefordert. Weit entfernt von Begriffen wie „Höllenfeuer und Schwefel", die solche Botschaften enthalten können, lag in seinen Worten etwas Frisches. Ich antwortete im Gebet und wurde in ein Bewusstsein der heiligen Gegenwart Gottes gehüllt. Es war eine jener ungewöhnlichen Begegnungen, in denen die Realität Gottes alles andere in den Hintergrund treten lässt. Einige Momente lang fesselte mich seine Gegenwart. Meine Gedanken hätten gar nicht abschweifen können, auch wenn ich es gewollt hätte. Als ich über das Wunder Gottes nachdachte, stellte ich plötzlich fest, dass ich nicht mit einem Gefühl des inneren Friedens oder einer ekstatischen Freude darauf reagierte, sondern eher mit *dem reinen Vergnügen, in Heiligkeit gehüllt zu sein*. Ich entdeckte, was Jonathan Edwards, der herausragende Theologe der ersten großen Erweckung, wusste, als er sagte: „Heiligkeit schien mir von köstlicher, angenehmer, anmutiger, heiterer, ruhiger Natur zu sein – die der Seele eine unbeschreibliche Reinheit, Helligkeit, Friedlichkeit und Entzückung brachte."[9]

In diesem Licht hatte ich Gottes Heiligkeit nie betrachtet. Ich sagte mir: „Tatsächlich genieße ich die Gegenwart eines heiligen Gottes." Es war wie das Gefühl einer heißen Dusche nach einem Tag schweißtreibender Arbeit – sich einseifen und dann das Wasser ins Gesicht spritzen und sich von Kopf bis Fuß abspülen lassen, bis man sich frisch und sauber fühlt. „Die Furcht des Herrn ist rein", sagte David im neunzehnten Psalm; es war das Gefühl, rein zu sein, und – wie erfreulich das war!

Heiligkeit ist zutiefst befriedigend, weil sie das ist, zu dem wir erschaffen wurden. Wir sagen zum Beispiel den Menschen, die nach der Wahrheit suchen, dass es in ihrem Leben ein (Gott entsprechendes) Vakuum gibt, das nur er ausfüllen kann, und sie, sobald sie ihr Leben Christus hingegeben haben, eine Erfüllung erfahren werden, die sie zuvor nie erlebt haben. Aber glauben wir das selbst?

Der Geist Gottes, der dieses Vakuum ausfüllt, ist der *Heilige*

Geist, und wenn wir für Gott erschaffen wurden – und das sind wir –, dann muss Heiligkeit etwas ausgesprochen Angenehmes sein. Wenn wir den Wunsch verlieren, heilig zu sein, wie er heilig ist, verlieren wir auch dieses befriedigende Gefühl, rein zu sein. Anders ausgedrückt: Wenn ein Leben der Heiligkeit unsere grundlegende Bestimmung erfüllt, dann bedeutet Heiligkeit, „nach Hause" zu kommen.

Ob Sie es sich vorstellen können oder nicht: Eine der interessantesten Einsichten über Heiligkeit, die ich je gewonnen habe, stammt aus einer kurzen Episode eines Hollywoodstreifens. Zwar findet man selten überhaupt irgendeine geistliche Substanz in Hollywood, aber in diesem Fall hatte der Drehbuchautor etwas eingefangen. Vor einigen Jahren schlug jemand vor, ich solle mir den Film *City Slickers* ansehen. Dieser Film (von dem ich nebenbei bemerkt nicht sagen würde, dass er wegen eines besonderen Reichtums an geistlicher Wahrheit gesehen werden sollte) handelt von drei Männern in ihrer Midlifecrisis. Ich weiß nicht, warum es meinen Freunden so wichtig erschien, dass ich mir einen Film über Männer in der Midlifecrisis anschaue, aber er war tatsächlich recht unterhaltsam.

Um zu sich selbst zu finden, beschlossen diese Männer, gemeinsam einen Viehtrieb mitzumachen. Sie fahren in den Westen und stoßen auf einen grimmigen alten Cowboy namens Curly (herrlich gespielt von Jack Palance). In der speziellen Szene, um die es mir hier geht, begleitet einer der drei Männer Curly auf der Suche nach einem streunenden Kalb. Während der Suche fragt der von Billy Crystal gespielte Mann den alten Cowboy nach dem Geheimnis seines Lebens. Curly verlagert das Gewicht im Sattel, schiebt seine Zigarette in einen Mundwinkel, streckt sein Rückgrat, zieht die Augen zu einem Spalt zusammen, hebt einen Finger hoch und sagt: „*Eine* Sache."

Immer eine einzige Sache. Genau das ist es eigentlich, was ein Leben der Heiligkeit bedeutet. Es bedeutet, sich absolut und vollständig auf eine Sache zu beschränken, und wenn es um Heiligkeit geht, dann besteht diese eine Sache darin, sich Gott völlig hinzugeben, damit er seinen Charakter durch uns zum Ausdruck bringen kann. Auf eine einzige Sache beschränkt zu sein ist nicht nur attraktiv, sondern unglaublich befreiend:

- Wir sind nicht mehr Gefangene der Erwartungen anderer.
- Wir schwanken nicht mehr zwischen gegensätzlichen Wünschen hin und her.
- Wir bändigen die ungehörigen Beweggründe, die in unseren Seelen lauern.
- Wir werden nicht mehr zwischen dem Wunsch nach Erfolg und dem Wunsch, gut zu sein, aufgerieben.

Wir sind wirklich und wahrhaftig frei. Das ist es, was Heiligkeit attraktiv macht.

Im hebräischen Denken muss Heiligkeit große Anziehungskraft besessen haben, denn im Alten Testament wurde das, was als heilig bezeichnet wurde, von den Menschen wirklich begehrt. Das Salböl war zum Beispiel so aromatisch, dass Gott jeden eigenmächtigen Versuch, es nachzuahmen, streng verbieten musste. Das Priestertum, das auch als heilig bezeichnet wird, wurde für den König Usija zum Verhängnis, weil er so sehr begehrte, ein heiliger Priester zu sein, dass er die Grenzen seiner eigenen Berufung überschritt und sich eine schlimme Hautkrankheit einhandelte (2. Chronik 26,19-21).

Das Heilige galt den Hebräern als etwas Einzigartiges und Besonderes. Heute möchte Gott, dass wir dieses Empfinden von Ehrfurcht und Sehnsucht zurückgewinnen, das Heiligkeit eigentlich wecken sollte.

Schon die Tatsache, dass das Wort *heilig* im Alten Testament oft mit Gegenständen wie Öl, Tischen und sogar Erde verbunden wurde – gewöhnliche Dinge, die außergewöhnlich wurden, weil Gott sie für seine Absichten wählte –, ist ein Schlüssel, der uns eine neue Perspektive über Heiligkeit erschließt und uns motivieren kann, nach Heiligkeit zu streben.

Als Gott Mose am brennenden Dornbusch begegnete, befahl er ihm: „Ziehe deine Schuhe aus von deinen Füßen; denn der Ort, darauf du stehst, ist heiliges Land!" (2. Mose 3,5). In diesem Zusammenhang bedeutet das Wort etwas, was Gott völlig geweiht oder hingegeben wird.

Es klingt eigentlich einfach: Wir gehören Gott; wir sind eng mit ihm verbunden. Aber an irgendeinem Punkt haben wir etwas verwechselt. Wir sind auf den Gedanken gekommen, dass Heiligkeit nur ein anderes Wort für Gerechtigkeit ist. Heiligkeit hat die

Bedeutung der Reinheit des Lebens angenommen. Und das ist soweit auch richtig. Tatsächlich wird dieses Konzept der Heiligkeit im Neuen Testament stark betont. Wir würden unser Verständnis der Heiligkeit wesentlich beeinträchtigen, wenn wir diese Bedeutung verwässerten. Trotzdem ist Gerechtigkeit nur ein Aspekt echter Heiligkeit. Wenn Tempelgeräte und Priestergewänder (die ja offensichtlich keine moralischen Entscheidungen treffen können) als heilig betrachtet werden, dann muss es einfacher sein und mehr Spaß machen, in Heiligkeit zu leben, als umfassende Verhaltensregeln zu befolgen. Die Wahrheit ist: Sobald wir Heiligkeit verstanden haben, werden wir uns danach sehnen und Gerechtigkeit weniger als Ergebnis einer rigorosen Disziplin, sondern als Ausfluss der Heiligkeit verstehen.

Es ist faszinierend, dass wir in dieser Begegnung am brennenden Dornbusch eine reichere Offenbarung der Heiligkeit entdecken. Bis zu diesem Zeitpunkt war das Wort *heilig* in der Bibel nur einmal verwendet worden – als Gott den siebten Tag schuf und ihn „heiligte" (1. Mose 2,3). Ich denke, es ist dieser Kontext, den der Heilige Geist wählt, um uns die Reichweite und Absicht der Heiligkeit umfassender verstehen zu lassen. Die Szene ist eher beschaulich: Mose hütet Schafe in der stillen Einsamkeit der Wüste. In der Ferne sieht er einen leuchtenden Busch, und als er näher kommt, erkennt er, dass der Busch brennt. Daraufhin geht er noch näher heran und stellt fest, dass der Busch zwar in Flammen steht, aber die Blätter nicht vom Feuer verzehrt werden. Vielen anderen Menschen wäre das unheimlich erschienen, aber irgendetwas drängte Mose, sogar noch näher zu treten, und als er dies tat, sprach der Busch.

Sprechende Büsche sind nicht alltäglich, auch nicht in der Wüste. Aber in dem Augenblick, als die Stimme aus dem Busch ertönte, wusste Mose, dass er von Angesicht zu Angesicht vor dem Allmächtigen stand. Und das war der Augenblick, in dem er den Befehl hörte: „Ziehe deine Schuhe aus, Mose", sagte Gott, „denn der Ort, auf dem du stehst, ist heiliges Land!"

Die ganze Tragweite erkennt man, wenn man den Hintergrund berücksichtigt: Gottes Volk war seit über vierhundert Jahren in Gefangenschaft gewesen und er wollte sie endlich freimachen. Jetzt war der Augenblick gekommen, seinen auserwählten

Befreier Mose zu berufen. Doch bevor Gott das Volk freimachen konnte, musste er Mose freimachen. Deshalb sagte Gott aus der reichen Liebe seines Vaterherzens: *„Wie kann ich Mose von all seinen Unsicherheiten befreien? Ja, ich weiß, was ich tun werde – ich werde ihm meine Heiligkeit offenbaren!"* Also begegnet Gott ihm in einem brennenden Dornbusch, als vollkommene Darstellung der Heiligkeit.

Natürlich, wenn wir diese Szene mit den Augen betrachten, die daran gewöhnt sind, den Vater als eine Art despotischen Herrscher wahrzunehmen, neigen wir dazu, nur das Feuer zu sehen und nicht die Tatsache, dass der Busch brannte und *nicht* zerstört wurde, sondern so faszinierend wirkte, dass selbst der unsichere Mose von seinem Glühen angezogen wurde. Der eigentliche Punkt in diesem ganzen Kontext ist Freiheit. Und das deutet auf einen der bedeutsamsten Aspekte der Heiligkeit: *Heiligkeit zu verstehen ist der Schlüssel zur Freiheit.* Und ist das nicht das Leben, nach dem wir uns sehnen?

Der brennende Busch ist ein vollkommenes Bild der Freiheit. Er ist Gott völlig hingegeben. Also gilt, wie man in Australien zu sagen pflegt: „No worries" – keine Sorge. Die völlige Hingabe unseres Lebens an Gott bedeutet:

- ein Leben frei von allem, außer der einen Sache;
- ein Leben frei von Sorgen über eigene Bedürfnisse und Wünsche;
- ein Leben, das Gottes Fürsorge überlassen wird;
- ein Leben, das nicht nur nicht zerstört wird, sondern in Wirklichkeit erst dazu befähigt wird, alles zu sein, wozu Gott es geschaffen hatte.

Gott völlig hingegeben zu sein bedeutet, die höchste Freiheit gefunden zu haben. Es ist ein Leben, das völlig auf eine einzige Sache ausgerichtet ist: Gottes Charakter durch sich ausdrücken und sichtbar werden zu lassen. Wenn Gott sagt: „Seid heilig, denn ich bin heilig", fordert er uns auf, ihn durch uns tun zu lassen, was er in sich und aus sich heraus tut – Gott ist ganz darauf ausgerichtet, die Schönheit seines Charakters sichtbar zu machen.

Bei Gott ist das keine Arroganz oder Egoismus, denn es liegt im Wesen Gottes, wie wir bereits gesehen haben, selbstlos immer sich selbst zu geben. Genau das macht ihn zur Vollkommenheit und zum Inbegriff der Güte. Heiligkeit ist seine ewige Entscheidung, seinen makellosen Charakter zu manifestieren.

Zu nichts Geringerem beruft er uns: „Seid heilig, denn ich bin heilig." Das ist kein Erlass, sich tausend Geboten und Verboten unterzuordnen, sondern ein vollkommen klarer Aufruf, die schlichte und zugleich höchste Entscheidung zu treffen, uns selbst dieser einen Absicht hinzugeben: Gott durch uns Gott sein zu lassen; der brennende Dornbusch zu sein, der durch Gottes Macht und Gnade wirksam von den Flammen der Heiligkeit ergriffen ist, und sich selbst befreit findet. Keine verborgenen Absichten, keine versteckten Beweggründe, keine heimlichen Wünsche, anerkannt zu werden oder sich durch Großes hervorzutun – einfach nur wir selbst, ergriffen vom Feuer Gottes, rückhaltlos abhängig und doch radikal frei. Denn wenn Gott uns zu einem Leben völliger Hingabe an ihn beruft, fordert er uns auf zu bestätigen, was schon Wirklichkeit ist. Denn sind wir nicht bereits mit jedem Atemzug, den wir tun, mit jedem Talent, das wir zur Entfaltung bringen, mit jedem Ziel, das wir erreichen, von ihm abhängig?

Dennoch ist unser Widerstreben, Heiligkeit anzunehmen, tief verwurzelt. Es ist wie der Versuch, einen moralischen Marathon zu beginnen, obwohl man genau weiß, dass man nicht über die ersten paar Meter hinauskommt. Wir sind schon entmutigt, bevor wir überhaupt starten. Und Aufrufe zur Heiligkeit verstärken oft nur unser Empfinden, auf verlorenem Posten zu kämpfen, und machen uns nur noch unsicherer als zuvor. Das Einzige, was noch schlimmer als Unsicherheit ist, ist die Schuld – und so manche Predigt wurde gehalten, um Menschen zur Heiligkeit anzuspornen, indem der Prediger bei ihrem Bewusstsein einer verdienten Verdammnis ansetzte.

Ein Text wie Philipper 2,12, in dem Paulus uns ermahnt, unser Heil mit Furcht und Zittern zu vollenden, kommt in der Tat wie gerufen, wenn es darum geht, das Verhalten ringender Heiliger zu prägen. Aber betrachten wir ihn genauer. Paulus drückt nicht aus, dass wir uns vor einem Gott hüten sollten, der eifrig darauf bedacht ist, beim geringsten Anzeichen einer Übertretung über uns herzufallen. Beachten Sie den Kontext. Paulus hatte gerade begeistert über den Christus geschrieben, der ein Knecht geworden war, den Christus, der bis zum Tod gehorsam war, den Christus, der hoch erhöht ist und vor dessen Namen sich eines Tages jedes Knie beugen wird. Im Licht des Wunders, wer Jesus Christus tatsächlich ist, fordert Paulus uns auf, unser Heil mit einem Zittern zu vollenden, das nicht aus Unsicherheit entspringt, sondern aus der Begeisterung darüber, wer er ist, aus der Furcht, einen so wunderbaren Gott zu betrüben, und aus der Freude zuzuschauen, wie dieser Jesus sein Werk in uns tut.

Es ist das Zittern eines Diamantenschleifers, wenn er einen seltenen und kostbaren Edelstein prüft. Es ist das Zittern eines Kernphysikers, wenn er mit explosivem Material umgeht und sich zu Recht vor dessen beeindruckender Kraft in Acht nimmt, aber trotzdem noch größere Begeisterung über dessen unfassbares Potential empfindet. Es ist das Zittern eines Abenteurers, der einen antiken Fund von unschätzbarem Wert entdeckt hat, und nicht das Zittern eines kleinen Kindes vor der Rute des alten Schulmeisters.

GEBET
Herr, öffne meine geistlichen Augen, damit ich
diese zentralste Eigenschaft von Dir erkennen kann.
Hilf mir, immer tiefer zu verstehen, dass Deine Heiligkeit
absolute Schönheit ist und dass ich, indem ich Dich suche,
immer tiefer aus der Quelle ewiger Freude schöpfen werde:
die Quelle der Schönheit Deiner Heiligkeit.
Hilf mir, Heiligkeit nicht primär als Serie von Regeln zu sehen,
deren Erfüllung Du von mir verlangst, sondern als Umge-
bung, für die ich geschaffen wurde, um mich daran zu freuen.

Fragen zum Nachdenken:

1. Was bedeutet das Wort „Heiligkeit" für Sie?
2. Haben Sie Gottes Heiligkeit je als etwas betrachtet, an dem Sie sich erfreuen sollen?
3. Wie können Sie sich Gottes Heiligkeit weihen?
4. Welche Beziehung besteht zwischen Heiligkeit und Gerechtigkeit?

KAPITEL 19

Er nennt uns „heilig"

Ich denke noch ... an die Liebe deiner Brautzeit ...
Israel war damals dem Herrn geheiligt.
JEREMIA 2,2-3

Der *Status*: diese hoch geschätzte Annehmlichkeit, die in so vielen Menschen die heftigsten Leidenschaften entfacht. Die Verlockung des Ruhmes und der Hunger nach Anerkennung beschäftigt Millionen Menschen, deren Denken von den Fantasiewelten der Leinwand und den tausend Rockkonzerten geprägt wird. In dem Gefühl, nur zu Statisten degradiert zu sein, empfinden viele ein stärkeres Bedürfnis nach einem gehobenen Status als nach Geld, Sicherheit oder Sex. In der heutigen Welt rangiert die Stärkung des eigenen Selbstwertgefühls neben dem Essen als absolute Notwendigkeit, um zu überleben.

Doch wenn wir den Ort inniger Vertrautheit mit einem heiligen Gott entdecken, geschieht etwas, was uns von diesen beherrschenden Leidenschaften reinigt und uns mit einem positiven Selbstbild tränkt, das in einer permanenten Quelle der Erfüllung – einer Art „Entgiftung" – verankert ist, wo unser Hunger nach einem Status in *ihm* gestillt wird. Denn in dem Augenblick, in dem wir in eine Beziehung mit Gott eintreten, bezeichnet er uns als etwas, was laut und deutlich zeigt, wie wichtig wir Gott sind, und das uns, wenn wir „es" werden, ein Gefühl der Bedeutung verleiht, das Hollywood mit all seinem Glamour niemals auch nur annähernd erreicht.

Der große, allmächtige Schöpfer alles Seienden nennt uns *heilig*!

„Aber ich dachte, Heiligkeit sei etwas, in das man hinein-
wächst, das man anstrebt, das man verdient", sagen vielleicht einige. In der Tat betrachten die meisten von uns Heiligkeit als die
unerreichbare Ebene der Vollkommenheit, auf der Gott lebt und
die wir für den Rest unseres Lebens erstreben sollen. Heiligkeit
ist für uns die oberste Sprosse auf der Leiter der geistlichen Reife.
Aber in Wirklichkeit ist Heiligkeit etwas, zu dem Gott uns vom
ersten Augenblick an beruft, nachdem wir ihm unser Leben hingegeben haben.

In Jeremia 2 blickt der Prophet zurück zu der Zeit, als Israel
aus Ägypten befreit wurde. Gott erinnert sich an die überspru-
delnde erste Liebe Israels und sagt über sein Volk: „Ich erinnere
mich an die Liebe deiner Brautzeit, als du mir durch die Wüste
folgtest – Israel war dem Herrn heilig."

Auf den ersten Blick widerspricht dieser Abschnitt unserem
Gerechtigkeitssinn. Wir wollen sagen: „Moment mal, Gott! Diese
Israeliten waren erst wenige Tage zuvor befreit worden und waren
dieselben Menschen, die schon in den ersten Wochen in der
Wüste murrten und klagten! Und trotzdem nennst du sie heilig?
Wie kann das sein? Wie können sie heilig und zugleich ein Haufen
Nörgler sein?"

Aber genau das ist der Punkt! Von Anfang an gab Gott ihnen
ein Bewusstsein ihrer Stellung – ein Statusgefühl, wenn Sie so wollen. Er bezeichnete sie als heilig. Was für ein gewaltiges Privileg.
Und das ist es, was Gott ihnen – und uns – zeigen wollte: dass
Heiligkeit *die Reaktion auf das Privileg ist und nicht die Aufforderung zur Leistung.* Er *nennt* uns heilig, damit wir, in der Hingabe an ihn, heilig *werden* können. Der angesehene Theologe Dr.
Gordon Fee drückte dies so aus: „Wir werden, was wir sein müssen."

Aus Gnade hat Gott uns ein Gefühl höchsten Selbstwerts gegeben, damit wir unser Leben auf der Grundlage dieser Bedeutung leben können, statt unsere geistigen und emotionalen Ener-
gien auf der Suche nach einem Selbstwert zu vergeuden. Denn
Gott weiß, dass eine solche Suche uns nur in unserer Selbstbezogenheit gefangen hält.

Wären Sie zum Beispiel ein General und ich ein Leutnant und
wir würden einander auf dem Kasernengelände begegnen, wür-

den wir nach einem bestimmten Protokoll entsprechend unseres militärischen Rangs miteinander umgehen. Es wäre unangemessen, wenn ich als Leutnant vor Ihnen salutierte und Sie darauf erwiderten: „Ach, das ist doch nicht nötig; schließlich sind wir doch Kameraden. Vergessen wir die Sterne auf meiner Schulter. Betrachten Sie mich einfach als einen der Ihren." Ein solches Verhalten würde uns höchst abwegig erscheinen. Von einem General erwarten wir, dass er sich auch wie ein General verhält.

Genauso bezeichnet Gott uns von Anfang an als heilig – er gibt uns gleich zu Beginn das Bewusstsein des Privilegs, das in der Tatsache liegt, dass er uns erwählt hat. In gewissem Sinn bedeutet Heiligkeit, dass wir unsere Erwählung leben, unseren Status ergreifen. Ein reifes Verhalten erwächst weniger aus unserem Ringen darum, gut zu sein, als aus unserer begeisterten Reaktion auf Gottes Berufung. Gott hat uns nicht nur errettet, sondern unseren Geist mit seinem vereint und in unserem Körper Wohnung genommen.

Heiligkeit bedeutet, Gott selbst zu beherbergen. Diese Wahrheit ist der endgültige Schlüssel zur Frage unseres Selbstwerts. Tatsächlich bin ich der Ansicht, dass das weit verbreitete Streben nach Stärkung des Selbstwertgefühls eigentlich ein verfälschtes Bemühen ist, unsere Heiligkeit zu ergreifen, die das Geheimnis der Entwicklung eines gesunden Selbstbildes ist.

Denken Sie an die höchsten Ehrungen, die wir in unserer Kultur Menschen verleihen – den Nobelpreis, die Aufnahme in die Ruhmeshalle, eine Ehrung durch das *Kennedy Center*, einen *Academy Award* – man könnte die Liste fortsetzen.

Keine dieser Auszeichnungen lässt sich auch nur annähernd damit vergleichen, vom höchsten, alles verzehrenden, äußerst faszinierenden, absolut herrlichen Schöpfer des ganzen Universums als heilig bezeichnet zu werden! Welche größere Quelle des Selbstwerts könnten wir finden? Wir, die wir unablässig darum ringen, eine heilige Lebensweise zu erreichen, können in der Liebe und Weisheit eines Gottes ruhen, der in uns das wirken wird, wozu er uns berufen hat. Denn wenn er uns heilig nennt, wird er, der den Ausgang von Anfang an kennt, das Werk vollenden. Es ist tatsächlich so, dass „wir werden, was wir sein müssen"!

Ich denke, Gott möchte unser Verständnis von Heiligkeit so verwandeln, dass wir, wenn wir das Wort heilig hören, nicht zuerst an unerfüllbare Maßstäbe oder erhöhte Leistungen denken, sondern an Schönheit, Bedeutung und Freiheit.

GEBET
Alle Ehre sei Dir, Vater Gott,
der Du mir eine so hohe Berufung gegeben hast.
Du hast mich von der Anstrengung befreit, „jemand" sein zu
müssen und hast mir die höchstmögliche Bedeutung gegeben;
Du hast mich erwählt, um durch mich Deine Größe zu zeigen.
Heile mich von meiner Kurzsichtigkeit, denn allzu leicht sehe
ich mich mit den Augen der Welt als gering und unbedeutend.
Befreie mich von einem weltlichen Denken, das mich
erbarmungslos antreibt, meine Bedeutung durch
meine Leistungen zu bestätigen. Hilf mir stattdessen,
mich ständig zu freuen, indem Du mir die wahre Bestimmung
meiner Erwählung bewusst machst:
Dich in meiner Welt DICH sein zu lassen.

Fragen zum Nachdenken:

1. Haben Sie je daran gedacht, dass Sie vor Gott „heilig" sind? Warum oder warum nicht?
2. Was ist die wahre Quelle Ihrer Heiligkeit?
3. Was hat Heiligkeit mit unserer Lebensweise zu tun?
4. Wie sollte sich unsere Stellung der Heiligkeit vor Gott auf unsere Vorstellung von unserer Beziehung zu ihm auswirken?

KAPITEL 20

Der unsere Lasten trägt

Nehmt auf euch mein Joch und lernet von mir;
denn ich bin sanftmütig und von Herzen demütig;
so werdet ihr Ruhe finden für eure Seelen;
denn mein Joch ist sanft und meine Last ist leicht!
MATTHÄUS 11,29-30

Meine Frau Nancy und ich waren noch recht jung, als wir heirateten, aber wir fanden, wir seien absolut reif für eine Ehe. Ein paar Jahre des Ehelebens änderten diese Wahrnehmung dramatisch.

Unser erstes Jahr war großartig – es schien, als könne einfach gar nichts schief gehen, ob sie nun die Zahnpastatube von der Mitte oder vom Ende her ausdrückte. Aber in der Mitte des zweiten Ehejahres machten sich bei uns beiden kleine Persönlichkeitsmacken bemerkbar. Je vertrauter wir miteinander wurden, desto schneller ließ unsere Vorsicht nach und umso deutlicher trat unser „wahres Ich" zum Vorschein.

In dieser Phase entdeckte ich eine bestimmte Seite in Nancys Persönlichkeit, die nicht so angenehm war. Ja, sie ging mir auf die Nerven, wie das unerträgliche Quietschen von Fingernägeln auf einer Tafel. Natürlich erkenne ich heute im Rückblick, wie unbedeutend es war, aber damals in der Hitze der Jugend schien diese Sache gravierend. Und wie jeder „gute" Ehemann machte ich es mir zu eigen, Nancy regelmäßig zu erinnern, dass sie sich ändern musste, wenn wir als Ehepaar in besonderer Weise von Gott gebraucht werden wollten. Und ich begnügte mich nicht mit diesen kontinuierlichen Hinweisen, sondern betete auch treu in dieser Angelegenheit. Wie überaus geistlich ich doch war!

So ging es einige Monate, bis meine Irritation so groß wurde, dass ich eines Abends im Wohnzimmer unseres kleinen Stadthauses, das wir damals hatten, aufgebracht hin- und herlief. Da ging ich nun auf und ab und flehte zu Gott. Betete ich um das Seelenheil von Männern und Frauen? Flehte ich um eine geistliche Erweckung in der Gemeinde? Brannte in mir ein missionarischer Eifer für die Nationen? Nein – ich bat Gott inständig, meine Frau zu verändern.

Nun, die Lautstärke meiner Gebete hatte Nancy offenbar geweckt, nachdem sie schon vor längerer Zeit zu Bett gegangen war. Sie trat oben an die Treppe, sah mich unten hin- und herlaufen, offensichtlich über irgendetwas aufgebracht, und fragte ganz unschuldig: „Schatz, was ist los?"

Genau in diesem Moment geschah etwas, was einem kleineren Vulkanausbruch ähnelte. „Ich werde dir sagen, was los ist!", fuhr ich sie an. „Du musst dich ändern!" Ich kochte vor Wut und tobte und schäumte vor Frustration, ich legte ihr haargenau dar, wo und wie und wie rasch sie sich zu ändern hatte, wenn wir überhaupt noch irgendein Maß an geistlichem Segen behalten wollten. In den folgenden Augenblicken wurde es so schlimm, dass ich sogar noch Gott ins Spiel brachte und Nancy erklärte, wie sehr es dem Herrn missfallen musste und wie sie seinen Segen verlieren würde, wenn sie sich nicht augenblicklich änderte. Nancy war verständlicherweise überaus schockiert und verletzt. Aber sie sagte nichts und ging schweigend wieder ins Bett.

Vermutlich reagieren die Leserinnen unter Ihnen jetzt auf eine von zwei Arten: Entweder Sie sind überzeugt, dass ich ein Trottel bin, oder Sie empfinden eine freudige Genugtuung, dass Sie nicht jemanden wie mich geheiratet haben.

Nun, ich sollte jedenfalls schon bald an diese Erfahrung zurückdenken und merken, was für ein Trottel ich war.

Es dauerte ein paar Monate, aber Gott arrangierte eine Reihe von Umständen, die mich an diese Angelegenheit erinnerten, und fragte mich: „Was ist deine Verantwortung gegenüber deiner Frau?"

„Nun", antwortete ich, „mein Bestes dafür zu tun, sie so zu verändern, dass sie eine Frau Gottes wird."

Und Gott, in der großen Liebe seines Vaterherzens, sagte auf seine besondere Art, mit der er unser Herz durchdringt, ohne unsere Würde zu verletzen: „Nein, das ist nicht deine Verantwortung. Deine Verantwortung ist, sie zu lieben und die Veränderung mir zu überlassen."

Meine erste Reaktion war nicht so sehr die Realisierung welch ein Mistkerl ich gewesen war, sondern eine tiefe Erleichterung.

„Du meinst, es ist nicht meine Verantwortung, sie zu ändern?", hakte ich nach.

„Nein", wiederholte der Vater. „Deine Verantwortung ist einfach, sie zu lieben und anzunehmen und so eine Umgebung zu schaffen, in der ich die Veränderung bewirken kann."

Plötzlich war ich ein freier Mann!

Wenn ich heute an diese ganze Episode zurückdenke, erkenne ich nicht nur, wie absolut unbedeutend Nancys kleine Marotte war, sondern wie viele weitaus ernstere Fehler noch in mir selbst schlummerten. Wenn sich jemand ändern musste, dann war ich derjenige. So sehr mein kindisches Verhalten mich auch beschämte, begriff ich durch diese Erfahrung eine wichtige Wahrheit über das Leben unter der Herrschaft Jesu.

Damals im Garten Eden wurde die Morgensonne von den Klängen ausgelassener Freude begrüßt und eine beständige Heiterkeit umhüllte die Dämmerung. Es war ein Leben unter Gottes Autorität - ein Leben unerschütterlichen Friedens, in dem der Zukunft verboten war, die Freuden der Gegenwart zu rauben, und in dem niemand zweifeln musste, wer er war oder warum er existierte. Dieses Leben war von solcher Geborgenheit, dass kein Gedanke an Selbsterhaltung verschwendet wurde und niemand nach wahrem Glück jagen musste, denn das war in Gott selbst. Es war ein Leben, in dem ein Mensch die in einer anderen Person verborgenen Schätze entdecken konnte, weil er sich selbst ja auch kannte. Es war ein in Gottes Fürsorge und Versorgung verwurzeltes Leben, in dem sich die Menschen in Gottes grenzenloser Liebe sicher waren.

Und es war grenzenlose Liebe, welche die Strukturen prägte, durch die Gott seine Autorität ausübte. Natürlich wurde Gott, da er Gott ist, nicht durch irgendeine andere Macht bedroht; kein Thronräuber würde oder konnte je seinen Thron beanspruchen, am allerwenigsten Satan und seine Lakaien. Gott weiß alles.

Nichts wird ihn je unvorbereitet treffen. Völlig unangetastet in seiner Macht war er deshalb frei, die Menschheit durch Liebe zu beeinflussen. Er musste nicht auf Machtdemonstrationen zurückgreifen, um seine Autorität zu bestätigen oder Menschen zu unterwerfen. Sein Wissen ist unendlich und seine Macht unübertroffen, und seine Liebe verbindet seine Macht und Erkenntnis mit makelloser Weisheit.

Natürlich waren Adam und Eva nicht unbegrenzt, sondern endlich. Sie kannten den Ausgang nicht schon von Anfang an und waren folglich nicht dazu geschaffen, Autorität zu haben. Doch plötzlich eigneten sie sich die Rolle an, sich selbst zu versorgen, ihre Zukunft zu sichern und sich selbst um sich zu kümmern. Ohne zu erkennen, was ihr Handeln bedeutete, hatten sie eine Autorität an sich gerissen, mit der sie nicht umgehen konnten, und wurden so gezwungen, Verantwortungen zu übernehmen, für die sie nicht geschaffen worden waren. Das Problem war, dass sie das Ende nicht von Anfang an kannten und sich daher vor etwas schützen mussten, das sie eben nicht kannten. Da sie zu dem Schluss gekommen waren, Gott nicht vertrauen zu können, verloren sie ihren Anker in der Welt. Sie hatten niemanden mehr, auf den sie vertrauen konnten, außer auf sich selbst – und sie waren haltlos, unwissend und sehr unsicher. Erkenntnis von Gut und Böse besaßen sie in Hülle und Fülle, aber zu dem schrecklichen Preis der Trennung von dem Gott, der die Zukunft in Händen hält. Nun waren sie auf sich gestellt.

Um sich zu schützen, entwickelten sie verschiedene Mittel der Selbsterhaltung, die heute als *Rechte* verstanden werden. Ein Beispiel: Wenn zwei Personen sich unterhalten, können sie nicht Gedanken lesen und wissen daher nicht, was ihr Gegenüber denkt. Je nach der Tiefe ihrer Beziehung wägen sie ihre Worte ab, halten sich zurück und offenbaren nur gerade genug, um Einfühlungsvermögen zu zeigen, aber nicht so viel, dass ihre eigene Sicherheit gefährdet wäre. Solche Verhaltensweisen sind unverzichtbare Verteidigungsmechanismen in einer selbstsüchtigen Welt. Mit der Zeit werden solche Verteidigungsstrategien zu Rechten, durch die wir unsere Sicherheit zu garantieren versuchen:

- das Recht auf Privatsphäre;
- das Recht auf Glück;

- das Recht, verstanden zu werden;
- das Recht auf Erfolg;
- das Recht auf Wiedergutmachung, wenn man zum Opfer von Ungerechtigkeit geworden ist.

Seit dem Garten Eden haben Menschen stets versucht, ihre Rechte durch ein verbissenes Tauziehen der Selbstsucht zu sichern, und dieses Tauziehen zerfranst unablässig das Gewebe der Beziehungen, nach denen wir uns eigentlich sehnen. Wir wünschen uns echte Beziehungen, fordern aber unsere Rechte, sodass wir zwischen unseren Bedürfnissen und unseren Ängsten zerrieben werden. Doch der eigentliche Grund, warum wir uns gezwungen fühlen, unsere Rechte durchzusetzen, ist die Tatsache, dass wir eine falsche Art der Verantwortung an uns gerissen haben.

Wenn wir unser Leben Christus geben und unter seine Herrschaft kommen, bedeutet dies, dass wir zum Garten zurückkehren. Wir sind nicht länger für unser eigenes Leben verantwortlich; stattdessen haben wir die Freude, es Gott zurückzugeben.

Bevor wir jetzt voreilig unsere Schuhe abstreifen, um eine Art spiritualisiertes Künstlerdasein zu führen, sollten wir diese Bedeutung näher betrachten. Das Wort *Verantwortung* wird meist in unserer Kultur einfach als anderer Begriff für Kontrolle verstanden. Im Namen der Verantwortung übernehmen wir auf unangemessene Weise die *Kontrolle* über unsere Familien, unsere Finanzen und unsere Zukunft. Die Bibel gibt uns ein Wort, das die beste Seite der Verantwortung – Eifer, Vorzüglichkeit, Treue – in ihrem eigentlichen Kern einfängt, nämlich das Wort *Verwaltung*. Wir sind Gottes „Butler und Dienstmädchen", versehen den Haushalt, ohne irgendetwas darin zu besitzen. Wenn ein Erdbeben kommt und das kostbare Porzellan auf dem polierten Marmorboden zu Bruch geht, ist das nicht unsere Verantwortung.

Ich kann immer feststellen, wann ich Verantwortungen auf mich genommen habe, die unangemessen sind. Da gibt es verräterische Anzeichen wie Angst, Sorge und Unruhe. Diese inneren Regungen zeigen mir, dass ich eine Verantwortung übernommen habe, die mir nicht zukommt. Eltern können, durchaus in guter Absicht, eine falsche Verantwortung für ihre Kinder übernehmen. Wir sehen es als unsere Verantwortung an, dafür zu sorgen, dass unsere Kinder sich akzeptabel entwickeln. In Wirklichkeit haben

Eltern nur eine Verantwortung: der Bibel zu gehorchen und sie auf ihre Kinder anzuwenden, die Veränderung aber Gott zu überlassen.

Gott hat uns weniger zur Ver*antwort*ung berufen, als zum „Antworten": Eine einzige Sache ist nötig, nämlich Gehorsam. Ja, es gibt genug Bibeltexte zu befolgen, sodass wir, wenn wir einfach gehorchen, von außen her betrachtet, als sehr verantwortlich erscheinen mögen. Die eigentliche Frage entscheidet sich allerdings im Inneren – die Freiheit, die wir entdecken, wenn wir unser Leben vollständig der Fürsorge Gottes anvertraut haben. Und die Selbsthingabe an Gott ist keine Last. Jesus verspricht, dass wir an diesem Punkt – wenn wir sein Joch auf uns nehmen –, feststellen werden, dass die Bürde leicht ist.

Unsere Verantwortung besteht nicht darin, unsere Ehepartner, unsere Kinder, unsere Gemeinde, auch nicht die Gesellschaft zu verändern. Wir sollen einfach gehorchen und den Rest Gottes Fürsorge überlassen. Das Wunder ist, dass auf diese Art und Weise mehr verändert werden wird als durch lebenslange eigene Anstrengungen.

GEBET

*Herr Gott, ich preise Dich, dass Du mich davon befreit hast,
ungeheure Verantwortungen in meinem Leben zu übernehmen.
Ich merke, wie ich ständig darum ringe, die Dinge Dir
zu überlassen, und sie dann doch wieder an mich nehme.
Aber ich preise Dich, dass Du mich an einen Punkt
der Freiheit bringst, an dem die Verantwortung für
alle Aspekte meines Lebens bei Dir liegt, nicht bei mir.
Stück für Stück gebe ich jetzt jede Facette meines Lebens
an Dich ab und überlasse sie Deiner weisen Fürsorge.
Sei Du Herr über alles, damit Du durch mich gepriesen wirst.*

Fragen zum Nachdenken:

1. Neigen Sie dazu, an Ihren Lasten festzuhalten? Warum?
2. Was hält Menschen davon ab, Gott ihre Lasten tragen zu lassen?
3. Warum neigen Menschen dazu, so verbissen um ihre Rechte
   zu kämpfen?
4. Wie geben wir unsere Lasten Gott ab und *lassen sie in seinen
   Händen?*

KAPITEL 21

Wenn Gott schweigt

Wer unter euch fürchtet den Herrn ...?
Wenn er im Finstern wandelt und ihm kein Licht scheint,
so vertraue er auf den Namen des Herrn ...
JESAJA 50,10

Der Nobelpreisträger und angesehene jüdische Autor Isaac Bashevis Singer sagte einmal: „Der Allmächtige verspricht dauernd etwas und dann hält er sein Wort nicht."

Wer von uns hat nicht schon Zeiten gehabt, in denen er mit dem Finger auf Gott zeigen und sagen wollte: „Das ist unfair!"

Der Weg zu einer tieferen Gemeinschaft mit Gott ist nicht immer ein angenehmer Spaziergang durch einen lieblichen Garten. Manchmal gleicht dieser Weg eher einer Achterbahnfahrt, bei der wir plötzlich mit rasender Geschwindigkeit und einem Winkel von 90 Grad in einen tiefen Abgrund der Verzweiflung tauchen. Was in einem Vergnügungspark als aufregender Nervenkitzel erscheinen mag, kann auf der geistigen Ebene verheerende Folgen haben, wenn man von Gott dringend eine Antwort braucht und keine findet.

Das haben wir alle schon erlebt: Wir ringen mit schwierigen Umständen und suchen bei Gott eine Antwort, nicht durch beiläufiges Fragen, sondern durch flehentliche Bitten um Wegweisung, um Versorgung in Zeiten des Mangels, um Erkenntnis bei kritischen Entscheidungen, um Einsicht in einer ausweglos erscheinenden Situation oder um Weisheit, wenn wir vor unlösbaren Konflikten stehen.

Wir bitten Gott inständig um eine Antwort: „Oh, Gott, gib mir

in dieser Situation ein Ja oder ein Nein." Wenn wir nichts empfangen, gewähren wir Gott großmütig ein wenig mehr Spielraum
und sagen: „Weißt du, Gott, eigentlich brauche ich nicht einmal
ein Ja oder ein Nein – es genügt mir schon, wenn ich dich sagen
höre, dass ich warten soll." Wenn wir jedoch nicht einmal das
hören, begegnen wir Gott noch großzügiger und sagen: „Ich brauche nicht einmal deine Stimme zu hören – lass mich nur wissen,
dass du da bist – irgendwie."

Wieder nichts.

An diesem Punkt werden wir wütend auf Gott.

Einige von uns reagieren positiver und berufen sich auf biblische Verheißungen, dass Gott schließlich für uns ist und nicht
immer schweigen und er uns befreien wird. Dies sind Glaubens-
übungen, eine notwendige Disziplin, um geistliche Substanz zu
entwickeln. Doch wenn wir nicht aufpassen, kann uns der Grund
für Gottes Schweigen entgehen, indem wir uns ständig auf Bibel-
stellen berufen, aber seine Absichten nicht verstehen.

Es besteht ein feiner Grat zwischen Glaube und Wunschvorstellung. Der Glaube preist den Gott, der befreit und hat keine
Angst, sein Schweigen zu hinterfragen. Die Wunschvorstellung
benutzt seine Verheißungen als Puffer gegen die Realität, indem
sie sein Wort zitiert, aber sein Handeln ignoriert.

In Gottes Schweigen gibt es Zeiten, in denen er uns lehrt,
direkt auf den Berg unserer Unmöglichkeiten zuzugehen. Was
sagte er zu dem Berg, mit dem Serubbabel konfrontiert war?
„Vor Serubbabel sollst du zur Ebene werden" (Sacharja 4,7). Serubbabel sollte den Berg weder umgehen, noch einen Tunnel hin-
durchgraben, nicht einmal seinen Gipfel erklimmen oder auf Flü-
geln des Lobpreises über ihn hinwegsegeln: Er sollte auf den Berg
zugehen – auf direktem Weg, und zwar in dem beständigen Vertrauen, dass das Unüberwindliche vor seinem Gehorsam weichen
würde.

Manchmal sollen wir nach Weisheit suchen, wenn wir vor ei-
nem Berg stehen. Umgehen wir ihn? Rühren wir uns nicht vom
Fleck? Manchmal sollen wir nach Kraft suchen. Können wir seine
Höhe durch ein Wunder erklimmen und den Berg überwinden?
Aber manchmal wird uns weder Weisheit noch Kraft gegeben –
nur eine Wiederholung seines Gebots, weiterzugehen – direkt auf

die Sache zu. Und ob man mit dem Rücken zum Roten Meer steht oder einen mitternächtlichen Abgabetermin vor Augen hat: Wenn Gott gesagt hat, Sie sollen gehen, dann gehen Sie direkt auf das zu, was unmöglich scheint. Wie sonst könnten Sie beweisen, dass denen, die glauben, alle Dinge möglich sind? Das Schweigen Gottes lehrt uns, auf unsere Berge zuzugehen.

Aber es gibt noch einen anderen, elementareren Grund für Gottes Schweigen. Es kann die aufschlussreichste Begegnung sein, die wir mit ihm je haben können, denn es deckt manches auf. Es entlarvt, wie geteilt unsere Herzen sind. Denn wenn wir den Herrn um einer Antwort willen suchen und keine finden, neigen wir dazu, unruhig zu werden. Wir machen uns Sorgen.

Schweigen scheint Sorge auszulösen. Aber gerade in dieser Sorge liegt die Antwort. Warum? Weil sie die zugrunde liegenden Fragen, Beweggründe und Ängste aufdeckt, die geistlichen Tod in uns wirken.

Denken Sie einen Augenblick darüber nach, wie Sie auf Gottes Schweigen reagieren würden. Sie haben Gott im Gebet gesucht, um eine Antwort wegen einer bestimmten Zwangslage zu bekommen. Keine Antwort. Werden Sie, statt im Frieden weiter zu gehen, allmählich unruhig? Etwas macht Sie besorgt – doch weshalb? Spüren Sie den Sorgen nach, bis Sie auf die Wurzeln stoßen – gerade Ihr Ringen wird Ihnen die Antwort offenbaren. Das ist einer der Gründe für Gottes Schweigen. Sie haben zum Beispiel beschlossen, dieses Auto zu kaufen oder mit jener Firma eine Fusion einzugehen, und nun geraten Sie finanziell unter Druck. Sie bitten Gott um Frieden, finden aber nur Sorge. Doch gerade Gottes Schweigen identifiziert Ihre Antwort, die in der Sorge selbst zu finden ist.

Stellen Sie sich folgende Fragen: Haben Sie zuerst nach einem Ratschlag geforscht, der auf biblischen Grundsätzen beruht? Hat der Herr Ihnen einen inneren Frieden in Bezug auf diese Entscheidung gegeben? Wenn nicht, sind Sie vielleicht anmaßend gewesen. Scheuen Sie sich vor den Folgen eines finanziellen Desasters für Ihr Ansehen? Dann sind Sie zu sehr um Ihr Ansehen besorgt, was die Bibel als „Menschenfurcht" bezeichnet. Haben Sie einfach Angst vor finanziellem Druck? Dann beruht Ihre Sicherheit auf materiellen Dingen und nicht auf Gott.

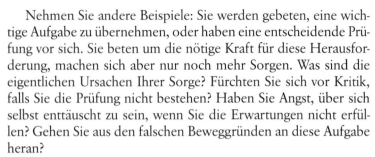

Nehmen Sie andere Beispiele: Sie werden gebeten, eine wichtige Aufgabe zu übernehmen, oder haben eine entscheidende Prüfung vor sich. Sie beten um die nötige Kraft für diese Herausforderung, machen sich aber nur noch mehr Sorgen. Was sind die eigentlichen Ursachen Ihrer Sorge? Fürchten Sie sich vor Kritik, falls Sie die Prüfung nicht bestehen? Haben Sie Angst, über sich selbst enttäuscht zu sein, wenn Sie die Erwartungen nicht erfüllen? Gehen Sie aus den falschen Beweggründen an diese Aufgabe heran?

Wie schon gesagt, ist Gottes Widerstreben, uns rasche Antworten zu geben, oft die wichtigste Antwort, die wir bekommen können, wenn sie in der Tat einige Ursachen in uns aufdeckt, die eine ständige Quelle geistlicher Beeinträchtigung sein würden.

Warum sollte Gott Ihnen eine Antwort geben wollen, wenn er Ihr Leben retten möchte? Warum sollte er Sie nur versorgen, wenn er die Wurzeln des Todes in Ihnen aufdecken will? Und warum liegen Sie Gott um Lösungen für Ihr Problem in den Ohren, wenn er versucht, in Ihnen Lösungen wachsen zu lassen, die ein ganzes Leben anhalten werden?

Wenn ich um mein Ansehen besorgt bin; wenn ich mir Sorgen mache, dass meine Ziele sich nicht verwirklichen werden; wenn ich Kritik oder Enttäuschungen fürchte – was sagt das über meine alleinige Ausrichtung auf Gott aus? Wird hier nicht in Wirklichkeit mein geteiltes Herz aufgedeckt? Es ist Gottes Liebe, die Ihnen keine Antwort gibt, weil er die Gifte in Ihrem Leben an die Oberfläche kommen lässt. So wie ein Fieber zeigt, dass Ihr Körper gegen eine Infektion kämpft, so macht Ihr Ringen deutlich, dass Sie gegen eine geistliche Krankheit kämpfen.

Helmut Thielicke diente während des Zweiten Weltkrieges als Pastor in Deutschland. Wie Dietrich Bonhoeffer war auch Thielicke ein sehr helles Licht in einer außerordentlich düsteren Zeit. Er wusste etwas vom Schweigen Gottes, wie die meisten von uns es wahrscheinlich nie kennen werden. Als er über Gottes Schweigen sprach, sagte er einmal:

> Hinter dieser Stummheit werden die höheren Gedanken gedacht, wird Stein um Stein in Gottes Weltplan und unseren Lebensplan gefügt, auch wenn wir nur ein wirres und

sinnloses Durcheinander von Steinen und Schicksalsbrocken sehen, das unter einem schweigenden Himmel zusammengewürfelt wird. Wie viele „sinnlose" Schicksalsschläge brechen hernieder: da wird gelebt, gelitten, Unrecht gelitten, gestorben, massakriert, anonym vernichtet – und das alles unter einem schweigenden Himmel, der nichts dazu sagt. Das größte Schweigen Gottes ist das Kreuz gewesen … Aber nun hört das große Geheimnis dieses Schweigens: Gerade diese Stunde, wo der Vorhang im Tempel zerriß und Gottes Herz mit allen seinen Wundern vor uns aufgetan wurde. Indem er schwieg, hat Gott mitgelitten; indem er schwieg, ist er die Bruderschaft des Todes und der Tiefe mit uns eingegangen und hat er um alles gewußt (während wir meinten: er ahnt von nichts oder ist gar tot) und hat er hinter dunklen Kulissen das Werk seiner Liebe getan: Von dieser Golgathanacht des Schweigens leben wir ja alle. Was wären wir ohne das Kreuz?[10]

Thielicke kam zu der Erkenntnis, dass gerade während des Schweigens Gottes das Werk der Liebe seinen höchsten Ausdruck fand. Ich gehe davon aus, dass in Zeiten, in denen wir mit Gottes Schweigen konfrontiert werden, seine Liebe ihr Werk in uns tut. Wenn wir das begreifen, können wir wirklich in der Kraft dieser Golgatha-Nacht des Schweigens leben.

GEBET

Herr, wieder bete ich darum, dass ich lerne,
die Dinge aus Deiner göttlichen Sicht zu betrachten.
Zeiten, in denen ich auf Dein Schweigen stoße, sind vielleicht
die schwierigsten. Ich weiß, dass Du mich verstehst,
aber ich bin froh, dass Du nicht jedes Mal antwortest,
wenn ich Dich um etwas bitte. Gib mir die Gnade,
Dein Schweigen auf meine Fragen als einen weiteren
Ausdruck Deiner unerschöpflichen Liebe anzunehmen.

Fragen zum Nachdenken:

1. Warum empfinden wir das Schweigen derer, die wir lieben, als so beunruhigend?
2. Können Sie sich an Zeiten in Ihrem Leben erinnern, in denen Gott schwieg?
3. Wie reagieren Sie, wenn Sie um Antworten beten, aber nicht sofort eine Antwort bekommen?
4. Was können wir aus den Zeiten lernen, in denen Gott schweigt?

KAPITEL 22

Gott: unsere tiefe Erfüllung

Ich habe gelernt, mit der Lage zufrieden zu sein,
in welcher ich mich befinde.
PHILIPPER 4,11

Es sind die Zeiten der Unzufriedenheit, in denen wir entdecken, was uns wirklich beherrscht. Das sind die Zeiten, in denen wir ernsthaft nach einer göttlichen Versorgung suchen. Wenn unsere Zufriedenheit auf den Dingen beruht, die Gott uns gibt, lassen wir uns dann nicht von unseren Bedürfnissen leiten? Vielleicht gehen wir auch etwas reifer mit unseren Problemen um und suchen nur nach Erkenntnis. Aber auch hier müssen wir uns fragen: Wenn wir nur zufrieden sind, nachdem wir Antworten erhalten haben, lassen wir uns dann nicht von dem Wunsch nach Erkenntnis bestimmen? Und falls wir einen Schritt weiter gehen und Gott bitten, uns in unserer Not seine Gegenwart spüren zu lassen, weil wir meinen, wir könnten nur zufrieden sein, wenn wir wissen, dass er da ist, machen wir uns dann nicht von unseren Gefühlen abhängig?

Wenn unser Friede auf solchen Dingen basiert, können wir daran erkennen, dass unsere Hingabe an Gott nur auf dem beruht, was er für uns tut und was er uns gibt. Aber dann kommt ein Punkt, an dem wir nur noch ringen, uns hierhin und dorthin wenden, Antworten wollen und Hilfe brauchen, aber nur auf Schweigen stoßen. Warum? Damit wir, wenn wir endlich aufgehört haben zu jammern, in seinen Frieden hineinkommen.

Das ist die Herrschaft, die Gott uns verstehen lassen möchte. Jenseits seiner Versorgung, jenseits seiner Salbung auf unserem

Leben, jenseits seiner Wegweisung, jenseits der Erkenntnis, sogar jenseits des Empfindens seiner Gegenwart gibt es Frieden – die ZuFRIEDENheit, die wir erfahren, wenn wir auch dann auf Gott vertrauen, wenn wir seine Nähe nicht spüren.

Zufriedenheit aufgrund dieser anderen Dinge deutet auf eine Hingabe an Gott, die von dem abhängig ist, was er tut; Frieden dagegen zeigt, dass wir uns Gott um seiner selbst willen hingegeben haben.

Der innere Frieden kann nicht wachsen, solange wir nur dann zufrieden sein können, wenn wir Antworten erhalten. Wir werden in diesem Fall von Erkenntnis beherrscht, nicht von Frieden. Die Herrschaft der Erkenntnis ist bestenfalls instabil, weil es Zeiten in unserem Leben geben wird, in denen wir einfach keine Antworten auf unser „Warum" erhalten werden. Wieder ist das Schweigen selbst die Antwort; das Ringen selbst ist der Punkt der Offenbarung. Die Herrschaft des Friedens beginnt, wenn wir nicht länger Antworten wollen, sondern nur Gott selbst wollen. In den Zeiten, in denen Gott schweigt, brechen wir entweder zum Frieden durch oder wir ergeben uns der Bitterkeit.

Werden Sie nie zornig über das Schweigen. Wie Frederick Buechner erklärte, greift Gott manchmal deshalb nicht ein, weil sein ständiges Eingreifen unsere Integrität schwächen würde – wie Eltern, die ständig über ihre Kinder bestimmen, selbst wenn sie schon erwachsen geworden sind. Die Tatsache, dass Gott nicht immer eingreift, sagt Buechner, offenbart seine „leidenschaftliche Zurückhaltung". Manchmal liegt die Lösung, wie wir gesehen haben, im Schweigen selbst. Man sagt oft: „Der Weg ist das Ziel", was bedeutet, dass der Charakter, der im Prozess des Wachsens geformt wird, in sich selbst das wichtigste Ziel ist.

In derselben Weise kann Schweigen eine Antwort sein. Es ist die beklemmende Dunkelheit Gottes, wie Abraham sie kannte, die aber nur einen Schritt vom tiefen Bund seiner ewigen Freundschaft entfernt ist – eine Dunkelheit so groß und eine Freundschaft so dauerhaft, dass Sie darin für immer freudig bereit werden, Ihren eigenen Sohn in der Zuversicht zu opfern, dass er selbst aus den Klauen des Todes erweckt werden wird.

Es ist ein Haftaufschub, wie Joseph ihn durchlitt, der Sie bis an den Punkt völliger Abhängigkeit zerbricht.

Es ist die judäische Wüste, wie Jesus sie erlebte, in der Ihr einziges Mittel gegen den Versucher derjenige Teil der Bibel ist, an den Sie sich erinnern.

Es ist Ihr Gethsemane, wo Ihr Ruf „Lass diesen Kelch an mir vorübergehen" auf das göttliche Schweigen stößt und Sie sich ergeben: „Doch nicht mein Wille geschehe, sondern deiner."

Es ist ein Tod, der Sie zum wahren Leben befreit und Sie fragen lässt, wie Sie so blind sein konnten, sich mit vergänglichen und trivialen Dingen zu beschäftigen.

Es ist eine Entwöhnung von falschen Sicherheiten, bis die Gemeinschaft mit Gott so natürlich und erstrebenswert ist wie das köstlichste Festmahl, das Sie je genossen haben, oder der herrlichste Urlaub, den Sie je erlebt haben.

Es ist der Punkt, an dem Sie schließlich lernen, was Henoch wusste: Das Leben ist ein Wandel mit Gott; nichts anderes zählt.

Es ist der Moment, wenn Furcht für Sie ein Fremder und Stolz ein Feind wird. Erst wenn Sie auf Zehenspitzen über einen gefährlich schmalen Grat gehen – unmögliche Umstände auf der einen Seite und manchmal das Schweigen Gottes auf der anderen –, lernen Sie Weisheit, genießen Sie das Wunder des göttlichen Friedens und sind endlich fähig, an einem Tisch zu schmausen, der im Angesicht von Feinden für Sie bereitet wurde.

Also: Gehen Sie auf Ihren Berg zu.

Freuen Sie sich über Ihre Herausforderungen, denn sie entlarven Ihr geteiltes Herz, bis der Friede regiert und Sie so bereit sind, jedes Kreuz aufzunehmen und aus jedem Grab aufzuerstehen.

Gᴇʙᴇᴛ

Vater, ich merke, wie ich ernsthaft antworte:
Führe mich zu einer tieferen Erkenntnis Deiner Wege.
Denn Dich zu kennen heißt zu wissen, wie Du wirkst.
Es bedeutet zu wissen, wie Du mich führst.
Es bedeutet, mich mehr auf Deine heiligen Prinzipien
einzulassen, durch die Du mich letztlich leitest.
Deshalb hilf mir, wenn sich Unzufriedenheit einstellt,
meine Situation anzunehmen und zu sehen, wie Du darin
wirkst,
sodass ich die Freude erfahre, durch Dich
von Herrlichkeit zu Herrlichkeit geführt zu werden.

Fragen zum Nachdenken:

1. Sind Sie normalerweise ein zufriedener Mensch? Wenn nicht, in welchen Bereichen Ihres Lebens sind Sie unzufrieden?
2. Ist es Ihnen möglich, auch in schwierigen Zeiten zufrieden zu sein?
3. Sind Sie auch dann zufrieden, wenn Gott weit entfernt zu sein scheint? Warum oder warum nicht?
4. Wie bewahren wir auch in schwierigen Zeiten unsere Zufriedenheit in Gott?

KAPITEL 23

Der unsere Schmerzen getragen hat

... wie er uns in ihm auserwählt hat ...
damit wir heilig und tadellos wären vor ihm.
EPHESER 1,4

Ich traf einmal eine junge Frau, die mir von einer verheerenden Kindheitserfahrung berichtete. Sie war ein quirliges, aber keineswegs ungezogenes Kind gewesen. Doch aus irgendeinem Grund beschlossen ihre Grundschullehrer, an ihr ein Exempel zu statuieren, indem sie sie vor die versammelte vierte Klasse der Grundschule stellten und den übrigen Schülern sagten: „Seid nie wie dieses Mädchen." Von diesem Punkt an, erzählte sie mir, war ihre Lernfähigkeit eingeschränkt. Ihr Selbstwertgefühl war zerstört; sie verschloss sich und entwickelte eine mürrische, teilnahmslose Einstellung zum Lernen und eine Gleichgültigkeit gegenüber dem Leben. Erst als sie gegen Ende ihrer Teenagerzeit Christus fand, konnte sie einen Prozess der Heilung ihrer Erinnerungen beginnen.

Wir alle haben solche Geschichten gehört; ja, auf die eine oder andere Weise haben wir solche Erfahrungen selbst gemacht. Aber ich möchte uns alle herausfordern, dass wir diese Erfahrungen nicht einfach als Wunden oder Erinnerungen betrachten, die geheilt werden müssen, sondern als Teil des „Bildteppichs", den Gott in unserem Leben webt.

Paulus sagt den Ephesern, dass Gott uns dazu auserwählt hat, heilig zu sein. Die meisten von uns mögen das Wort *heilig* nicht - es widerstrebt unserem grundsätzlichen Hang zum Egoismus und greift unser Selbstwertgefühl an, weil es andeutet, dass wir hinter dem zurückbleiben, was wir eigentlich sein sollten. Doch in Wirklichkeit ist die biblische Bedeutung von Heiligkeit soviel reichhaltiger, als wir meinen. Das Wort bezeichnet eine *Absonderung von* der Sünde und eine *Aussonderung für* Gott – aber es geht auch um eine innere Ganzheitlichkeit, in der wir mit Gott und mit uns selbst in Einklang stehen.

Ausgehend von dieser Bedeutung könnten wir den Vers so verstehen: *Gott hat uns dazu bestimmt, ganzheitlich gesund zu sein.* An welchem Punkt Sie auch stehen mögen und was immer Sie auch durchgemacht haben: Gottes größte Absicht für Sie ist, dass Sie genau da, wo Sie stehen, ganzheitlich leben können. Ganzheitlich gesund zu sein bedeutet in diesem Zusammenhang:

- die Fähigkeit zu haben, echt zu sein und keine Fassade aufsetzen zu müssen, um von anderen angenommen zu werden;
- bereit zu sein, sich an Menschen anzulehnen, ohne sich an andere anlehnen zu *müssen*;
- zu wissen, wer Sie sind;
- die Fähigkeit zu besitzen, Enttäuschungen mit Zuversicht zu bewältigen;
- Konflikte als Chancen zu betrachten, in Beziehungen Reife zu entwickeln, statt darin eine Bedrohung für Ihr Wohlergehen zu sehen.

Paulus liefert uns die beste Beschreibung eines ganzheitlichen Menschen als einer Person, die sich durch Liebe, Freude, Frieden, Geduld, Freundlichkeit, Güte, Treue, Sanftmut und Enthaltsamkeit auszeichnet (Galater 5,22). Tief in unserem Herzen möchten wir alle so sein.

Unsere Gesellschaft legt einen äußerst hohen Stellenwert darauf, welche Ziele wir anstreben und welche Leistungen wir erbringen. Diese Obsession wiederum hat das Denken vieler Christen geprägt, die nach Gottes Bestem trachten. Ich sehe, wie Scharen von Christen von der Sorge vereinnahmt werden, welche Bestimmung sie haben, was Gottes Wille für ihr Leben ist und wie sie einen wesentlichen Beitrag leisten können. Aber mir scheint, dass es Gott weniger um unsere Bestimmung geht, als darum, dass *er* unsere eigentliche Bestimmung ist.

Sie haben vielleicht das Ziel, ein großes Unternehmen aufzubauen, das Leben kleiner Kinder positiv zu beeinflussen, eine prägende Rolle in der Politik zu spielen oder prophetisch zum Leib Christi zu sprechen. Aber so wichtig es ist, unseren Platz zu finden, ist dies in einer Hinsicht keine große Sache. Unsere Vorherbestimmung ist soviel größer – das heißt, *wer wir sind* ist für Gott viel wichtiger als das, *was wir tun.*

Oft sind es gerade die Umstände der Entbehrung oder Ablehnung, die Gott benutzt, um Ihre Zukunft zu gestalten. Es ist nicht so, dass Gott Ihre Umstände wählt; er ist über Ihre Umstände *souverän.* Gott hat zugelassen, dass Sie diese Dinge ertragen mussten, und seine Souveränität wird sowohl die vergnüglichen als auch die schmerzlichen Erfahrungen Ihres Lebens steuern. Alle diese Dinge werden in Ihrem Leben zum Guten zusammenwirken (Römer 8,28).

Gott webt durch die Umstände jedes Lebens ein Gesamtbild und wartet darauf, dass jeder von uns mit diesem Gewebe in Kontakt kommt – das ist Erlösung. Selbst die Schrammen, Wunden und Enttäuschungen Ihrer Vergangenheit sind ein Schlüssel zum Verständnis dieses großen Bildteppichs, den er für Sie webt. Unsere Wunden und Enttäuschungen sind nicht einfach Erinnerungen, die Heilung brauchen; sie können wegweisende Marksteine sein, wenn wir es zulassen.

Menschen schreien zu Gott: „Warum, Gott, ist das passiert?" Und Gott sagt: „Schau, was ich zur Entfaltung bringe!" Die Tragödie vieler Menschen ist, dass sie dieses Webbild nicht erkennen oder, noch schlimmer, ablehnen.

Vielleicht sagen Sie: „Was ich durchgemacht habe, ist einfach nicht fair!" Tragischerweise widerfahren unschuldigen Menschen täglich unfaire und ungerechte Dinge. Ist es gerecht, wenn ein kleines Mädchen vergewaltigt wird? Ist es gerecht, wenn eine Mutter in einem sinnlosen Krieg ihren Sohn verliert? Wir schaudern vor dem Schrecken solcher Ungerechtigkeiten, aber es gibt eine noch größere Ungerechtigkeit.

Aus der Sicht unserer Zivilisation gilt die Hinrichtung eines Mannes, der als unschuldig bekannt ist, als eine der größten Ungerechtigkeiten. Warum? Anders als eine Vergewaltigung, die ein einzelner Mann zu verantworten hat, oder ein Krieg, der zum vermeintlichen Wohl einer Nation geführt wird, ist eine Hinrichtung die wohl überlegte Entscheidung einer Gesellschaft, ein Leben zu vernichten. Wenn eine Gesellschaft weiß, dass diese Person kein einziges Verbrechen begangen hat, und sie trotzdem hinrichtet, erachten wir das als extrem ungerecht.

Das Kreuz war die schlimmste Ungerechtigkeit, denn dort wurde der unschuldige Christus gekreuzigt. Die unmoralischste Tat, die dieser Planet je erlebt hat, war die Hinrichtung seines Schöpfers. *Aber Jesus erduldete die größte Ungerechtigkeit der Gesellschaft, um die Welt retten zu können.*

Haben Sie je daran gedacht, dass die Ungerechtigkeiten, die Sie erlitten haben, denselben Grund haben? Unsere Sache ist es, mitzuhelfen, dass andere Menschen gerettet werden, und damit ist nicht nur das Verteilen christlicher Traktate gemeint. Wir sollen anderen Menschen, die in ähnlichen Umständen leben wie wir, Ganzheitlichkeit demonstrieren.

„Sie meinen, Gott hat mich das durchmachen lassen, um anderen zu helfen?", fragen Sie. „Wie absurd!" Doch Gott bezeichnete uns als Pilger in einer fremden Welt, die ihren Sinn nicht aus großen Leistungen oder materieller Stabilität schöpfen, sondern aus unserer Freundschaft mit Gott – einer Freundschaft, die von guten oder schlechten Umständen unberührt bleibt. Als Pilger wurden Sie dazu vorherbestimmt, unabhängig von den jeweiligen Umständen in Ihrem Leben Ganzheitlichkeit zu manifestieren. So wie Jesus Ungerechtigkeit ertrug, um andere zu retten, so wurde auch Ihnen das Privileg gegeben, Ungerechtigkeit zu erleiden, um andere Menschen zu Jesus zu führen, indem Sie diese Ganzheitlichkeit zum Ausdruck bringen.

Gott erschuf uns dazu, echte Erfüllung zu finden, indem wir erleben, wie unser Schmerz anderen zur Befreiung dient. Oder anders ausgedrückt: Ihr Schmerz kann zur Verheißung eines anderen werden.

Ich sage nicht, dass Gott Ihren Schmerz verursacht; ich sage, dass er Ihren Schmerz gebraucht. Seine Souveränität bedeutet nicht, dass er Sie *vom* Schmerz trennt, sondern dass er *durch* Ihren Schmerz ein Lebensbild webt. Gott ist in der Tat so groß, dass er sogar ein Unglück zur Erfüllung seiner Absichten gebrauchen kann (Jesaja 45,7).

Jesus ertrug die größte Ungerechtigkeit – und genau weil er das tat, wurde er zum höchsten Instrument der Erlösung. Auch

Sie werden in dem Maß, in dem Sie sich der Ungerechtigkeit gestellt haben, dazu aufgerichtet, anderen zur Rettung zu verhelfen.

Als Corrie Ten Boom in einem von Krankheiten verseuchten Konzentrationslager eingesperrt war und menschliche Grausamkeit erlebte, wie nur wenige Menschen sie je mit ansehen mussten, hätte sie den Rest ihres Lebens damit verbringen können zu fragen: „Warum, Gott?" Und doch erlaubte sie Gott, diesen Schmerz zum Ausgangspunkt zu machen, von dem aus sie eine Botschaft der Vergebung für Millionen weitergab. Die Frage lautet nicht: „Warum, Gott, geschieht das?" Die Frage lautet, wie viele Corrie Ten Booms könnte es geben, wenn wir Gott wirklich verstehen würden?

GEBET

Vater, ich nehme mir jetzt Zeit, auf Dich zu warten.
Zeige mir Bereiche, die für mich eine Quelle des Schmerzes sind.
Einige habe ich Dir schon bekannt und kann sie bei Dir lassen;
aber andere habe ich tief in meinem Herzen vergraben.
Wenn solche unbereinigten Dinge mein Verhalten beeinflussen, decke sie bitte behutsam auf und hilf mir,
auf die Kraft Deiner erlösenden Liebe zu vertrauen.
Hilf mir, wieder die herrliche Zukunft zu sehen,
die Du aus meinem Schmerz webst.

Fragen zum Nachdenken:

1. Können Sie sich an Zeiten in Ihrem Leben erinnern, in denen Gott Ihren Schmerz geheilt hat?
2. Was bedeutet „Ganzheitlichkeit" für Sie?
3. Wie wirkt Gott durch Dinge, die ungerecht oder unfair sind?
4. Haben Sie die Frage gestellt: „Warum, Gott?", wenn Sie eine Ungerechtigkeit erlitten haben?

KAPITEL 24

Gott wirkt durch unsere Schwachheit

[Es] wurde mir ein Stachel ins Fleisch gestoßen ...
[Der Herr] aber antwortete mir: Meine Gnade genügt dir;
denn sie erweist ihre Kraft in der Schwachheit.
2. KORINTHER 12,7.9; EINHEITSÜBERSETZUNG

Als ich im November 1989 meine Teilnahme in einem Missions-team für Rumänien zusagte, ahnte ich nicht, dass ich mich dort in den Nachwehen einer Revolution wiederfinden würde. Als ich dann im Februar 1990 ankam, nur wenige Wochen nach dem Sturz Nicolae Ceausescus, waren die Spuren des Blutvergießens von Klausenburg über Bukarest bis Temesvar in allen Städten zu finden. Die Bilder und Klänge des ausgelassenen Feierns, ver-mischt mit dem Schluchzen von Angehörigen, die durch die Stra-ßen zu spontan errichteten Gedenkstätten pilgerten, setzten mir emotional sehr zu.

Der Aufenthalt in einem Land während eines solchen Auf-ruhrs ist eine Erfahrung, die man nicht so bald vergisst. In Temes-var, wo alles begann, traf ich einen Pastor, der sich in jenen schick-salhaften Tagen vom 18. bis zum 25. Dezember mitten in den Unruhen befand. Sein Bericht über die Kette von Ereignissen, die die Revolution entfachten, war aufregend und ernüchternd zugleich. Aber was mich noch mehr faszinierte, waren seine Ge-schichten über das Leben unter einem so repressiven Regime: die Entbehrungen, die schwere, wirtschaftliche Not, die geradezu ar-chaische medizinische Versorgung und vor allem die Verfolgung durch die Securitate, die gefürchtete rumänische Geheimpolizei.

Für ihn als Pastor wurde die Securitate zum „Stachel in seiner Seite" und man setzte ihm mehr zu als den meisten. Er erzählte mir, dass die Situation sich so verschlimmerte und selbst die engsten Freunde sich manchmal als Informanten der Regierung entpuppten. Einmal wurde er durch einen engen Kameraden verraten und sah sich plötzlich von einigen bedrohlichen Securitate-Agenten umringt, die ihn an Ort und Stelle umzubringen drohten. Die Einschüchterungen hatten sich über Jahre hingezogen und die Albträume häuften sich. Ich bin sicher, dass er Gott immer wieder anflehte, ihn und seine Familie zu befreien – nur um sich dann doch oft an der Schwelle des Todes wiederzufinden. Aber in alledem hatte er etwas über die Macht der Gnade Gottes gelernt, und mit einer inneren Zähigkeit, getragen von einem in zahlreichen Konflikten gestählten Glauben, hatte er sich zu seinen Gegnern umgedreht und triumphierend verkündet: „Ihr könnt mir nicht mit dem Himmel drohen!" Hier war ein Mann, der eine Art von Stärke entdeckt hatte, zu der man nur in schweren Zeiten findet; ein Mann, der inmitten der Dornen Gnade entdeckt hatte.

Vielleicht werden wir nie so schwierige Situationen durchmachen, aber wir werden im Leben auf unsere eigenen Dornen stoßen. Dornen sind alles andere als ein Vergnügen. Sie sind außerordentlich irritierend – wie Disteln in unseren Socken oder emotionale „Kletten" in unseren Herzen, die uns an den Rand der Verzweiflung treiben.

Im zweiten Brief an die Korinther erwähnt Paulus eine seiner schmerzlichsten Erinnerungen: ein Stachel, der offenbar dazu dienen sollte, ihn demütig bleiben zu lassen. Jahrhundertelang haben Theologen darüber debattiert, worin dieser Stachel bestand. Einige haben vermutet, dass damit die frühere Frau von Paulus gemeint war. Es ist möglich, dass der Apostel eine Frau hatte, da Paulus einmal Pharisäer gewesen war, und als Pharisäer musste man verheiratet sein. Andere halten den Stachel für irgendeine physische Erkrankung, vielleicht eine Sehschwäche oder eine bleibende Verunstaltung. Aber ich denke, dass Paulus hier ganz einfach definiert, was jener Dorn war: ein Bote Satans, der ihn mit Faustschlägen quälte. Ja, das stimmt – der ihn quälte (2. Korinther 12,7).

Anfechtungen und Versuchungen können wir noch verstehen. Aber Qualen? Viele Menschen fragen sich: *Kann ein liebender Gott so etwas zulassen?* Das griechische Wort in diesem Vers bedeutet buchstäblich „mit der Faust schlagen" oder „misshandeln". Man kann das Griechische drehen und wenden wie man will, aber das Wort weckt das Bild eines Boxers, der im Ring k. o. geschlagen wird. Das ist ganz schön krass!

Nun mag uns das unverständlich erscheinen, aber da befinden wir uns in guter Gesellschaft, denn auch Paulus fiel es schwer, das zu verstehen. Dreimal bat er Gott inständig, ihn von dieser Plage zu befreien. Dreimal erwiderte Gott: „Lass dir an meiner Gnade genügen!" – als wüsste Paulus nichts von der Gnade. Ich weiß nicht, ob Paulus diese Botschaft schon nach den ersten beiden Gebeten völlig erfasste. Wir können es nur vermuten. Aber beim dritten Mal begriff er es völlig: „Lass dir an meiner Gnade genügen, denn meine Kraft wird in der Schwachheit vollkommen!"

Das war es! Das war der eigentliche Grund, warum Gott den Stachel überhaupt zugelassen hatte. Er sollte Paulus mit einer neuen Tiefe der Schwachheit konfrontieren, um ihn auf eine neue Höhe der Gnade zu katapultieren. Gott führte ihn auf eine neue Ebene der Gnade, damit das Schöpfen aus der inneren Kraft des Heiligen Geistes für ihn zum Lebensstil wurde, statt nur eine gelegentliche Erfahrung zu sein.

Paulus schrieb weiter, dass er sich nun ungeachtet der Beschimpfungen, Verfolgung oder Not freuen konnte. Bei Menschen, die mit solchen Behauptungen prahlen, muss man im Allgemeinen davon ausgehen, dass sie geistig verwirrt sind. Für solche Leute gibt es besondere Anstalten. Paulus ist entweder dem Wahnsinn nahe, wenn er das sagt, oder er hat eine radikale Veränderung seiner Werte erlebt. Ganz offensichtlich wurde sein Denken verwandelt und so erklärt er mit dem Elan eines naiven jungen Baseball-Spielers, der gerade seinen ersten Home-run geschafft hat: „Wenn ich schwach bin, dann bin ich stark!"

Auch der große Prediger Charles Haddon Spurgeon verstand dieses Paradox. Ein schwacher Punkt, mit dem er in seinem Leben lange zu kämpfen hatte, war Depression. Aber durch die Gnade Jesu lernte er, dieses Leiden mit Paulus' Augen zu sehen. „Eine Depression überkommt mich immer dann, wenn der Herr einen größeren Segen für meinen Dienst vorbereitet. Sie ist für mich inzwischen ein Prophet in rauem Gewand geworden!"[11]

Ein Konzertkünstler – ein virtuoser Gitarrenspieler, der seit seiner Kindheit blind war – erklärte seinem faszinierten Publikum einmal: „Verachten Sie Ihre Behinderungen nicht, denn sie sind Gottes Art, dafür zu sorgen, dass Sie auf seine Gnade bauen." Wenige von uns können sich die Tragödie einer Blindheit vorstellen, aber wir alle sind auf die eine oder andere Weise „behindert":

- behindert durch Erinnerungen an eine schwere Kindheit;
- behindert durch eine Ungeschicklichkeit im sozialen Umgang, die es uns äußerst schwer macht, anderen Menschen zu begegnen;
- behindert durch ungerechte Umstände, die uns aufgezwungen werden und uns auf vielfältige Art und Weise einschränken.

Solche Beeinträchtigungen können für uns der Weg zu einer höheren Ebene der Gnade sein, auf der wir erleben können, wie eine neue Dimension der Kraft des Heiligen Geistes in uns freigesetzt wird – eine Ebene, auf der unsere Schwachheit nur eine Vorstufe zu seiner Kraft ist.

Gebet
*Lieber Herr, so oft drücken uns verschiedene Schwächen
nieder:
unsere eigenen negativen Persönlichkeitsmerkmale,
unangenehme Umstände, die wir nicht ändern können,
Behinderungen und Krankheiten, die uns manchmal
so entmutigen, dass wir die Freude am Leben verlieren.
Aber ich bekenne im Glauben, dass Du der Gott bist,
der durch meine Schwächen in keiner Weise begrenzt wird.
Ich bin froh, dass Deine Pläne für mich letztlich durch keine
meiner Schwächen vereitelt werden können, denn Du,
oh Gott, bist unendlich größer als jede Begrenzung,
mit der ich je ringen werde. Ich preise Dich,
dass deine Kraft in meiner Schwachheit vollkommen wird.*

Fragen zum Nachdenken:

1. Welche eigenen Schwächen sind Ihnen bewusst?
2. Können Sie sich Wege vorstellen, wie Gott durch diese Schwächen wirken kann?
3. Vertrauen Sie Gott, dass seine Gnade mehr als ausreichend ist, um Ihre Schwächen zu überwinden?
4. Können Sie sich an Situationen in Ihrem Leben erinnern, in denen Gott eine Ihrer Schwächen benutzt hat, um sich zu verherrlichen?

KAPITEL 25

Segen in der Dunkelheit

Selig sind, die nicht sehen und doch glauben.
JOHANNES 20,29

Schlangen am Fahrkartenschalter. Schlangen vor den Toiletten, Schlangen, um eine Nummer zu ziehen, um sich in einer anderen Schlange anzustellen. New York City im Jahr 2000? Erinnern Sie sich an Moskau 1982 auf dem Gipfel der kommunistischen Macht? Breschnew regierte und die Sowjetunion war mit bürokratischen Strukturen überfrachtet. Und Bürokratie bedeutete: warten ... und warten ... und noch einmal warten.

Nach neun Tagen in „Utopia" hatte ich die Nase voll. Ich stand mitten auf einem geschäftigen Boulevard, schleuderte meinen Mantel auf den Asphalt und rastete vor den erstaunten Blicken einiger Passanten aus. Diese Warterei war kein Vergnügen und ein schreckliches Spiel. Der Rückflug in einem bequemen Jet ließ die Erinnerungen an diese nervenaufreibenden Unannehmlichkeiten natürlich rasch verblassen. Es dauerte nicht lange, bis ich wieder im Land der augenblicklichen Bedürfniserfüllung war und eine Mikrowellen-Pizza verschlang.

In einer Schlange zu warten ist eine Sache. Auf eine erhellende Erkenntnis zu warten, wenn wir verwirrt oder desillusioniert sind, ist eine ganz andere. Um dringend benötigte Antworten ringen zu müssen, ist entmutigend genug; aber wenn wir beim Ringkampf mit dem Leben unsere Ängste auf die Matte zwingen, nur um doch mit einem „Unentschieden" zu enden, kann das äußerst demoralisierend sein. An diesem Punkt beginnen wir zu fragen: „Warum?"

„*Warum* hat meine Firma finanzielle Rückschläge erlitten, während ich versuchte, sie mit Integrität zu führen?"

„*Warum* hat mein Mann aufgehört mich zu lieben, nachdem ich ihn all diese Jahre treu geliebt habe?"

„*Warum* bin ich einer Lösung dieses Konflikts noch keinen Schritt näher gekommen, obwohl ich so viel gebetet habe?"

„*Warum* erleben wir kaum geistliche Durchbrüche, obwohl wir nun schon so viele Jahre in dieser Stadt dienen?"

Hier ist das Warten nicht nur eine Unannehmlichkeit, sondern eine Überlebensfrage.

Der Glaube wäre ein so einfaches Unterfangen, wenn wir sehen könnten, woran zu glauben wir berufen sind. Aber dann wäre es natürlich kein Glaube. Viele von uns weisen einige Ähnlichkeit mit dem Jünger Thomas auf und müssen uns erst Gewissheit über eine Sache verschaffen, bevor wir uns ihr verpflichten können; wir sichern unsere Entscheidung ab und zögern, bis sich das Risiko des Glaubens auf eine erträgliche Fehlerquote reduziert hat.

Meistens ist der Weg des Glaubens alles andere als bequem. Und doch sagt der Herr Jesus, dass diejenigen, die nicht sehen und doch glauben, eine besondere Art von Glück erwartet: Seligkeit. Wenn wir herausgefordert sind, Gott in einer prekären oder sogar hoffnungslosen Situation zu vertrauen, geht es nicht um bloße Ausdauer, sondern um echte, heitere Gelassenheit.

Es mag zuerst verrückt klingen, aber genau das verspricht Jesus hier – es ist ein himmlischer Fingerzeig zum Thema „Selig die Unwissenden". Das Wort *selig* ist ein vielschichtiger Begriff, der von Zufriedenheit und Erfüllung handelt, einer Art von Glück, das man wegschließen und aufbewahren möchte. Jesus sagt hier, dass diejenigen, die glauben, ohne hierfür eine äußere Bestätigung zu benötigen, diese Art von Glück erleben werden. Ein solcher Aufruf zum Glauben handelt nicht nur von Beharrlichkeit, sondern auch von Freude.

In einer der dunkleren Nächte meiner Seele betete ich kürzlich inständig um eine Antwort auf ein konkretes Problem, nur um am Ende scheinbar mit leeren Händen dazustehen. Ich erhielt keine Antwort, spürte nicht einmal seine Gegenwart.

Es scheint grausam, wenn der Herr uns manchmal im Dunkeln lässt, aber er weiß, dass eine geradezu ekstatische Freude auf diejenigen wartet, die zum Glauben durchdringen, ohne gesehen zu haben. Als ich eine Weile auf den Herrn wartete, schien er mir zu sagen: „Ich möchte, dass du die aufregende Seite des Wartens genießt, indem du mir in den dunklen Zeiten vertraust, damit du später, wenn das Licht kommt, erfährst, wie befriedigend es für dich ist, mir trotzdem vertraut zu haben."

Das ist nicht gerade die Antwort, die man hören will, wenn man ahnungslos im Dunkeln tappt. Dennoch wusste ich, wie wahr sie ist, denn sobald wir aus unserer Dunkelheit wieder ins Licht gelangen, vermittelt uns das Bewusstsein, geduldig gewartet und freudig vertraut zu haben, die Befriedigung einer tieferen Vertrautheit mit Gott, als wir sie je zuvor erfahren haben.

Es ist diese Ebene der Vertrautheit, die Johannes vom Kreuz beschrieb: „Oh Nacht, du leitest mich; oh Nacht, schöner als die Morgendämmerung. Oh Nacht, du vereintest Liebhaber und Geliebte, sodass die Geliebte in den Liebhaber verwandelt wird." Es ist eine Ebene, die auch George MacDonald entdeckte, der großen Einfluss auf das Leben von C. S. Lewis hatte: „Ich fand, dass er am nächsten war, als ich ihn am meisten vermisste; ich fand ihn in meinem Herzen, Leben mitten im Frost, ein Licht, das ich nicht kannte, bis es in meiner Seele dunkel war."[12]

Der Herr versteht, wie sehr es uns emotional zu schaffen macht, auch dann glauben zu lernen, wenn wir nicht sehen. Haben Sie je daran gedacht, dass der Herr, wenn er uns leiden sieht, an unsere Seite eilen und sich sichtbar manifestieren möchte, um uns zu trösten? Ich versichere Ihnen, dass er sich in einer Hinsicht danach sehnt. Aber er tut es nicht, weil es nur unsere Abhängigkeit von unseren Sinnen – den Dingen, die wir sehen und berühren können –, verlängert und uns weiter an die vergängliche, materielle Welt binden würde. Letztlich wäre es grausam, das zu tun, denn wir würden nicht lernen, zu glauben.

Glaube ist für die geistliche Welt, was unser Sehvermögen für die materielle Welt ist. Glaube ist die Art und Weise, wie wir im Geist sehen; er ist das Sinnesorgan der geistlichen Welt.

Gott ist ein weiser Vater und weiß, dass wir auf dem Weg zur Reife lernen müssen zu warten, weil bedeutendere Dinge auf dem Spiel stehen. Weise Eltern wissen, dass sie ihrem Kind mehr Schaden als Gutes zufügen, wenn sie zu einem bestimmten Zeitpunkt auf jeden Wunsch sofort reagieren. Warum?

Erstens wissen sie, dass ihr Kind mit zunehmendem Alter merken wird, dass andere nicht so prompt auf seine Wünsche eingehen, und wenn es an sofortiges Eingehen auf seine Launen gewöhnt ist, wird es dann zornig oder enttäuscht reagieren. Zorn und Enttäuschung wiederum beeinträchtigen seine gesellschaftlichen Beziehungen. Das Kind wird nicht wissen, wie es sich in eine Gemeinschaft einfügen oder einem Team angehören kann.

Untersuchungen zeigen, dass Kinder später erfolgreicher werden, wenn sie gelernt haben, auf die Erfüllung ihrer Wünsche zu warten. Es lehrt sie, geduldig zu sein, die Erfolge anderer positiv aufzunehmen und ein Gefühl für das richtige Timing zu entwickeln, wann man z. B. den Chef um eine Gehaltserhöhung bitten oder eine Idee präsentieren kann. Es lehrt sie, sich anderer Menschen bewusst zu sein und die Vielfalt menschlicher Temperamente zu schätzen. Kurz gesagt, macht eine verzögerte Wunscherfüllung das Kind in Wirklichkeit fähiger, sich in eine Gemeinschaft einzugliedern. Genauso wird auch Gott Antworten verzögern, damit wir uns besser seiner Gemeinschaft - der *Gemeinde* - eingliedern können.

Zweitens wissen gute Eltern, dass oft andere Umstände gegeben sein müssen, damit die Erfüllung des Wunsches für das Kind eine größere Bedeutung haben kann. Als Jugendpastor hatte ich das Privileg, mit meinem Vater zusammenzuarbeiten, der damals Pastor einer großen Gemeinde an der Westküste war. Ich erwartete, dass mein Vater mich schon recht bald einladen würde, an einem Sonntag zu predigen. Schließlich musste doch die Tatsache, dass ich sein Sohn war, ihm Anlass genug sein, mir möglichst bald eine Chance zu geben. Aber ich wartete drei Jahre lang - zuerst geduldig, dann mit wachsender Frustration. Ich grübelte: *Was ist das Problem? Kann er mir nicht vertrauen?* Es wurde deprimierend. Aber ich hatte beschlossen, ihn nicht zu fragen, sondern zu warten, bis Gott die Tür öffnen würde. Als mein Vater mich dann endlich fragte, hatte ich eine ganz andere Ebene des Vertrauens erreicht. Ich hatte gewartet und nicht auf das Privileg meiner Stellung als Sohn zurückgegriffen. Seine Einladung beruhte nicht auf sentimentaler Bevorzugung, sondern auf einer ehrlichen Einschätzung meiner Fähigkeiten, und war deshalb wesentlich bedeutsamer. Wenn Gott uns warten lässt, tut er etwas viel Kostbareres, als wir es im Moment sehen können.

Drittens wissen weise Eltern, dass sie ihr Kind unnötigen Spekulationen oder Frustrationen aussetzen, wenn sie ihm gegenüber Andeutungen machen und etwas durchblicken lassen, bevor sie es geben können. Wenn das Warten auf etwas *Unbekanntes* schon kaum zum aushalten ist, wie ist es dann, auf etwas *Bekanntes* warten zu müssen,

Als Kind habe ich mir gern die Wiederholungen der Fernsehserie „I Love Lucy" angesehen und ich erinnere mich an eine Episode, in der dieser verrückte Rotschopf einmal einige Tage vor einem Hochzeitstag alle möglichen Tricks ausprobierte, um herauszufinden, was ihr Mann Ricky ihr wohl dieses Jahr zum Hochzeitstag schenken würde. Schließlich fand sie es heraus, aber kaum hatte sie das Geschenk entdeckt, erblasste sie und bekam arge Gewissensbisse. Die Folge war keine Befriedigung, sondern eine Desillusionierung – ein dumpfer innerer Schmerz, der sich einstellt, weil wir wissen, es war unrechtmäßig. Sie entdeckte zwar das Geschenk, aber nur, indem sie die Grenzen ihrer Beziehung missachtete. Sie fand zwar die materiellen Güter, brachte sich aber um die Freundschaft.

So geschieht es allzu oft auch in unserer Beziehung mit Gott. In unserer Ungeduld versuchen wir manchmal auf subtile Weise, Gott zu manipulieren, damit er uns gibt, was wir haben wollen. Nachdem Lucy ihr Geschenk entdeckt hatte, musste sie noch ungeduldiger warten, weil sie nun zwar wusste, worin ihr Geschenk bestand, es aber nicht nehmen konnte, was sie zu unschönen Versuchen der Manipulation und Unaufrichtigkeit veranlasste. Auch das ist in unserer Beziehung zu Gott nicht anders. Wenn Gott keine Antwort zu erkennen gibt, schützt er uns vor ungeahnten Versuchungen, zu denen nicht zuletzt die Neigung gehört, Gott mehr für das, was er tut, statt um seiner selbst willen zu lieben.

„Selig sind, die nicht sehen und doch glauben." Dieser Satz mag nach raffinierter Gedankenspielerei klingen oder an mehrdeutige Zen-Phrasen erinnern. Aber in Wirklichkeit ist er ein Rezept für wahres Glück. Der Grund, weshalb der Glaube so schwer zu fassen ist, ist unsere Sündhaftigkeit. Wenn die Bibel sagt, dass es ohne Glauben unmöglich ist, Gott zu gefallen, liegt die Betonung nicht auf dem Missfallen Gottes, sondern auf der schlichten Tatsache, dass wir ohne Glauben einfach nicht funktionieren. Mit anderen Worten: Wir können Gott nicht gefallen, weil die „Batterien" nicht geladen sind.

Ohne Glauben können wir im geistlichen Bereich nicht funktionieren. Liebe ist tatsächlich die größte Macht, aber wenn der Glaube fehlt, rostet die Liebe. Wenn Gott uns auffordert, auch im Dunkeln zu glauben, hält er die Liebe lebendig, indem er unseren Glauben erweitert und uns auf eine innigere Vertrautheit mit ihm vorbereitet, und darin liegt die höchste Freude, die wir je erfahren werden.

GEBET

Oh Herr, die dunklen Zeiten meines Lebens erscheinen mir am schwersten. Aber durch sie lehrst Du mich, was ich lernen muss.

Danke, dass in diesen Zeiten mein Glauben gestärkt wird. Wenn Du mich durch solche dunklen Zeiten gehen lässt, hilf mir zu erkennen, dass Du mich auf eine tiefere Vertrautheit mit Dir vorbereitest. Bewahre mich davor, die Dinge selbst in die Hand zu nehmen – Dir vorzugreifen, wenn mich die Ungewissheit plagt.

Hilf mir, in allen Dingen auf Deinen Zeitpunkt zu warten und so die Freude zu erfahren, die denen vorbehalten ist, in denen der Glaube das Feuer der göttlichen Liebe entfacht hat.

Fragen zum Nachdenken:

1. Was verstehen Sie unter dem Begriff „blinder Glaube"? Wie unterscheidet er sich vom echten Glauben an Gott?
2. Warum widerfahren auch solchen Menschen, die gerecht leben, manchmal schlimme Dinge?
3. Wie finden Sie in dunklen Zeiten Licht?
4. Fällt es Ihnen in schlimmen Zeiten schwer, Gott zu vertrauen? Oder blüht Ihr Glaube dann besonders auf?

KAPITEL 26

Das Maß seiner Kraft

Das ist das Wort des Herrn ...
Nicht durch Heer und nicht durch Kraft, sondern
durch meinen Geist! spricht der Herr der Heerscharen ...
Denn wer ist's, der den Tag geringer Anfänge verachtet?
SACHARJA 4,6.10

Waren Sie schon einmal auf einer Kirmes der altmodischen Art? Die mit dem wuchtigen Riesenrad, der klebrigen Zuckerwatte und den Wurf-Buden? Die Stadt, in der ich aufwuchs, hatte eine solche Kirmes. Eine besondere Faszination übte auf mich der Orgelspieler mit seinem dressierten Äffchen aus. Wenn der alte Mann spielte, hüpfte der kleine Affe, an das Handgelenk seines Herrn gebunden, in der Runde umher und schnappte Münzen aus den ausgestreckten Händen der faszinierten Zuschauer. Ich starrte den kleinen Kerl einfach an und staunte, wie er es verstand, gezielt auf jemanden zuzulaufen, mit bemerkenswerter Geschicklichkeit seine Beute einzusammeln, an seinen Hut zu tippen und mit einem breiten Grinsen seine Zähne zu zeigen. Der Affe war sehr gut dressiert und das war natürlich der Grund, warum alle wie gebannt stehen blieben.

Ich denke, niemand wäre beeindruckt gewesen, wenn der Orgelspieler mit dem kleinen Affen auf dem Arm umhergegangen wäre und die Münzen eingesammelt hätte, indem er seine Finger wie bei einer Marionette bewegte. So wäre die Attraktion über eine einzige Vorstellung nicht hinausgelangt und der alte Orgelspieler hätte sich nach einer neuen Tätigkeit umschauen müssen. Das Beeindruckende war nicht, dass der Orgelspieler den Affen steuerte, sondern dass der Affe alles eigenständig machte, worin sich natürlich die geduldige und effiziente Übung spiegelte, die er von seinem Herrn erhalten hatte. Darin erwies sich die eigentliche Macht des Orgelspielers. Er arbeitete nicht trotz des Affen, sondern mit dem Affen.

Ich denke, daraus können wir etwas lernen. Oft meinen wir, der Gipfel der Macht sei die Demonstration einer Gewalt, die in der Lage ist, zu beherrschen, die größten Fehler in Ordnung zu bringen, die tiefsten Wunden zu heilen oder die widrigsten Situationen zu bewältigen.

Wenn wir zusehen, wie überall Tausende Menschen täglich Gott ignorieren – obwohl die Realität Gottes in der winzigsten Blume und in dem einfachsten Geschöpf klar zu erkennen ist –, dann fragen wir uns: „Gott, warum schreibst du nicht einfach deinen Namen an den Himmel oder teilst den Atlantik, um allen zu beweisen, dass du real bist?"

Wenn wir mit scheinbar unmöglichen Situationen konfrontiert sind, sagen wir: „Gott, du bist mächtig genug, diese Situation zu bewältigen – greife jetzt ein." Oder: „Tue doch etwas, um meinem Chef zu zeigen, dass du real bist." Oder: „Heile diese Krankheit sofort."

Aber das, was Henri Nouwen über den Dienst Christi auf der Erde sagt, gilt auch für die Art und Weise, wie Gott heute wirkt: „Jesus weigerte sich, ein Stuntman zu sein. Er kam nicht, um sich zu beweisen. Er kam nicht, um über glühende Kohlen zu laufen, Feuer zu schlucken oder dem Löwen die Hand ins Maul zu legen, um zu demonstrieren, dass er etwas zu sagen habe."[13]

Er kann dies alles und noch viel mehr. Die einzige Beschränkung seiner Macht, ist die, die er in seiner Weisheit sich selbst auferlegt hat. Der Grund, weshalb Gott nicht einfach seinen Namen an den Himmel schreibt, um Ungläubige von seiner Existenz zu überzeugen; der Grund, weshalb er nicht auf der Stelle jedes Unrecht wiedergutmacht; der Grund, weshalb er Sie und mich nicht zu Marionetten gemacht hat, die unaufhörlich auf jeden Wink von ihm reagieren, ist die Tatsache, dass dies *nicht der größte Ausdruck seiner Macht wäre.*

Ich bin davon überzeugt, dass Gottes größte Machtdemonstration darin sichtbar wird, dass kleine Geschöpfe aus Staub –

die nur leben, weil Gottes Odem in ihnen ist – *freiwillig* den Willen ihres Schöpfers tun.

Unsere Bitten um rasche Lösungen wurzeln oft in selbstsüchtigen Motiven und nicht in der unverfälschten Motivation, Gott zu verherrlichen. Wer wirklich Gott verherrlicht sehen möchte, wird sich über die verborgenen Wege freuen, durch die Gott die menschliche Seele überzeugt, das Richtige zu tun. Wie wir bereits gesehen haben, erobert Gott durch Liebe; er herrscht nicht durch Drohungen und lockt nicht mit Bestechungsgeschenken. Die Macht der Zurückhaltung ist oft größer als eine Demonstration der Gewalt, und Gottes Fähigkeit, der Freiheit ihren Lauf zu lassen und doch seine Absichten zu verwirklichen, ist der wahre Beweis seiner Macht.

Vielleicht ist Geduld das höchste Maß wirklicher Macht, Selbstbeherrschung die Summe ihrer köstlichsten Früchte und Demut der größte Brunnen, aus dem wahre Macht entspringt. Gott wird seine Absichten erfüllen, aber er lässt sich nicht von seinen Absichten *treiben*. Er kann und wird dem menschlichen Willen zur Förderung seiner Absichten Einhalt gebieten, aber verwechseln wir das nicht mit einer Verzweiflungstat. Gott wird sich nicht über den menschlichen Willen hinwegsetzen, weil er Angst hätte, dass sich sonst seine Absichten vereiteln.

Wie bei der Macht Gottes liegt auch der wahre Maßstab unserer Macht auf dieser inneren Ebene, auf der wir nicht länger von unseren Plänen, Bedürfnissen oder Verletzungen getrieben werden. Der wahre Maßstab der Macht liegt in der Tatsache, dass wir in den ewigen Armen ruhen können – in Armen, die nicht verzweifelt im ganzen Universum herumgestikulieren, sondern in Armen, die mächtig genug sind, uns aufzunehmen und uns einen Platz ewiger Ruhe zu geben.

Im vierten Kapitel von Sacharja beschreibt der Prophet eine Vision, die er empfangen hatte. Er sah zwei Bäume, die mit zwei Gießrohren verbunden waren, aus denen Öl in die sieben Lampen einer goldenen Schale floss, die oben auf einem siebenarmigen Leuchter befestigt waren. Es war ein seltsamer Anblick, sogar für einen an seltsame Anblicke gewohnten Propheten. Da er nicht wusste, was die Vision zu bedeuten hatte, fragte er den Engel. Der Engel zeigte sich über Sacharjas Ratlosigkeit überrascht und gab ihm die Antwort: „Nicht durch Heer und nicht durch Kraft, sondern durch meinen Geist!, spricht der Herr der Heerscharen."

Nun, das ist eine eigenartige Antwort auf eine direkte Frage. Genauso gut könnte ich einem Fremden ein Glas Milch reichen, der zwar eine vage Vorstellung von amerikanischen Nahrungsmitteln hat, aber nicht weiß, was ich da in der Hand halte, und ihm triumphierend erklären: „Sie wissen nicht, was ich in meiner Hand halte? Das ist ein Olympiasportler!" Eine solche Antwort ergäbe natürlich überhaupt keinen Sinn.

Etwas Ähnliches schien sich hier abzuspielen. Sacharja betrachtete Bäume, Gießrohre und Schalen und der Engel gab ihm eine kryptische Antwort, die keinen Bezug zu seiner Frage erkennen ließ. Aber wenn man genauer über diese Antwort des Engels nachdenkt, kann ihr Sinn gar nicht klarer sein.

Zurück zu unserem Glas Milch. Was tue ich eigentlich, indem ich es als Olympiasportler definiere? Ich fasse mehrere logische Schritte zusammen und gelange zu einer abschließenden Schlussfolgerung: Wenn ein sportlicher Zehnjähriger in seinen Entwicklungsjahren genug Proteine bekommt, kann er später ein überragender Athlet werden.

Ähnlich funktionierte die Logik des Engels. Die Vision, die Sacharja sah, deutet auf die letzte Konsequenz der absoluten Macht Gottes hin. Es gibt etwas in diesem Bild, das uns zu folgendem Schluss führt: Die Macht Gottes ist so groß, dass sie seine Absichten erfüllen wird. Mit anderen Worten veranschaulicht diese Vision auf großartige Weise, wie Gottes Macht wirkt.

Der Hintergrund: Serubbabel war der Leiter der ersten Vorhut der Juden, die aus der babylonischen Gefangenschaft freigelassen wurden. Sie waren in ihre Heimat zurückgekehrt und hatten gerade angefangen, den Tempel wiederaufzubauen, als heftiger Widerstand die Arbeiten zum Stillstand brachte. Zweifellos war Serubbabel entmutigt und deprimiert. Zweifellos glaubte er, versagt zu haben, indem er eine Verzögerung des Projekts zuließ. Der Kern in diesem ganzen Abschnitt ist, dass Gott weder über die Verzögerung frustriert noch über Serubbabels Niedergeschlagenheit verärgert war, sondern die Sache durch Serubbabel trotz dessen Schwachheit zum Abschluss bringen würde.

Der Herr erklärte unmissverständlich: „Die Hände Serubbabels haben dieses Haus gegründet, seine Hände sollen es auch vollenden" (Sacharja 4,9). Diese Aussage enthält kein Wenn und Aber – Gott wird sein Werk *durch Serubbabel* vollenden. Ist es nicht ein tröstlicher Gedanke, dass unsere Entmutigungen und Enttäuschungen Gott nicht davon abhalten können, sein Werk durch uns zu erfüllen? Dass er, solange unser Herz auf Gott ausgerichtet ist, alles vollenden wird, was er durch uns zu tun beabsichtigt? Tatsächlich sagte der Engel später, als Sacharja konkret nach den beiden Bäumen fragte, dass damit Serubbabel und der Priester Josua gemeint waren, die beide mit dem Öl des Heiligen Geistes gesalbt wurden, um ihren Auftrag zu erfüllen (Sacharja 4,14).

In dem ganzen Abschnitt spiegeln sich die Gewissheit der Souveränität Gottes und die Überlegenheit seiner Macht. Doch besonders interessant ist hier die eine Ermahnung, die Serubbabel und seiner treuen Schar von Nachfolgern erteilt wird. Sie ist in eine Frage gekleidet, aber in Wirklichkeit handelt es sich um eine Weisung des Herrn. In Vers 10 fragt der Engel: „Denn wer ist's, der den Tag geringer Anfänge verachtet?" Was der Herr Serubbabel und auch allen anderen hier zu verstehen gibt, ist: „Beurteile die Dinge nicht nach ihrer mangelnden Reichweite oder geringen Größe. Verachte die kleinen Dinge nicht." Warum dieses seltsame Gebot mitten in einer strahlenden Offenbarung der Macht Gottes? Warum sollte Gott soviel Wert darauf legen, dass wir das Kleine nicht verachten?

Vielleicht weil gerade das, was Gott mit den kleinen Dingen tut, der wahre Maßstab der Größe seiner Macht ist. Die überragende Stärke seiner Macht erweist sich besonders klar in dem, was er mit kleinen Dingen tut – mit der kleinen Stadt Bethlehem, mit einer unbedeutenden Krippe, mit einer kleinen Schar gewöhnlicher Männer. Um noch einen Schritt weiter zu gehen: Wenn Gottes Macht sich darin erweist, was er mit dem Kleinen zu tun vermag, dann offenbart sie sich sogar noch klarer in dem, was er mit nichts tun kann. Denn aus dem Nichts erschuf er das Universum.

Haben Sie sich je klein, unbedeutend oder sogar wie ein Nichts gefühlt? Vielleicht sind Sie eine allein stehende Mutter, die ihre Kinder großzuziehen versucht, oder ein Pastor, der seit

Jahren treu in seiner Stadt dient, ohne besondere Ergebnisse zu sehen. Vielleicht sind Sie ein junger Manager, dessen Entscheidungen sich durch eine kontinuierliche Integrität auszeichnen, die aber niemand bemerkt. Oder Sie sind ein Sänger, dessen Songs nie aufgenommen werden, der aber zum Lob Gottes singt, wenn kein anderer es hört. All das sind besondere Ausdrucksformen der Macht Gottes. Wenn Sie sich je wie ein Niemand gefühlt haben, freuen Sie sich! Sie sind hervorragend dazu geeignet, dass Gott durch Sie etwas Bedeutsames in der Welt tun kann.

GEBET

Mich erfüllt eine begeisterte Freude, Dich zu preisen, Du großer und wunderbarer Gott. Wie der Prophet Jesaja sagte, sind Deine Wege höher als meine. Hilf mir, jeden Tag die kleinen Dinge meines Lebens und sogar die lästigen kleinen Irritationen als eine Gelegenheit zu betrachten, Deine Macht uneingeschränkt zum Ausdruck kommen zu lassen.

Im Glauben will ich nicht verachten, was in meinem Leben oder im Leben anderer wenig nützlich oder bedeutsam scheint.

Lehre mich das Wunder Deiner Wege, wo das Schwache stark und das Geringe groß ist, wo Verlieren Finden und Sterben Leben bedeutet.

Fragen zum Nachdenken:

1. Was empfinden Sie, wenn Sie an die Allmacht Gottes denken? Angst? Ehrfurcht?
2. Welche Demonstrationen seiner Macht haben Sie – in der Bibel oder im Leben eines Menschen – gesehen, die Ihnen besonders in Erinnerung geblieben sind? Warum?
3. Was bedeutet für Sie der Begriff „allmächtig"?
4. Was bedeutet diese Art der Macht unseres himmlischen Vaters für unser Leben? Gibt es etwas, was wir nicht für ihn tun können?

KAPITEL 27

Er stellt unsere Unschuld wieder her

Ich erkenne, dass du alles kannst
und kein Plan dir unausführbar ist.
HIOB 42,2

Die Schattenseite im Reifungsprozess ist die Tendenz, dass Enttäuschungen sich so lange anhäufen, bis wir zynisch werden. Ich erinnere mich an ein Gespräch mit einer Gruppe von Christen, die darauf hofften, eine Gemeinde gründen zu können. Sie waren ganz von dieser Vision und Hoffnung erfüllt. Aber im Verlauf unserer Unterhaltung machte ein Christ, der etwa Anfang vierzig war, eine aufschlussreiche Bemerkung. „Es wird eine große Gemeinde werden", sagte er, „und zumindest in den nächsten Jahren werden wir noch keine Pläne für unsere erste Gemeindespaltung machen." Diese spontane Bemerkung verriet einen Zynismus, der aus Jahren der Enttäuschung entsprang. Dieser Mann war offensichtlich verletzt worden und versuchte nun so gut er konnte, sich vor weiteren Verletzungen zu schützen. Er war schon lange genug dabei, um seine Unschuld zu verlieren.

Man sagt, die Sünde der Jugend sei ihr impulsiver Tatendrang, die Sünde des Alters Selbstzufriedenheit und die Sünde der mittleren Jahre Zynismus. Die meisten von uns können sich noch an den Idealismus unserer Jugend erinnern. Kein Traum schien zu abgehoben, keine Barriere zu unüberwindlich. Wir sahen uns und unsere Freunde schon kühn in Bereiche vordringen, die noch keine Generation erschlossen hatte. Und auch die Enttäuschungen, die sich gelegentlich einstellen, konnten uns nicht lähmen. Wir bildeten uns stets ein, noch genug Zeit im Leben zu haben, um jedes Hindernis zu überwinden und jede Wunde zu heilen. Wir waren voller Tatendrang und viel zu jung, um letzen Endes desillusioniert zu werden.

Doch unmerklich hielten die Jahre Einzug in unsere Träume und spotteten über unser Streben nach großen Dingen. Die Leute reagierten nicht so, wie wir dachten; die Ereignisse entwickelten sich nicht so wie geplant; Ziele, die wir einmal für erreichbar hielten, entpuppten sich als flüchtige Fantasien jenseits unserer Reichweite. Hoffnungen verblassten; der Optimismus trübte sich. „So ist das Leben nun mal", sagen wir schließlich mit hängendem Kopf und verzagtem Lächeln.

Natürlich wird nicht jede Wunde uns anfällig für Zynismus machen und uns die Unschuld rauben. Doch es gibt tiefe Stichwunden, wie den Verlust geschätzter Beziehungen, die uns unweigerlich in die Trauer stürzen. Von dieser Art war auch die Wunde in König David, als er seinen Sohn Absalom verlor.

Aber die Wunden, die sich verheerend auf uns auswirken, sind Narben des Lebens, die mit der Zeit unsere Sinne trüben. Es sind Erfahrungen wie das Gefühl, nicht geschätzt zu werden, keine Anerkennung für eine gut erledigte Aufgabe zu ernten, nicht die Vergütung oder Dankbarkeit zu bekommen, die wir verdient zu haben glauben, unfair behandelt zu werden, uns als Opfer der Ungerechtigkeit zu empfinden oder das heuchlerische Verhalten anderer ertragen zu müssen.

Reife im Leben verschafft uns eine gute Portion Cleverness, aber oft auf Kosten unserer Unschuld. Können wir die verlorene Unschuld je zurückgewinnen? Oder lassen Sie uns gemeinsam überlegen, müssen wir sie überhaupt erst verlieren?

Wenn je ein Mensch gute Gründe hatte, zynisch zu werden, dann Hiob. Wenn wir von den traumatischen Erfahrungen lesen, die er durchmachte, staunen wir, wie es ihm gelang, darüber nicht den Verstand zu verlieren, von seiner Integrität ganz zu schweigen. Doch nachdem er durch ein Leiden gegangen ist, wie es nur wenige von uns je ertragen müssen, kam er zu dieser Schlussfolgerung: „Ich erkenne, dass du alles kannst und kein Plan dir unausführbar ist" (Hiob 42,2). Durch all seinen Kummer erkannte Hiob etwas über den Charakter Gottes; wenn wir dies erfassen, wird es uns zur größten Gewissheit werden, die wir je erlangen können.

Um diese Erkenntnis wirklich zu verstehen, müssen wir einige Kapitel zurückblättern und Gottes Reaktion auf Hiobs Klage betrachten. Gott schildert alles, was er getan hat, offenbart seine Ehrfurcht gebietende Kraft und fordert Hiob auf, ihm zu antworten.

Was hier so verblüfft, ist, dass Gott enorm viel Zeit darauf verwendet, in allen Einzelheiten über Leviatan und Behemoth zu sprechen; in unserer heutigen Zeit entspräche das wahrscheinlich Walen und Flusspferden. Man stelle sich das nur einmal vor! Für Hiob ist gerade sein ganzes Leben zusammengebrochen und Gott spricht über große Tiere. Aber es gibt natürlich einen roten Faden in der Antwort Gottes: Er ist groß und kann alle Dinge tun. Und genau das ist es, was Hiob entdeckt. Gott hat alles unter Kontrolle. Mit anderen Worten: Hiob erkannte die *Souveränität* Gottes. Deshalb pries er Gott nicht für seine Liebe oder Barmherzigkeit, sondern für seine Souveränität. *Das grösste Leid im Angesicht der Ungerechtigkeit führte zur grössten Offenbarung der Souveränität Gottes.*

Erst großes Leid brachte Hiob an diesen Punkt. Obwohl er Gott besser kannte als irgendein anderer, musste Hiob zuerst erkennen, dass selbst die schlimmsten Ungerechtigkeiten letzten Endes Gottes Fähigkeit nicht beeinträchtigen können, seine Absichten zu verwirklichen. In Zeiten, in denen wir leiden, ist es nicht unbedingt eine Offenbarung seiner Liebe, die wir am meisten brauchen, sondern die Offenbarung seiner Souveränität; nicht bloß, dass Gott sagt: „Ich bin hier", sondern dass er sagt: „Es ist alles in Ordnung." Sobald wir das begriffen haben, braucht das Gefühl unserer kindlichen Arglosigkeit nie wieder durch Ungerechtigkeit vereinnahmt zu werden.

Fjodor Dostojewski war wohl einer der strahlendsten Sterne am literarischen Himmel des 19. Jahrhunderts. Er schwamm gegen den Strom der humanistischen Trends seiner Zeit und wurde in den späteren Jahren seines Lebens einer der fähigsten Verteidiger des christlichen Glaubens. Der Mann, der diesen Glauben in Romanen wie „Legende vom Großinquisitor" oder „Die Brüder Karamasow" so treffend zu schildern verstand, war nicht immer ein Mann gottesfürchtiger Überzeugungen. In seinen frühen Jahren verstand er sich zwar als christlicher Humanist, aber kurze Zeit später nahm er eine atheistische Weltanschauung an.

1849 stand Dostojewski, nachdem er inhaftiert und zum Tode verurteilt worden war, auf dem Schafott und wartete auf seine Hinrichtung. Und genau in diesen schrecklichen Minuten starb der alte Mensch in ihm und ein neuer Mensch wurde geboren. Er erhielt eine Begnadigung. Doch in der Verbannung in den Straflagern Sibiriens, unter unmenschlichen Leiden, entdeckte er Gott ganz neu. In seinem Kampf gegen Zweifel fand er zum Glauben an Gott. Seine Unschuld wurde wiederhergestellt. Er bekehrte sich klar zu Christus und konnte dann sagen: „Mein Hosanna ist durch einen großen Feuerofen des Zweifels gegangen."

Wie Dostojewski sind viele von uns durch den Feuerofen mächtiger Zweifel gegangen, besonders wenn wir uns als Opfer der Ungerechtigkeit fühlten. Aber der Gott, der unsere Unschuld wiederherstellt, ist auch der Gott, der mit uns durch dieses Feuer geht. Und wenn wir seinen umfassenderen Plan erkennen, der in unserem Leben erfüllt werden wird, auch wenn wir noch so viele Feueröfen zu durchschreiten haben, werden auch wir ein „Hosanna" in unseren Herzen tragen, das uns die Welt niemals rauben kann.

GEBET

Wieder halte ich inne, Herr, damit Dein Heiliger Geist mein Herz erforschen kann. Gibt es einen Bereich in meinem Leben, in dem der Zynismus mir die herrliche Freude Deiner Gegenwart raubt?

Bin ich irgendwie zerrüttet? Habe ich das Träumen verlernt? Fühle ich mich niedergeschlagen, weil ich ausgebrannt bin? Herr, erneuere in mir die Freude meines Heils! Hilf mir, Deine unfassbare Souveränität so klar zu erkennen, dass Entmutigung keine Macht mehr über meine Seele hat. Hilf mir, Deine Macht zur Erfüllung aller Deiner Absichten in mir so klar zu erkennen, dass meine Hoffnung nie versiegen wird.

Fragen zum Nachdenken:

1. Welche Aspekte des Lebens können unsere Unschuld rauben?
2. Wie sieht die Unschuld, die Gott wiederherstellen möchte, in unserem Leben aus?
3. Haben Sie das Empfinden, dass Ihnen ein Teil Ihrer Unschuld gestohlen wurde?
4. Haben Sie Gott die Gelegenheit gegeben, diese Unschuld wiederherzustellen?

Ein Gott, in dem wir Ruhe finden

Also bleibt dem Volke Gottes noch eine Sabbatruhe vorbehalten.
Hebräer 4,9

„Leben im Zwei-Minuten-Takt" plärrte ein Werbeslogan. In dem Bemühen, die Zahl ihrer Abonnements zu erhöhen, spielte eine prominente Tageszeitung mit dem Gefühl blank liegender Nerven und hektischer Terminpläne, die so viele Menschen plagen. Die unterschwellige Botschaft lautete natürlich, dass die Tageszeitung den Lesern mit ihren Informationen helfen könne, ihr Chaos zu ordnen und wieder einen Hauch Vernunft in ihre wahnwitzige Welt zurückzubringen.

Traurig, nicht wahr? Dass die Beurteilung eines Marktforschers über das Leben im 21. Jahrhundert sich in dem verzweifelten Tempo einer aufs Ganze gehenden Serie von Ballwechseln in den abschließenden frenetischen Minuten eines Fußballspiels erschöpft und dass ein so gehetztes, eiliges Leben als derart gewöhnlich betrachtet wird, dass es zur Kernaussage einer kostspieligen Werbekampagne werden kann. Für viele Menschen ist das Leben tatsächlich ein Hochgeschwindigkeitsrennen um Erfolg und Erfüllung oder, um es mit den Worten von William Faulkner auszudrücken, „dasselbe hektische Hindernisrennen zum Nichts".

Wie völlig anders ist Gottes Absicht für seine Welt! Gail McDonald, die Frau des bekannten Autors Gordon McDonald, schreibt über die Frau eines schwedischen Pastors, die eine umfassende Studie über die großen Heiligen der Kirche anlegte. Sie kam zu dem Schluss, dass die großen Männer und Frauen Gottes aus vielen Jahrhunderten einen gemeinsamen Nenner hatten: Sie zeichneten sich durch etwas aus, das sie als „heilige Muße" bezeichnete – ein Gefühl der göttlich geordneten Entspannung, eine heitere Gelassenheit, aus der die Weisheit erwächst, die richtigen Prioritäten im Umgang mit der eigenen Zeit und Energie zu setzen, und eine produktive Muße, die Beziehungen fördert und Inspiration weckt.

Heute versuchen immer mehr Menschen, ihre Zeit bis ins Kleinste zu planen, damit sie in der vorhandenen Zeit mehr erledigen und erfolgreicher sein können, um dann in ihrer Freizeit diese Muße zu finden. Freizeit ist tatsächlich zum neuen Idol geworden, einem neuen unantastbaren Ritus. Die Ironie ist jedoch, dass die Leute im Allgemeinen so müde sind, wenn sie endlich Freizeit haben, dass sie gar nicht wissen, was sie mit dieser Zeit anfangen sollen. Das frustriert sie noch mehr und alles endet damit, dass sie noch mehr tun.

Da die Zeit ein noch wichtigeres Gut geworden ist als Geld und sogar Information, bringt der anstrengende Zustand des Getriebenseins immer mehr Menschen um ihren wahren Frieden und eine erfüllende Kreativität. Was haben wir Christen einer Gesellschaft auf dem Geschwindigkeitstrip zu sagen? Es gibt nicht viel, was wir sagen können, weil wir offenbar in demselben Strudel gefangen sind.

Wie kommt es, dass für viele Christen der innere Frieden eher die Ausnahme als die Regel ist? Gefangen im System dieser Welt werden unsere Emotionen offenbar unablässig durch Frustration und Sorge zerrüttet. Wie weit sind wir vom Ziel abgekommen! Die ersten Worte Christi an seine Jünger nach der Auferstehung waren kein höflicher, beiläufiger Gruß, sondern eine Deklaration des wahren neuen Zeitalters: „Friede sei mit euch."

Es gibt keinen Menschen auf dieser Welt, der sich nicht inneren Frieden wünscht. Aber man kann sich nicht einfach dazu entscheiden, Frieden zu haben. Wenn man die Früchte des Geistes betrachtet, die Paulus im fünften Kapitel seines Briefes an die Galater aufzählt, ist Frieden interessanterweise die einzige Frucht, die nicht aufgrund einer Entscheidung entwickelt werden kann. Liebe ist eine Entscheidung; in gewissem Sinn ist auch Freude eine Entscheidung, denn Paulus sagt: „Freuet euch im Herrn allezeit; und abermals sage ich: Freuet euch!" (Philipper 4,4). Aber man kann sich nicht *entscheiden*, im Frieden zu sein. Friede ist ein Nebenprodukt anderer Entscheidungen.

Es gibt nur einen Weg zum inneren Frieden. Aber um diesen Weg zu entdecken, müssen wir zuerst etwas über die menschliche Dynamik verstehen.

Wir verwenden einen so großen Teil unseres Lebens darauf zu erkennen, wer wir sind und warum wir existieren. Tatsächlich brauchen zahlreiche junge Erwachsene aufgrund ihrer vielfältigen Rollen viel Zeit, um reif zu werden. Bis sie verschiedene Masken aufgesetzt und mit unterschiedlichen Fassaden experimentiert haben, um herauszufinden, welches Persönlichkeitsbild bei anderen Menschen am meisten Bewunderung und Anerkennung hervorruft, sind viele schon deutlich über dreißig Jahre alt. Dieser ganze Prozess verlangsamt die Reife. Die Folge sind Scharen junger „Erwachsener", die nie *erwachsen* geworden sind und einen großen Teil ihres Lebens damit verbringen, ihre verschiedenen Rollen zu sondieren, um endlich ganzheitlich „heil" zu werden.

Wir stellen uns ganzheitliche Wiederherstellung als Heilung von Verletzungen oder Heilung des inneren Selbst vor. Aber ganzheitliche Gesundheit bedeutet eigentlich, dass alle Bereiche unseres Seins in vollkommener Harmonie funktionieren und zusammenwirken:

- Unsere Gedanken und Gefühle stimmen überein;
- jede unserer Entscheidungen entspringt aus Weisheit;
- unsere zwischenmenschlichen Beziehungen sind bereichernd;
- unser Leben ist von Zielstrebigkeit geprägt;
- alle Dinge greifen in ungetrübter innerer Ruhe ineinander.

Das klingt, als ob ich zu einem Selbsterfahrungstrip in ein tibetanisches Kloster einladen würde. Wie könnten wir diesen Inbegriff der Glückseligkeit je erreichen? Nun, das sollen wir gar nicht – jedenfalls nicht in und aus uns selbst heraus.

Der einzige Weg zur ganzheitlichen Wiederherstellung besteht in der Rückkehr zu der ursprünglichen Absicht, zu der wir erschaffen wurden: *Wir wurden dazu erschaffen, zu erkennen, wer wir sind, indem wir Gott erkennen.* Bischof Michael Harper spricht eine ähnliche Thematik an, wenn er sagt, dass wir nicht

Gott aus unserer Erfahrung der Liebe erkennen, sondern die Liebe aus unserer Erfahrung Gottes.

Gott zu kennen ist der Schlüssel zur Selbsterkenntnis und zur Erfüllung aller Bedürfnisse. Wir entdecken Gott, indem wir ihn in unserem Körper wohnen und durch uns sein lassen, wer er ist. Als Mose Gott nach seinem Namen fragte, erwiderte der Herr einfach: „Ich bin." Er nannte sich nicht „Ich tue" oder „Ich werde" oder „Ich kann sein" oder „Ich gehe". Er nannte sich „Ich bin".

Der Name „Ich bin" bedeutet:

- Gott wird nicht getrieben, irgendein höheres Ziel zu erreichen, denn er ist selbst das höchste Ziel.
- Er denkt nicht darüber nach, wie er andere beeindrucken kann, denn er denkt zuerst an das Wohl aller anderen.
- Er ringt nicht um Selbstfindung, denn er ist immer gewesen.
- Es besteht für ihn keine Notwendigkeit der Selbstfindung, denn nichts ist ihm unbekannt.
- Er muss sich nicht durch seine Taten beweisen.
- Er sorgt sich nicht um die Zukunft, weil er das Ende von Anfang an sieht.
- In ihm gibt es keine widersprüchlichen Absichten und kein Bemühen, durch das Ausprobieren verschiedener Persönlichkeiten sich selbst zu finden.

Gott *ist* einfach; und es gibt nichts und niemand außerhalb von ihm, keine über ihn hinausgehende Macht. In ihm gibt es keine Überraschungen. Deshalb befindet sich Gott im Zustand der Ruhe. Er ist selbst *vollkommener Frieden*. Er allein ist „alles in allem".

A. W. Tozer wies darauf hin, dass es in Gott keinen Konflikt zwischen seinen Eigenschaften gibt. Seine Liebe und sein Zorn ringen nicht gegeneinander. Er ist in seiner gesamten Existenz vollkommen *einheitlich*; er ist „ganz". Das ist es, was innerer Frieden eigentlich bedeutet, und es führt uns zurück zu dem grundlegenden Verständnis Gottes als des „Ich bin".

Jeder Ausdruck seines Charakters ist vollkommen ausgewogen und vollkommen klar. Was wir Frieden nennen, ist der vollkommene, ausgewogene Ausdruck des Charakters, der aus einer vollkommenen, sicheren Erkenntnis dessen entspringt, wer er ist. Gott ist weniger *im Frieden*, sondern er selbst *ist Frieden*. Es gibt keine äußere Macht oder Kraft, die dieses innere Gleichgewicht stören könnte.

Wenn die Bibel sagt, dass Gott am siebten Tag ruhte, dann bestand diese Ruhe nicht im Aufhören der Arbeit, sondern in einer Haltung des Seins. Gott befindet sich sozusagen immer noch am siebten Tag der Ruhe. Die neue Schöpfung wird erst noch kommen. Noch ringen wir darum, in diese Ruhe einzugehen. Ein Paradoxon. Aber diese Ruhe ist nicht so sehr die Ruhe, die er *gibt*, sondern die Ruhe, die er *lebt*; nicht die Ruhe, die er *verleiht*, sondern die Ruhe, in der er *bleibt*. Indem der Eine, der in sich ruht, in uns lebt, befinden wir uns im Frieden und spiegeln nicht das „Ich tue" oder das „Ich werde" oder das „Ich kann" wider, sondern den „Ich bin".

Frieden ist nicht die Abwesenheit von Sorge, sondern einfach der Zustand, mit sich selbst „im Einklang" zu sein. So ist nur Gott. Daher ist der innere Frieden nicht etwas, was wir erlangen könnten, indem wir Konfliktpunkte beseitigen. Frieden heißt zuzulassen, dass der „Ich bin" sich durch uns ausdrückt. In Wirklichkeit werden wir diesen Frieden nie erreichen, weil wir, anders als Gott, einen Anfang haben. Die Notwendigkeit der Erkenntnis liegt in uns selbst und getrennt von Gott führt diese Notwendigkeit zu einer inneren Spannung, während wir versuchen, die verschiedenen Bereiche unserer Persönlichkeit auszubalancieren. Die einzige Art, wie wir Frieden erfahren können, besteht darin, dass wir den „Ich bin" durch uns „Ich bin" sein lassen.

Wir möchten, dass Gott uns Frieden gibt, damit wir munter erreichen können, was wir selbst tun wollen. Aber so funktioniert es einfach nicht. Frieden erwächst aus der Haltung, jeden Tag als ein Abenteuer der Gotteserkenntnis zu betrachten. Weil Gott in uns lebt, können wir nun jeden Umstand in eine Gelegenheit verwandeln, zu entdecken, wie er reagiert.

Nehmen wir zum Beispiel an, Sie wurden vom Finanzamt benachrichtigt, dass Sie sich der aufreibenden Erfahrung einer Buchprüfung unterziehen sollen. Sie wissen, dass Sie Ihr Bestes getan haben, um die Bemessungsgrundlage für Ihre nächste Einkommenssteuer vorzubereiten, doch während Sie auf den Brief starren, überkommt Sie ein beklemmendes Gefühl der Sorge. Dieses Ereignis gehört sicher nicht zu denen, die Ihr persönliches

Wohlbefinden steigern. Aber genau hier kommen unsere wahren
Lebensziele ins Spiel. Betrachten wir die Situation als Unannehmlichkeit, als Unterbrechung in unserem Leben, oder betrachten
wir sie als eine Gelegenheit, uns dem Heiligen Geist hinzugeben
und die Sache im Gebet an ihn abzugeben, damit sein Friede die
Sorge verdrängen kann?

Wenn das Leben für uns eine Serie von Aufgaben und Leistungen ist, von denen wir hoffen, dass sie unsere Existenz bestätigen,
werden wir ständig zur Sorge neigen. Aber wenn wir unser Denken neu orientiert haben und anfangen, unsere Lebensumstände
als Gelegenheiten zu verstehen, in denen wir beobachten können,
wie der Heilige Geist in uns wirkt, uns Einsicht gibt und uns befähigt, auf jede Herausforderung so zu reagieren, wie Jesus es
möchte, dann braucht das Leben für uns nie in einem hektischen
Zweiminutentakt abzulaufen, sondern wird ein Weg des immer
während Friedens sein.

Gebet
Komm, Heiliger Geist, und fließe durch mich.
Mache mich frei von den vielen Dingen,
die mich antreiben und drängen wollen.
Richte mich wieder auf die allumfassende Absicht aus,
Dir zu erlauben, Gottes Charakter durch mich zu manifestie-
ren.
Nur diese Absicht soll mich treiben, denn ich weiß,
dass ich nur so eine beständige innere Ruhe erfahren werde.

Fragen zum Nachdenken:

1. Haben Sie je festgestellt, dass Sie selbst vom Tempo der mo-
   dernen Welt vereinnahmt wurden?
2. Wie hat sich diese Erfahrung auf Ihre Beziehung zu Gott aus-
   gewirkt?
3. Wie können Sie in Gott Ruhe und Ganzheitlichkeit finden?
4. Was bedeutet für Sie „vollkommener Frieden"?

KAPITEL 29

Freudiger Gehorsam

Meine Speise ist die, dass ich den Willen dessen tue,
der mich gesandt hat.
JOHANNES 4,34

Gehorsam gehört nicht zu den angenehmsten Begriffen unseres Wortschatzes. Schon seine Erwähnung klingt einengend und verpflichtend, droht mit einer Beeinträchtigung unserer Freiheiten und unserer Jagd nach Glück – da ist auch nicht der Hauch von Freude zu spüren. Doch diese Idee, dass der Gehorsam Gott gegenüber uns begrenzt, bindet oder vom wahren Glück abhält, könnte gar nicht falscher sein!

Der Herr, Jesus Christus, betrachtet den Gehorsam aus einer völlig anderen Perspektive. Im vierten Kapitel des Johannesevangeliums sehen wir, wie Jesus ungeachtet aller Konventionen seiner Zeit mit einer samaritischen Frau plauderte, die eine bewegte Vergangenheit hatte. Die Jünger, wie Sie sich vielleicht erinnern, hatten Jesus am Jakobsbrunnen zurückgelassen, sie gingen in die Stadt, um etwas zu essen zu kaufen. Bei ihrer Rückkehr fanden sie Jesus im Gespräch mit dieser Frau vor. Als sie näher kamen, ließ die Frau plötzlich ihren Wasserkrug stehen und lief zurück in die Stadt, wo sie allen, die es hören wollten, von ihrer Begegnung mit „dem Propheten" erzählte. In der Zwischenzeit setzten die Jünger, die von der strategischen Bedeutung dieser Begegnung nichts ahnten und für die geistliche Tragweite dessen, was sie gerade gesehen hatten, nicht empfänglich waren, ihren Alltagstrott fort und fragten den Meister, ob er nicht etwas essen wollte.

Jesus erwiderte: „Ich habe eine Nahrung, von der ihr nichts wisst." Die Jünger begriffen es noch immer nicht. Wo sollte er an einem so abgelegenen Ort etwas Essbares gefunden haben? In diesem Augenblick gab Jesus seinen Jüngern eine ebenso tiefe wie einfache Definition für Gehorsam: „Meine Nahrung ist, den Willen dessen zu tun, der mich gesandt hat."

Wenn man einen Augenblick innehält und darüber nachdenkt, ist diese Definition erstaunlich – denn Jesus lenkt unsere Aufmerksamkeit auf zwei Aspekte, die Gehorsam und Nahrung gemein haben. Erstens ist Essen etwas Angenehmes. Denken Sie an Delikatessen, die Sie besonders mögen, an Leckerbissen, die am ehesten dazu geeignet sind, dass Ihnen das Wasser im Mund zusammenläuft. Für mich sind das Zimtrollen. Ich liebe Zimtrollen! Weniger die billige Dutzendware aus dem Supermarkt, die altbacken und langweilig schmeckt, sondern die liebevoll von Hand gerollten Exemplare, die mit ihrer reichhaltigen Füllung aus braunem Zucker und Zimt auf der Zunge zerschmelzen. Meiner Vorstellung vom Paradies kommt das sehr nahe!

Nun gibt es Leute, die Zimtrollen wenig schätzen. Sie fallen mit Messer und Gabel darüber her wie ein Metzger, der ein Stück Fleisch zerlegt. Aber es sollte jedem bekannt sein, dass man eine Zimtrolle nicht mit derart unachtsamer, liebloser Gleichgültigkeit behandelt – man verzehrt eine Zimtrolle genüsslich Stückchen für Stückchen. Für mich ist das Entfalten einer Zimtrolle ein nahezu geistlicher Genuss.

Nehmen wir uns einen Augenblick Zeit für ein wenig Etikette (Fry-Zimtrollen-Etikette). Zunächst ist wichtig, dass man beim Entfalten einer Zimtrolle jedes abgelöste Stückchen nicht einfach in den Mund stopft, sondern es so bedächtig an die Lippen führt, dass auch unser Geruchssinn ins Spiel kommt. Lassen Sie Ihre Augen kurz auf dem gezuckerten Bissen ruhen, den Ihre Geschmacksnerven jetzt genießen werden. Nun kauen Sie ruhig und bewusst, sodass brauner Zucker, Guss und Zimt sich nur langsam auflösen, sodass Ihre Geschmacksnerven das exquisite Vergnügen voll ausschöpfen können. Wenn Sie dann zur Mitte der Zimtrolle gelangen, wo sich die süße, klebrige Masse konzentriert hat, halten Sie eine Weile andächtig inne und lassen Sie sich in den siebten Himmel versetzen. Wenn ich dieses süße Mittelstück dann endlich im Mund habe, schließe ich die Augen und danke Gott, dass er uns befähigt hat, Zimtrollen zu kreieren.

Können diejenigen Leser, die heute vielleicht noch nicht gefrühstückt oder das Frühstück schon hinter sich haben und wünschten, sie hätten eine Zimtrolle verspeist, das schiere Vergnügen nachempfinden, das dieses genussvolle Bild in unserer Vorstellung weckt? Für die meisten Zimtrollengourmets ist dieses Gebäck eine äußerst angenehme Erfahrung.

Genau das ist der Punkt, den Jesus hervorhebt. Wenn wir den Gehorsam aus Gottes Perspektive verstehen, wird auch er ein tiefes Gefühl des inneren Vergnügens wecken. Wenn wir das Wort *Gehorsam* hören, sollte uns, im geistlichen Sinne das Wasser im Munde zusammen laufen. Gehorsam ist vergnüglich, weil Gott Freude bedeutet.

Der andere Aspekt, den Jesus durch den Vergleich zwischen Nahrung und Gehorsam hervorhebt, ist die Tatsache, dass Gehorsam für unser Überleben genauso wesentlich ist wie Nahrung. Gottes Geboten zu gehorchen steht uns nicht frei; es ist eine Notwendigkeit. Bei akutem Hunger debattiert man nicht darüber, wie gut sich Nahrung eignet, um Hunger zu stillen. Wenn wir ausgehungert sind, verschlingen wir alles, was man uns vorsetzt. Genauso gibt es angesichts unserer Bedürftigkeit keine Debatte über die Notwendigkeit des Gehorsams. Denn der Gehorsam hält uns offen für den Gott, der dieser Bedürftigkeit begegnet.

Wenn Gott uns um etwas bittet, wenn er uns *ruft*, ihm in einem Bereich zu gehorchen, der uns schwer fällt, oder wenn er uns ruft, etwas aufzugeben, das wir schätzen, wie reagieren wir dann? Normalerweise macht uns so etwas zu schaffen. Wir möchten Gott gehorchen, aber wir empfinden Angst oder Verärgerung im Blick auf das, was er von uns verlangt. Schließlich ringen wir uns dazu durch, aufrichtig um seine Hilfe zu bitten. „Herr, hilf mir, dir in dieser Sache zu gehorchen", beten wir mit der Bitte um irgendeinen göttlichen Impuls, irgendeine besondere Motivation, die uns befähigt, die Sache durchzuziehen.

Stellen Sie sich folgende Situationen vor:

Gott sagt Ihnen, Sie sollen einer Person, die Sie verletzt hat, mit einer Geste der Freundlichkeit begegnen. Zum Beispiel bittet ein Freund Sie, eine Überraschungsparty zum Geburtstag eines

Menschen zu organisieren, der Sie tief verletzt hat. Sie empfinden, dass Sie schon geistlich genug waren, dieser Person zu vergeben, und die Vernunft sagt Ihnen, dass es nichts bringt, ihr nahe zu kommen, um nicht erneut verletzt zu werden. Oder Gott lädt Sie ein, das Geld, das Sie für Ihren Familienausflug ins Disneyland gespart haben, für eine in Not geratene Familie zu spenden. Oder Sie sitzen im Flugzeug neben einem Geschäftsmann, der die Flugbegleiterin rüde angefahren hat. Der Heilige Geist gibt Ihnen den Impuls, umsichtig und verständnisvoll in diese Situation einzugreifen, aber das Letzte, was Sie wollen, wäre, mitten in einem Konflikt zu landen.

Wir können uns vorstellen, wie wir uns in solchen Fällen unter der gnädigen Hand Gottes winden. Regungslos, weil Gottes Wille unseren Wünschen entgegensteht, flehen wir aus Angst vor dem göttlichen Missfallen dennoch, dass Gott uns irgendwie über die Ziellinie bugsiert.

Gott hat Verständnis, wenn wir ihn um diese Art von Hilfe bitten. Und wir können uns tatsächlich in gewissem Sinn auf seine Gnade stützen, nicht nur um zu hören, was wir tun sollen, sondern auch, um die Kraft zu bekommen, die Sache durchzuziehen. Doch wenn wir behaupten, geistlich reif zu sein, gibt es da noch einen anderen Aspekt: Indem wir Gott um Hilfe bitten, seinen Geboten zu gehorchen, geben wir einen Mangel an Vertrautheit und Freundschaft mit Gott zu erkennen.

Genügt es denn nicht, dass der große Schöpfer zu uns gesprochen und uns gebeten hat, ihm zu gehorchen? Ist das nicht die einzige Motivation, die wir brauchen? Manchmal offenbart unsere Bitte an Gott, uns gehorchen zu helfen, keine gesunde Abhängigkeit von seiner Gnade, sondern das fehlende Staunen darüber, wer er wirklich ist.

Bedenken Sie, wer es ist, der uns auffordert! Ist unsere Abhängigkeit von unseren Ersparnissen oder unser Widerstreben, einen Menschen zu segnen, der uns verletzt hat, denn größer als unsere Vision Gottes? Wir können eine so reiche Gemeinschaft mit Gott pflegen, dass wir jedes Mal, wenn er uns zu konkreten Gehorsamsschritten auffordert, unverzüglich mit Ja antworten – einfach aus Ehrfurcht vor dem Gott, der es uns gebietet.

Das soll nicht heißen, dass Gott nicht so gnädig ist, uns die nötige Kraft zum Gehorsam zu verleihen. Aber je mehr wir in ihm wachsen, desto mehr sollten wir feststellen, dass wir spontan mit Freude reagieren, weil wir von ihm fasziniert sind und auf seine Güte vertrauen. Wenn wir in Situationen, in denen uns der Gehorsam besonders schwer fällt, immer und immer wieder um seine Kraft bitten müssen, bedeutet das vielleicht, dass wir nicht genug Zeit mit ihm verbringen, um ihn kennen zu lernen.

GEBET
Erweitere meine Einsicht, Vater! Gib mir ein Verlangen,
Dir zu gehorchen. Hilf mir, den täglichen Gehorsam als eine
der erfüllendsten Freuden zu verstehen, die ich je erfahren
werde. Bewahre mich vor Wankelmütigkeit; bewahre mich
vor heimlichen Wünschen, die mich nur daran hindern,
Dir leidenschaftlich zu gehorchen. Hilf mir zu erkennen,
dass wahre Liebe dadurch zum Ausdruck kommt,
dass ich Deinem Wort gehorche.

Fragen zum Nachdenken:

1. Warum zucken wir leicht zusammen, wenn wir das Wort „Gehorsam" hören?
2. Wie wichtig ist unser Gehorsam aus Gottes Sicht für unsere Beziehung zu ihm?
3. Welche positiven Konsequenzen hat es, wenn wir Gott gehorchen?
4. Was können wir tun, damit es für uns eine Freude wird, Gott zu gehorchen, statt eine Last zu sein?

KAPITEL 30

Er ist das Zentrum unseres Lebens

*Wenn ich nur dich habe,
so frage ich nichts nach Himmel und Erde.*
PSALM 73,25; LUTHER

Eine meiner größten Entdeckungen machte ich, während ich ein Brot mit Erdnussbutter und Marmelade aß. Es gibt nicht allzu viele Genüsse, die sich für die „Heiligen" ziemen, ich gebe es gerne zu, ich genieße meine Erdnussbutter-Sandwiches ganz außerordentlich. Mein anderes großes Laster sind Zeichentrickfilme – nicht die Samstagvormittags-Cartoons mit den vorhersagbaren Dialogen und der mittelmäßigen zeichnerischen Umsetzung, sondern die alten Klassiker: *Bugs Bunny*, *Woody Woodpecker* und natürlich *Fred Feuerstein*. Erdnuss-Sandwiches zu diesen Erkennungsmelodien kommen für mich dem Himmel auf Erden ziemlich nahe.

Eines Nachmittags, während einer Verschnaufpause von den Strapazen des Dienstes, gönnte ich mir so ein leckeres Erdnussbutter-Sandwich und schaute Fred Feuerstein zu, wie er auf Barney Geröllheimer einhämmerte, als mir plötzlich Gottes Gegenwart in unserem Wohnzimmer bewusst wurde. Während einer Zeit des Gebets oder in der Anbetung Gottes Gegenwart zu spüren, war nichts Ungewöhnliches, aber diese Begegnung kam für mich ganz unerwartet. Als ich das sanfte Ziehen des Heiligen Geistes verspürte, wollte ich, meinem ersten Impuls folgend, den Fernseher ausschalten, meine geliebte Erdnussbutter beiseite legen und auf die Knie gehen. Doch gerade als ich auf den Schalter drücken wollte, merkte ich deutlich, wie der Herr mit seiner vertrauten leisen Stimme sagte: „Nein, ich möchte die Feuersteins mit dir zusammen anschauen."

Ich kann die Mischung aus Verwunderung und Freude nicht beschreiben, die mich emotional erfasste. Der Eindruck kam so rasch, dass ich einen Augenblick erstarrte. Hatte ich tatsächlich Gott sagen hören, dass er Zeichentrickfilme mochte?

Natürlich dauerte es noch einige Augenblicke, bis mir ein Licht aufging. Gott gab mir zu verstehen, dass er das ganze Leben mit mir teilen wollte, auch diejenigen Seiten, die mir banal oder sogar oberflächlich erscheinen. Als ich über diese Begegnung nachdachte, erkannte ich, dass diese Seiten meines Lebens genauso geistlich waren wie jede „religiöse" Aktivität. Diese Erfahrung deckte eine Mentalität auf, die wohl die meisten von uns übernommen haben – indem wir zwischen geistlich und nicht geistlich unterscheiden oder, anders ausgedrückt, das Heilige vom Säkularen trennen.

In meiner Welt hatten geistliche Dinge – die üblichen religiösen Pflichten –, nur selten etwas mit den alltäglicheren Aspekten meines Lebens zu tun. Der Gedanke, Basketballspielen als geistliche Aktivität zu betrachten, war mir fremd. Doch was in diesem Wohnzimmer geschah, während ich mein Erdnuss-Sandwich verspeiste, war ein tiefer Wandel in der Art und Weise, wie ich Gott in meiner Welt wahrnahm.

Um diesen Wandel besser zu verstehen, könnte es aufschlussreich sein, das hebräische Denken mit der griechischen Denkweise zu vergleichen. Die meisten Personen, die Gott gebrauchte, um die Texte zu schreiben, die wir heute die Bibel nennen, waren hebräischer Abstammung und betrachteten das Leben als integrierte Einheit. Die Griechen dagegen versuchten, das Leben zu systematisieren, indem sie es in verschiedene Bereiche gliederten, die sich analysieren und organisieren ließen. Daraus entstand eine sehr fragmentarische Gliederung der eigenen Welt. Die Idee war, das Leben in verschiedene Schubladen des Handelns zu gliedern, diese nach ihrer Wichtigkeit zu ordnen und sie je nach den damit verbundenen Erfordernissen zu bewältigen. So hatte man eine Bildungsschublade, eine Berufungsschublade, eine Familienschublade und so weiter. Und wer religiös war, hatte seine Schublade für Gott. Die besonders Frommen machten ihre Religion zur höchsten Priorität ihres Lebens.

Im Wesentlichen ist das die Mentalität, die wir im Westen übernommen haben. Wir haben so viele verschiedene Schubladen - und wir Christen haben noch einen besonderen Bereich in unserem Leben, in dem wir unseren religiösen Pflichten nachkommen.

Man hat uns gesagt, Hingabe bedeutet, Gott an die erste Stelle in unserem Leben zu setzen. Als junger Pastor habe ich diese Auffassung bei der Begleitung neubekehrter Christen nachdrücklich - und recht naiv, könnte man hinzufügen - verstärkt. Wenn junge Menschen ihr Leben Jesus anvertrauten, war ich schnell dabei, ihnen zu erklären, was sie als Nächstes tun sollten. „Bisher habt ihr für euch selbst gelebt", pflegte ich zu sagen, „aber jetzt soll Gott die Nummer Eins in eurem Leben sein." Dann erklärte ich weiter, dass die Familie an zweiter Stelle folgte, die verbindliche Mitarbeit in der Gemeinde an dritter Stelle, und so fort. Für die Oberstufenschüler in diesen Gruppen rückte ich die Bildung etwa auf Platz fünfundzwanzig auf der Liste. Ohne darüber nachzudenken, verstärkte ich die Neigung, Gott nur als eine Kategorie des Lebens zu betrachten, wenn auch als die wichtigste.

Die Begegnung damals zwischen Gott, mir und den Feuersteins in unserem Wohnzimmer machte mir schlagartig etwas über Gott bewusst: Er möchte nicht die Nummer Eins in unserem Leben sein; *er will der Einzige in unserem Leben sein.* Er will nicht an oberster Stelle auf unserer Liste stehen, sondern der Mittelpunkt unseres Lebens sein, um den sich alles andere dreht. Das ist radikale Hingabe.

Oft verstehen wir unsere Hingabe als Christen im Sinne einer Unterstützung, so wie wir unseren örtlichen Fußballverein oder den von uns bevorzugten politischen Kandidaten unterstützen. Wahre Hingabe an Gott bedeutet jedoch nicht, dass wir herausfinden, was er möchte - regelmäßige Teilnahme am Gottesdienst, fünfzehn Minuten Gebet am Tag und zehn Prozent unseres Einkommens -, sondern dass er zum Mittelpunkt all unseres Handelns wird, was jedem Teil unseres Lebens geistliche Bedeutung verleiht. Ja, Basketballspielen kann geistlich sein; ein fröhlicher Spaghettiabend mit Freunden kann wunderbar geistlich sein; der ausgewogene Umgang mit unserem Scheckheft kann zutiefst geistlich sein – ja, wahrscheinlich wird uns dies schneller auf die Knie treiben als irgendetwas sonst.

Für Jesus war Hingabe an seinen Vater kein mühsames Ringen. Ihre Beziehung wurde nicht durch mehrere sich überlagernde Prioritäten bestimmt. Er musste seine Zeit nicht zwischen heiligen und säkularen Dingen aufteilen. Er musste sein Leben nicht in unzählige kleine Fächer gliedern, die seine Aufmerksamkeit verlangten.

Das Leben war für Jesus kein Balanceakt. Das Leben war einfach. Es ging einzig und allein um den Mittelpunkt: seinen Vater. Alles drehte sich um ihn und deshalb ging Jesus mit einer Leichtigkeit des Stils und einer beschwingten Gewandtheit an das Leben heran, wie sie sich einer Terminkalender-Generation entzieht.

Wenn wir unser Leben Christus total hingegeben haben, ist diese Hingabe weit radikaler, als wenn wir Gott nur an die erste Stelle setzen – als einen Gott, den wir lieben und ehren, der aber mit den alltäglichen Angelegenheiten unseres Lebens wenig zu tun hat. Es ist vielmehr eine Hingabe, die ihn als Mittelpunkt und als Quelle erkennt. Es ist eine Hingabe, die seiner Gegenwart in allem, was wir tun, in allem, was wir sagen, und in allem, was wir sind, Raum schafft. Es ist eine Hingabe, durch die wir die Einfachheit und Leichtigkeit wiedererlangen können, nach der sich unser Herz so sehnt.

GEBET

Herr, ich stelle fest, dass ich Buße für etwas tun muss,
worin ich mich für so nobel gehalten habe. Manchmal denke
ich, dass es mir wirklich gelingt, Dir den ersten Platz zu geben.
Aber jetzt sehe ich, dass ich dann nur dazu neige,
mir meiner geistlichen Reife allzu gewiss zu sein.
Wenn ich die Beziehung zu Dir nur auf Regeln reduziere
- mögen sie auch noch so umfassend und gut sein -,
macht mich das unempfänglich für eine radikale Hingabe.
Du sollst nicht nur die Nummer Eins in meinem Leben sein;
ich möchte, dass Du den Mittelpunkt meines Lebens bildest.
Ich will mich so fest an Dich lehnen, dass ich sofort umfalle,
falls Du Dich auch nur um einen Zentimeter bewegen wür-
dest.
Lass mich das, Gott, durch Deine Gnade erkennen.

Fragen zum Nachdenken:

1. Warum sollten wir es vermeiden, Gott als eine Priorität zu betrachten, und sei es die höchste?
2. Was bedeutet es, Jesus zum Mittelpunkt Ihres Lebens zu machen?
3. Wie würde es sich auf die verschiedenen Bereiche Ihres Lebens auswirken, wenn Jesus der Mittelpunkt ist?
4. Was können wir tun, damit Jesus der Mittelpunkt unseres Lebens wird?

KAPITEL 31

Ein Gott, der feiert

Freuet euch! ... Der Herr ist nahe!
PHILIPPER 4,4

Kürzlich hörte ich Rob Reiner, einen bekannten Filmregisseur und Schauspieler, in einer beliebten Fernseh-Talkshow folgende Feststellung treffen: „Ich kann mich an vielleicht achtzehn Sekunden in meinem ganzen Leben erinnern, in denen ich wahre, ungetrübte Freude erlebt habe." Was für ein trauriger Kommentar in unserer gegenwärtigen Kultur. Einer der talentiertesten Leute, die Hollywood hervorgebracht hat, kann sich nur an ca. achtzehn Sekunden Freude in seinem ganzen Leben erinnern.

Für den Apostel Paulus war Freude Normalität. Er hatte eine überaus erfrischende Sicht Gottes. Er wusste, dass innere Freude die natürliche Folge war, wenn er Gottes Nähe suchte. Die meisten Leute meinen, je näher sie Gott kommen, desto heißer wird das Feuer, desto stärker die Überführung von Sünden, desto größer ihr Unwohlsein. Paulus sagt genau das Gegenteil: Je näher wir Gott kommen, desto größer wird unsere Freude. Unser Denken ist so verdreht, dass wir die Nähe zu Gott für gleichbedeutend mit einer freudlosen Existenz halten. Nichts könnte weiter von der Wahrheit entfernt sein.

Als Kind war ich ein Disney-Freak. Vielleicht lag es daran, dass wir damals in Südkalifornien lebten und ich drei- bis viermal im Jahr ins Disneyland pilgern durfte. Und es soll nicht unerwähnt bleiben, dass ich zu den wenigen Privilegierten gehörte, die am Eröffnungstag in Disneyland waren – im „reifen" Alter von sechs

Monaten. Schon mit fünf Jahren war ich zu einem lokalen Disney-experten herangereift. Wir wohnten etwa eine Autostunde von Disneyland entfernt und ich hatte im Irrgarten des Autobahnnetzes von Los Angeles schon bald einige Erkennungszeichen an der Strecke ausfindig gemacht.

Bis heute erinnere ich mich mit großem Vergnügen an die Augenblicke, wenn ich in das Auto meiner Eltern kletterte, um wer weiß wohin zu fahren, und dann auf halber Strecke feststellte, dass die Fahrt ins Disneyland führte. Zuerst sahen alle Autobahnschilder gleich aus. Dann entdeckte ich den Wegweiser nach La-Brea Tarpits, dann die Universität, dann das Autokino mit der großen Orange auf der Rückseite der Leinwand. Und irgendwann sah ich ihn – den Gipfel des Matterhorns. Bei jedem Erkennungszeichen erhöhte sich meine gespannte Erwartung, bis ich schließlich absolut sicher sein konnte, dass wir ins Disneyland fuhren, und meine Vorfreude kaum noch zügeln konnte. Inzwischen habe ich selbst drei kleine Kinder, die genauso auf Disneyland stehen, wie ich damals. Ich habe sie gut erzogen.

Wohl jeder von uns kann sich an Orte oder Ereignisse erinnern, die uns als kleine Kinder immer wieder begeisterten. Brer Rabbit in dem Film *Song of the South* sprach von seinem „Lachplatz". Wir alle haben unseren „Lachplatz" – Menschen, Erinnerungen, Ferien –, an den wir gern zurückkehren, weil wir wissen, dass wir dort Freude finden.

Denken Sie an eine Person oder Situation, die Ihnen immer wieder Freude macht. Denken Sie dann über das nach, was Paulus im vierten Kapitel des Philipperbriefs sagt: „Freuet euch im Herrn allezeit; und abermals sage ich: Freuet euch! Eure Sanftmut lasset alle Menschen erfahren! Der Herr ist nahe!" (Vers 4).

Paulus' Aufruf, uns zu freuen, und seine Ermahnung, sanftmütig zu sein, entspringen aus derselben Erkenntnis: Der Herr ist nahe. Paulus spricht hier nicht nur vom Kommen des Herrn am Ende der Zeit; er sagt, dass Gottes Nähe hier und jetzt und innig erfahren werden kann.

Das Erstaunliche ist, dass die Gewissheit der Nähe des Herrn für Paulus ein Anlass zum Feiern war. Für Paulus, der wusste, was ein Leben mit Gott bedeutet, war es eine natürliche Erkenntnis, dass er mit zunehmender Nähe zu Gott immer größere Freude erfahren würde, weil er wusste, dass Gott als Quelle der Freude selbst reine Freude ist.

Es ist eine tiefe Ironie, dass wir, obwohl wir so vergnügungssüchtig sind, oft die größte Quelle des höchsten Vergnügens ignorieren: Gott selbst! C. S. Lewis fasste die schiere Absurdität unserer Kurzsichtigkeit zusammen, als er sagte:

> „Wenn wir die großzügigen Verheißungen einer Belohnung und den erstaunlichen Charakter der in den Evangelien versprochenen Belohnungen betrachten, ist wohl anzunehmen, dass unser Herr unsere Wünsche nicht zu stark, sondern zu schwach findet. Wir sind halbherzige Geschöpfe, die sich mit Alkohol und Sex und Ehrgeiz abgeben, während uns eine nicht endende Freude angeboten wird, wie ein unwissendes Kind, das in einem Elendsviertel weiter Sandkuchen kneten will, weil es sich nicht vorstellen kann, was das Angebot eines Urlaubs am Meer bedeutet. Wir lassen uns allzu leicht zufrieden stellen."[14]

Gottes Freude kennt keine Grenzen. In Zephanja 3,17 steht: „Er wird sich über dich freuen mit Wonne." Das Wort für „freuen" in diesem Vers zeichnet ein sehr lebhaftes Bild. Im Hebräischen bedeutet es wörtlich: „vor Aufregung wie ein Wirbelwind tanzen". Die meisten Übersetzungen haben eine weniger kraftvolle Umschreibung gewählt, weil sie sich einen Gott von solch emotionaler Intensität nicht vorstellen können.

Wir vertrauen unseren Emotionen nicht und zögern deshalb, Gott irgendeinen emotionalen Eifer zuzuschreiben, der nach Unausgewogenheit schmeckt. Aber wenn wir so über Gott denken, entgeht uns eine der kostbarsten Eigenschaften seines Charakters – die Tatsache, dass er über Sie und mich so begeistert ist, dass sich seine Freude nur im Bild des herumwirbelnden Tanzens ausdrücken lässt.

Die Hebräer kannten Gott nicht nur als den Gott des Bundes, sondern auch als den Gott des Feierns. Wieder und wieder finden wir in den Psalmen dringende Appelle zur Freude. Wie könnten wir zu einer so intensiven Freude aufgerufen werden, wenn sich nicht Gott selbst mit solcher Intensität freut? Wenn Paulus im vierzehnten Kapitel des Römerbriefs sagt, dass das Reich Gottes Gerechtigkeit, Friede und Freude im Heiligen Geist ist, beschreibt er das Wesen des Königs dieses Reiches. Es fällt uns nicht schwer, Gott als König der Gerechtigkeit und als Friedensgeber zu sehen, aber er ist genauso sehr der Gott der Freude.

Dem Gott der Freude zu begegnen, gehört zu den großen Geheimnissen des Überwindens in diesem Leben. So oft bedeutet die Vergangenheit eine schmerzliche Erinnerung an das, was alles hätte sein können. Gewiss kannten auch die Juden, die aus der babylonischen Gefangenschaft nach Jerusalem zurückkehrten und sich an den herrlichen Tempel Salomos erinnern konnten, diesen Schmerz, als sie melancholisch den zweiten Tempel betrachteten. Einige weinten sogar laut um die verlorene Pracht. Doch sie wurden rasch ermahnt, den Kopf zu heben. „Die Freude am Herrn ist eure Stärke!" (Nehemia 8,10), wurde ihnen gesagt. Für diese Hebräer, die Gefangene ihrer Vergangenheit waren, sollte Gottes Freude ihre Kraft für die Zukunft sein.

Diejenigen unter Ihnen, die vielleicht denken, dass ihre besten Jahre vorüber sind, sollten noch einmal genauer hinschauen. Es gibt einen Gott, der Sie zu seinem Fest einlädt; einen Gott, der ein ganzes Leben verpasster Gelegenheiten an einem einzigen Tag wettmachen kann; einen Gott der Freude, der Sie mit Zuversicht erfüllen wird, indem er Ihr Bedauern über die Vergangenheit in Visionen für die Zukunft verwandelt.

GEBET
Herr, wieder halte ich inne, um auf Dich zu warten.
Zeige mir, ob ich in Gedanken noch Dingen nachweine,
die mich daran hindern, Deine Freude zu ergreifen.
Ich weiß, dass Du ein Gott bist, der meinen Schmerz heilt;
aber hilf mir auch, Dich als den Gott zu sehen,
der meine Fehler wiedergutmacht.
Ich bringe Dir jeden alten Kummer, einen nach dem anderen.
Danke, dass Du mich jetzt, in diesem Augenblick,
vom lähmenden Kummer über die Vergangenheit befreist
und mir hilfst, eine Zukunft der Freude wahrzunehmen.

Fragen zum Nachdenken:

1. Führen Sie ein Leben, das im Großen und Ganzen von Freude erfüllt ist?
2. Was oder wer ist Ihre Quelle der Freude?
3. Haben Sie Gott je als einen Gott gesehen, der sich über Sie freut?
4. Wenn ja, wie wirkt diese Sicht Gottes sich auf Ihre Einstellung zu ihm aus?

KAPITEL 32

Gott im Krieg – doch er sitzt auf seinem Thron

*Nachdem er sein Leben zum Opfer gebracht hat,
um uns von unseren Sünden zu reinigen, hat er sich im Himmel
an die rechte Seite der göttlichen Majestät gesetzt.*
HEBRÄER 1,3B; GUTE NACHRICHT

Beim Thema des geistlichen Kampfes scheinen heute einige irrtümliche Ansichten zu kursieren. Für manche ist geistlicher Kampf zu einem Bewältigungsschema geworden. Durch die wachsende Komplexität des Lebens bis zum Äußersten gestresst, verspüren wir den Drang, irgendjemanden anzugreifen. Welche Zielscheibe wäre für unseren unangebrachten Zorn besser geeignet als der Teufel und seine Festungen – und so zetern und wettern wir gegen die Hölle. Oder wir versuchen, den Teufel in einem Gebetstreffen niederzuschreien, als würde die bloße Lautstärke unserer Stimme den Feind einschüchtern und verjagen.

Zweifellos sind die Mächte der Finsternis real und wir brauchen geistliches Geschick, wenn wir ihren Listen entgegentreten. Aber schauen wir dabei auf den Meister unseres Glaubens, der den Bösen schon besiegt hat.

Als Jesus in die Ewigkeit schrie: „Es ist vollbracht", verkündete er das Ende der Herrschaft der Hölle über die Seelen der Menschen. Nun kann der Feind nicht länger dastehen und diejenigen beschuldigen, die ihr Leben Jesus hingegeben haben; nun kann der Feind nicht länger der geistlichen Macht eines Volkes widerstehen, das das Zeichen des Lammes Gottes trägt. Wenn es einmal legitime Rechte gab, die Satan über das Leben von Menschen beanspruchte, wurden sie bei seinem Gericht vor dem hölzernen Thron von Golgatha beseitigt. Am Kreuz brach Christus die Macht Satans.

Nachdem er für alle, die auf seine Gnade vertrauen, die Freilassung erlangt hatte, setzte Jesus, der Herr, sich zur Rechten des Vaters nieder. *Er setzte sich!* Das ist der Platz, an dem er für uns eintritt; dort macht er in diesem Augenblick seine Feinde zu seinem Fußschemel.

Beachten Sie das Bild, das darin zum Ausdruck kommt. Denn es ist nicht das Bild eines hektisch durch die Korridore des Himmels eilenden Königs, der sich über den Ausgang des tobenden Kampfes nicht sicher wäre. Es ist nicht das Bild eines besorgten Herrschers, der von seinem Thron aufspringt wie ein nervöser Fan bei einem Fußballspiel. Es ist das Bild eines Königs, der in sitzender Haltung Krieg führt und die Siegesbeute sammelt, indem er seine Feinde zu einem Schemel für seine Füße macht.

Jetzt sind wir in Christus. Seine Stellung ist unsere Stellung. Die Bibel sagt uns, dass wir mit Christus in himmlische Regionen versetzt sind (Epheser 2,6). Bei aller Betonung der geistlichen Kampfführung müssen wir in Erinnerung behalten, dass auch wir aus einer „sitzenden" Haltung kämpfen sollen. Wir entscheiden nicht über den Ausgang; der ist bereits entschieden. Wir verhängen kein Gericht über die Mächte der Finsternis; das ist bereits geschehen. Wir setzen das Urteil nicht durch; denn das ist die Sache des Heiligen Geistes. Wir deklarieren einfach, was bereits *vollbracht* wurde, ob wir nun für einen Menschen in Not beten, den Angriffen des Feindes widerstehen oder freudig das Evangelium verkünden.

Im Laufe der Jahre habe ich Tausende Oberstufenschüler und College-Studenten in verschiedenen Einsätzen in aller Welt geleitet. Einmal koordinierte ich eine Gruppe von etwa zweihundert jungen Leuten, die im Zentrum von Washington D.C. evangelisierten. Wir hatten einen Park in einem Stadtteil gewählt, der, wie wir später herausfanden, zu den gefürchtetsten gehörte. Dieses Viertel war so gefährlich, dass Autofahrer dort nicht anhielten und mit verriegelten Türen fuhren, aus Angst, dass jemand die

Wagentür aufreißen, sie mit einem Messer bedrohen und ausrauben könnte.

Als wir im Park eintrafen, bot sich uns eine wirre Fülle von Szenen und Geräuschen – Zuhälter, Prostituierte, Drogendealer, verwahrloste Straßenkinder und lebensmüde Schnorrer. Wir schwärmten aus, um den Menschen überall im Park und in den angrenzenden Wohnblöcken von der Liebe Christi zu erzählen, doch schon bald merkten wir, dass wir auf stärkeren Widerstand geistlicher Mächte der Finsternis stießen, als wir es in der Vergangenheit erlebt hatten. Die ganze Atmosphäre schien von Gewalt erfüllt; einige Personen wurden so aggressiv, dass sie sich wenige Zentimeter vor uns aufbauten, uns anpöbelten und uns obszöne Flüche ins Gesicht schrien.

Wir wussten, dass die Situation rasch außer Kontrolle geraten konnte; deshalb holten wir die Musiker zusammen und fingen an, Jesus anzubeten. Innerhalb weniger Minuten erlebten wir eine Veränderung, die man nur als Wunder bezeichnen kann. Plötzlich legte sich eine Atmosphäre des Friedens und der Ruhe über den Park. Wo zuvor Schaulustige gestanden hatten, die vor Hass kochten, sahen wir nun Oberstufenschüler, die sich ins Gras setzten und mit Dutzenden Männern und Frauen freundlich über ihre ewige Zukunft sprachen. Später erfuhren wir, dass zwölf Menschen in der folgenden Stunde ihre Herzen Christus gegeben hatten.

Was hatte diesen Unterschied bewirkt? Durch den Lobpreis und die Anbetung seines Volkes war die Autorität Jesu in diesem Park aufgerichtet worden. Wir hatten nicht versucht, den Teufel niederzuschreien oder uns rasch in die Sicherheit der Vororte zurückzuziehen. Wir hatten uns einfach auf den errungenen Sieg des Christus berufen, der sich zur Rechten des Vaters gesetzt hat. Wir erlebten, was Psalm 22,4 bezeugt: Der Herr thront im Lobgesang seines Volkes, oder anders ausgedrückt: *Der Herr bringt seine Autorität zur Geltung, wenn sein Volk ihn anbetet.* Nie war dieser Abschnitt für mich so real geworden wie an diesem Tag, als ich miterlebte, wie eine Bastion der Gewalt in eine Oase des Friedens verwandelt wurde.

Damit soll nicht in Frage gestellt werden, dass dem Einfluss des Bösen in unserer Gesellschaft aggressiv Widerstand geleistet werden muss. Und es besteht kein Zweifel, dass wir nie aufhören sollten, energisch im Gebet zu kämpfen. Was aber entscheidend ist, ist unsere Haltung, unser innerer Schwerpunkt. Wir kämpfen nicht aus einer ängstlichen Haltung gegen die jüngste antikirchliche Gesetzgebung der Regierung; wir kämpfen aus einer sitzenden Position in der Gewissheit über den Ausgang des Kampfes, nehmen wahr, auf welche Weise Jesus Feinde zu seinem Fußschemel macht, und ruhen in unserer Gemeinschaft mit Gott. Vielleicht liegt eine der größten Taktiken des geistlichen Kampfes letztlich in einer Haltung des Friedens inmitten einer turbulenten Welt.

Es war Johann Christoph Blumhardt, ein deutscher Erweckungsprediger des 19. Jahrhunderts, der das Motto „Jesus ist Sieger" prägte, das später von Karl Barth als Fanfare seiner eigenen Theologie aufgegriffen wurde. Für Blumhardt war dieser Ruf mehr als ein Slogan, denn er war besonders bekannt für seinen Befreiungsdienst, zu dem auch Dämonenaustreibungen gehörten.

Wenn wir wissen, dass Jesus Sieger ist und zur Rechten des Vaters sitzt, können wir sowohl den feurigen Pfeilen des Bösen widerstehen, als auch demütig mit einer Gelassenheit und Sicherheit in seine Domäne einbrechen, die fest in der Autorität Christi ruht.

Gebet

Ich preise Dich, dass Du durch Deinen Geist in mir lebst, oh Gott. Und Du bist größer als jede andere Macht des Universums.
Ich will nicht leichtfertig gegen den Feind vorgehen, aber ich kann zuversichtlich auf Dein vollendetes Werk vertrauen.
Deshalb brauche ich mich vor nichts zu fürchten, was in meiner Umgebung geschieht; antichristliche Bewegungen müssen mich nicht einschüchtern und Menschen, die Jesus verspotten oder hassen, müssen mich nicht erbittern.
Du hast alles unter Kontrolle! Hilf mir, auf diese Tatsache zu vertrauen, so dass ich unter Deiner Führung dem Feind energisch widerstehen, und gleichzeitig in der Gewissheit Deines endgültigen Sieges ruhen kann.

Fragen zum Nachdenken:

1. Was sind Ihrer Meinung nach die wichtigsten Aspekte des geistlichen Kampfes im Leben von Christen?
2. Vertrauen Sie darauf, dass Christus als Fürsprecher beim Vater für Sie bittet?
3. Haben Sie je in Erwägung gezogen, welche Macht darin liegt, Gott einfach dafür zu preisen, wer er ist?
4. Wie können wir diese Erkenntnis auf das moderne Leben und auf den geistlichen Kampf in unserer Zeit anwenden?

KAPITEL 33

Sein Ruf zur Anbetung

*Die wahren Anbeter [werden] den Vater
im Geist und in der Wahrheit anbeten ...
denn der Vater sucht solche Anbeter.
Gott ist Geist, und die ihn anbeten,
müssen ihn im Geist und in der Wahrheit anbeten!*
JOHANNES 4,23-24

Ich bin oft gefragt worden: „Wenn Gott wirklich ein Gott der selbstlosen Liebe ist, warum verlangt er dann unsere Anbetung?" Einem Menschen, der nach der Wahrheit sucht, erscheint es unglaubwürdig, dass ein liebender, gebender Gott so egoistisch sein sollte, von seinen Geschöpfen Anbetung zu verlangen.

Ein solches Gottesbild begünstigt die Vorstellung von einem zwar wohlwollenden, aber launenhaften Monarchen, der von seinen Engel-Legionen nicht genug Anbetung bekommen konnte und deshalb die Menschheit erschuf, um sich mit einer ständig wachsenden Zahl weiterer Stimmen zu versorgen, die ihm sagen, wie groß er ist. Auf den ersten Blick ergibt das keinen Sinn.

Wenn wir im Schoß einer Gemeinde aufgewachsen sind, nehmen wir es als gegeben hin, dass wir zur Anbetung erschaffen wurden und dass wir in der Anbetung Gottes tatsächlich Erfüllung finden. Es gehört für uns zum Evangelium, dass Gott der Anbetung würdig ist und deshalb angebetet werden sollte als der, der er ist. Auf die Frage „Warum beten wir an?" würde sicher jeder von uns richtige Antworten geben: Er ist dessen würdig; wir wurden dazu erschaffen, ihn anzubeten; die Bibel sagt, dass wir es tun sollen. Keiner, der den Herrn kennt, würde die Richtigkeit dieser Antworten je bezweifeln. Dennoch kann diese Frage an uns nagen.

Betrachten wir das Thema aus einem anderen Blickwinkel – aus einer Sicht, die mit der Bibel übereinstimmt, die unterstreicht, dass Gott der Anbetung absolut würdig ist, und die zugleich seinen Charakter der selbstlosen Liebe bestätigt. Alle guten Dinge entspringen aus dem Charakter Gottes selbst. Darüber gibt es keinen Zweifel. Anbetung ist etwas Gutes; deshalb muss ihr Ausdruck in Gottes Charakter verwurzelt sein.

Ich behaupte: Gott ist Liebe, nicht im romantisierenden Sinn als Mischung launischer Gefühle, sondern aufgrund der beständigen Entscheidung, völlig selbstlos zu sein (vgl. 1. Johannes 4,8-16). Deshalb muss sein Gebot, ihn anzubeten, aus seinen durch und durch selbstlosen Absichten entspringen.

Liebe ist ein umfassendes Konzept, das in der Dreieinigkeit auf vollkommene Weise zum Ausdruck kommt. Der Vater hat den Sohn und den Heiligen Geist immer geliebt; der Sohn hat den Vater und den Heiligen Geist immer geliebt; der Heilige Geist hat den Vater und den Sohn immer geliebt. Als einen Teil dieser Liebe verstehe ich die gegenseitige Verehrung: Der Vater hat den Sohn und den Heiligen Geist immer verehrt; der Sohn hat den Vater und den Heiligen Geist immer verehrt; der Heilige Geist hat den Vater und den Sohn immer verehrt. Deshalb kann man mit Gewissheit sagen, dass von Ewigkeit her in der Gottheit *Verehrung* geschieht.

Wenn wir Anbetung im umfassenden Sinn als „die Fähigkeit, einander zu verehren" definieren, dann hat es von Ewigkeit her in der Gottheit Anbetung gegeben. Und wenn in Gott von Ewigkeit her Anbetung zum Ausdruck kam, ergibt sich aus dieser Tatsache ein radikal anderes Verständnis seines Gebots, ihn anzubeten.

Gott ist ein Gott der Liebe und in der göttlichen Liebesbeziehung haben der Vater, der Sohn und der Heilige Geist immer Anbetung füreinander gezeigt. Kehren wir jetzt zum Augenblick der Schöpfung zurück. Damals machte Gott unseren ersten Eltern das größte Geschenk, das er – von sich selbst abgesehen – zu geben hatte: Er erschuf sie in seinem *Ebenbild*. Stellen Sie sich das vor! Er erschuf sie und alle, die seitdem geboren wurden, mit der Fähigkeit, zu denken, zu fühlen, zu entscheiden, zu träumen. Gott gab uns aus Gnade das Geschenk seiner Ebenbildlichkeit. In diesem Geschenk enthalten war auch die Fähigkeit, anzubeten und zu verehren. Der Punkt ist weniger, dass Gott uns schuf, um ihn anzubeten, sondern dass er uns in seinem Ebenbild erschuf. Das Bedürfnis, anzubeten, gehörte einfach dazu.

Natürlich gilt selbst dann, dass ein liebender Vater-Gott, der vollkommen in sich selbst ruht, nicht gierig nach unserer Anbetung verlangte. Ich würde eher sagen, dass er in seiner vollkommenen Weisheit jede erdenkliche Alternative als Gegenstand menschlicher Anbetung in Erwägung zog. In weniger als einer Nanosekunde hatte er alle Optionen durchdacht – das größte Tier, der schönste Stern, der herrlichste Erzengel. Schließlich kam er natürlich zu sich selbst. Da Menschen in seinem Ebenbild erschaffen wurden, konnte der einzig angemessene Gegenstand ihrer Anbetung nur Gott selbst sein.

Gottes Gebot, ihn anzubeten, entspringt also nicht aus einem sklavischen Bedürfnis Gottes, ewig hofiert zu werden, sondern beruht auf der Anerkennung unserer Schönheit und Würde. Weil wir ihm so wertvoll sind, möchte er, dass wir das anbeten, was höchster Verehrung würdig ist. Sein Gebot, ihn anzubeten, ergibt sich nicht aus irgendeiner egoistischen Regung, sondern stimmt mit dem Wesen seiner selbstlosen Liebe überein.

Wenn ich das begreife, wie kann ich da anders, als ihn mit jeder Faser meines Seins leidenschaftlich anzubeten? Plötzlich betrachte ich das Privileg der Anbetung Gottes mit tiefer Ehrfurcht und andächtigem Staunen.

Ich kann Anbetung nicht länger als religiöse Pflicht verstehen.

Ich kann Anbetung nicht länger als beliebige Option behandeln.

Ich kann nicht länger passiv anbeten, so als ob ich für ein lokales Hilfsprojekt spenden, mich aber persönlich nicht einsetzen würde.

Nein, plötzlich befinde ich mich an einem Punkt, an dem ich das Siegel der Gottheit in mir berühre; an einem Punkt, an dem nichts anderes in diesem Leben der Gemeinschaft mit meinem Geliebten näher kommt als die Anbetung. An einem Punkt, an dem ich der Quelle meiner Identität begegne; einem Punkt, an dem ich meinem Vater-Gott ähnlich bin; einem Punkt, an dem ich seinem Charakter am nächsten komme.

Sollte ich Gott dann nicht den umfassendsten Ausdruck meines Seins in ungeteilter Anbetung darbringen?

GEBET
Herr, wie könnte ich angesichts der Reinheit Deiner Liebe anders, als Dich mit totaler Hingabe anzubeten?
Erweitere meine Fähigkeit, Dich anzubeten!
Mehre in mir die Sehnsucht nach Dir, bis ich weiß, was es bedeutet, ständig im Bewusstsein Deiner Nähe zu leben.
Wenn Du Anbeter suchst, Vater, möchte ich einer von ihnen sein und Dir ewig Freude machen als Dein Kind, das Du erwählt hast.

Fragen zum Nachdenken:

1. Warum ist es einem allwissenden, allmächtigen Schöpfer Ihrer Meinung nach wichtig, ob wir ihn preisen oder nicht?
2. Welchen Raum nimmt die Anbetung in Ihrer Beziehung zu Gott ein? Ist sie Ihnen wirklich wichtig?
3. Betrachten Sie Anbetung als Privileg? Als Pflicht? Als etwas, was erfüllt werden muss?
4. Welche positiven geistlichen Auswirkungen hat die Anbetung Gottes für Sie persönlich?

KAPITEL 34

Er ist würdig, geehrt zu werden

Ich bin der Herr, das ist mein Name;
und ich will meine Ehre keinem andern geben ...
JESAJA 42,8

Vor Jahren brachte mir ein Freund ein einfaches Loblied bei. Es hatte eine eingängige, aber allzu vorhersehbare und monotone Melodie. Da ich selbst gelegentlich Lieder schreibe, experimentierte ich ein wenig damit und nahm einige signifikante Veränderungen in der Melodie und der Akkord-Struktur vor. Dann führte ich es in meiner Gemeinde ein, wo es sich sofort durchsetzte. Die Attraktivität des Liedes beruhte zum großen Teil auf meinen Änderungen und ich muss zugeben, dass ich mir ganz schön etwas darauf einbildete. Einige Jahre lang wurde das Lied in unserer Gemeinde und bei verschiedenen Konferenzen gesungen, und in dieser ganzen Zeit wusste ich kaum etwas über seine Herkunft. Bald dachte ich überhaupt nicht mehr daran.

Jahre später tauchte meine Version des Liedes an vielen Orten auf. Es wurde ziemlich beliebt. Inzwischen hatte man auch den Verfasser ausfindig gemacht und seine Komposition gewürdigt. Aber ich wusste, dass das Lied zum großen Teil wegen der entscheidenden Veränderungen so beliebt geworden war, die ich vorgenommen hatte. Natürlich wusste niemand sonst, dass diese Veränderungen von mir stammten, und wenn ich viel darüber geredet hätte, wäre das egoistisch und habgierig erschienen. Aber tief im Innern ärgerte es mich, dass mein Beitrag nicht gewürdigt wurde. Und wie sehr wünschte ich mir wenigstens einen Teil dieser Anerkennung! Ich wollte den anderen Verfasser nicht unbedingt um seinen Ruhm bringen, aber zumindest wollte ich, dass die Leute auch meinen Beitrag zum Erfolg des Liedes anerkannten.

Menschen, die ständig nach Anerkennung für sich selbst suchen – Menschen, die im Rampenlicht stehen möchten und ständig beachtet werden wollen, Menschen, die meinen, die ganze Welt müsste sich nur um sie drehen – hinterlassen einen schlechten Nachgeschmack. Die meisten von uns würden die aufgeblähte Selbstgefälligkeit dieser Leute gerne anpieksen, um sie auf Normalgröße zurück zu bringen. Wer gierig nach Ruhm und Ehre sucht, hat einfach etwas Unausstehliches an sich.

Wenn wir erklären, dass Gott in unserem Leben alle Ehre empfangen will, kann das dieselbe Reaktion bei uns auslösen. *Ist Gott etwa ein Egomane?*, fragen wir uns. Das ist wieder eine dieser versteckten Fragen, die einem nachdenklichen Menschen auf der Suche nach Gott oft zu schaffen machen: Wenn Gott ein Gott selbstloser Liebe ist, warum will er dann selbst geehrt werden? In der Bibel werden wir wiederholt mit einem Gott konfrontiert, der verlangt, dass ihm alle Ehre gegeben wird. Wie lässt sich das Bild eines selbstlosen Vaters mit dem Bild eines Gottes vereinbaren, der energisch im Mittelpunkt stehen will? Jesus sagte, dass der Vater Anbeter sucht. Was ist der Grund? Sein Ego? Unsicherheit? Extreme Ichbezogenheit?

Anscheinend haben wir es hier mit einer Frage zu tun, die sich unserem Zugriff entzieht. Doch ich glaube, dass wir bei näherer Betrachtung nicht den geringsten Widerspruch zwischen Gottes Liebe und seinem Wunsch nach Anbetung entdecken werden.

Bei der Schöpfung hauchte Gott der Lehmgestalt, die er mit eigenen Händen geformt hatte, seinen Odem ein, und der Mensch wurde eine lebendige Seele. Jede Spur von Leben hat ihren Ursprung in Gott. Er ist der Gott des Lebens, ohne den es nur Nichtexistenz gibt. Wenn das stimmt, kann das Leben nur gedeihen, wenn es mit der Quelle verbunden ist. Gott ruft uns nicht deshalb auf, ihn zu ehren, weil er egozentrisch ist, sondern weil er weiß, dass sein Leben das einzige Leben ist, das existiert. Ohne Gott gibt es einfach kein Leben.

Iverna Tompkins, eine gute Freundin von mir und eine der besten Predigerinnen , die ich kenne, sagte einmal: „Gott schaut herab und sieht, ob er seinen Sohn in uns finden kann." Entweder ist das eine der unausstehlichsten Charakterisierungen, die wir uns bei Gott vorstellen können oder sie deutet auf eine der wichtigsten Wahrheiten des Universums hin. Wenn Gott sich selbst in uns sucht oder wenn er geehrt werden will, tut er dies aus Liebe und aus dem tiefen Wunsch, alles zu erhalten, was er erschaffen hat. Denn wir können nur überleben, indem wir in jedem Aspekt unseres Lebens rückhaltlos auf ihn vertrauen.

Wenn wir Gott vorwerfen, dass er alle Ehre verlangt, verraten wir damit nur unsere verzerrte Sicht des Lebens. Erstens ist es eine grobe Fehleinschätzung, ihm Selbstsucht vorzuwerfen. Zweitens ist die absurde Bekräftigung unseres Selbstvertrauens – als gäbe es getrennt von Gott überhaupt irgendeine Form von Leben – eine einzige Illusion.

Wir haben die verrückte Vorstellung, wir wären auch ohne Gott lebendig. Wir betrachten uns selbst, atmen, essen, gehen, reden, fluchen sogar und verhalten uns dann Gott gegenüber so, als wäre er einfach die höchste Form des Lebens – der Mann da oben, die höhere Macht und so weiter. Aber Gott ist nicht die höchste Form des Lebens – er ist das einzige Leben! Ohne ihn gibt es kein Leben. Wenn wir das wirklich verstehen, sollten wir selbst den Wunsch haben, ihm so ähnlich zu werden wie nur möglich. Wir sollten darauf achten, in allen Dingen ihm die Anerkennung und Ehre zu geben. Es ist nicht Gottes Ehre, die auf dem Spiel steht, sondern unser Überleben! Irenäus, der gefeierte Bischof von Lyon und einer der einflussreichsten Kirchenväter, sagte einmal: „Die Ehre Gottes ist der völlig lebendige Mensch."

Gott sucht Ehre, aber er sucht sie nicht für sich selbst. Die Tatsache, dass er geehrt werden will, ist einfach seine Bestätigung, dass er das einzige Leben ist. Gott kann nichts anderes sein, als er ist – und er ist der Anfänger und Vollender, die alleinige Quelle des Lebens. Je mehr er in jeder Situation unseres Lebens geehrt wird, desto mehr ist sein Leben gegenwärtig.

In dem Maß, in dem ich ihm erlaubt habe, mich Jesus ähnlich zu machen, bin ich mit seinem Leben vitaler verbunden. Die einzige Alternative bedeutet, den Tod einzuladen – Sorge, Angst, Bitterkeit. Denn vergessen Sie nicht, dass der Tod nicht einfach das Ende des Lebens ist – er ist ein Zustand des Nicht-Lebens.

Das Zeichen für die Gegenwart Gottes ist Leben. Nicht große Dinge, nicht gewaltige Dinge, nicht mächtige Dinge. Denn auch das Nicht-Leben kann mächtig sein. Der Tod kann groß sein; der Tod kann mächtig sein; Satan, der in ständigem Nicht-Leben existiert, herrscht über ein Drittel der Engel. Das ist in der Tat ein umfassendes Reich, aber es stellt kein Leben dar.

Gottes Wunsch, geehrt zu werden, ist nicht der besitzergreifende Hunger einer machtgierigen Gottheit, sondern die reine, unschuldige Anerkennung der Tatsache, dass er allein Leben ist und dass es getrennt von ihm nur Tod gibt. Wenn er uns überführt, weil wir ihn nicht geehrt haben, tut er dies, weil er will, dass wir leben. Wenn er uns überführt, weil wir seinem Heiligen Geist nicht erlaubt haben, die Fülle Christi in uns Gestalt werden zu lassen, tut er das, weil er aus Liebe will, dass wir gedeihen.

Auf einer großen Konferenz, bei der ich gemeinsam mit einem anderen, bekannteren Referenten predigen sollte, sprach ich einmal leidenschaftlich darüber, dass wir Gott alle Ehre geben sollten. Ich erklärte, dass wir uns freuen sollten, wenn ein anderer an unserer Stelle befördert wird, weil es um Gottes Ehre geht, und dass es uns nicht viel ausmachen sollte, wenn wir etwas Wertvolles getan haben, ohne Anerkennung dafür zu bekommen, weil wir ohnehin nicht nach Anerkennung streben.

Anschließend kam dieser beliebte Referent zu mir und sagte: „Nun, ich weiß, dass wir vor allem Gott ehren sollten, aber ich denke, es macht ihm nichts aus, wenn wir ein wenig Anerkennung für uns selbst wollen." Ich sah ihn einen Augenblick an, weil ich dachte, dass er nur einen Scherz machen wollte, aber er meinte es ernst. Wahrscheinlich hielt er mich für einen wohlmeinenden Eiferer, den man wieder ein wenig auf den Boden zurückholen musste.

In Wirklichkeit geht es nicht darum, ob Ehre geteilt werden kann oder nicht. In seiner Liebe kann Gott uns befördern oder uns Anerkennung gewähren, aber für uns bedeutet das nichts weiter, außer dass es sich um einen weiteren großartigen Ausdruck seiner Liebe zu uns handelt. Warum sollte ich im Übrigen überhaupt den Wunsch haben, einen Teil der Ehre für mich zu beanspruchen? Als gäbe es irgendetwas in mir, das unabhängig von Gott etwas Gutes bewirken könnte; als gäbe es irgendetwas in mir, das mich emotional, geistlich, physisch oder geistig am Leben erhalten könnte.

Das Leben kommt von Gott, also ist es nur natürlich, dass die Ehre Gott gebührt. Es ist ganz einfach. Aber wir reagieren entweder achtlos, indem wir trotzdem versuchen, selbst Anerkennung zu bekommen, oder grausam, indem wir Gott beschuldigen, selbstsüchtige Forderungen zu stellen, während er nichts anderes tut, als anzuerkennen, wer er ist – die alleinige Quelle des Lebens, der Gott, der alle Ehre verdient.

GEBET
Vater Gott, mache das Gebet Jesu in Johannes 12,28 zum Zentrum meines eigenen Betens: „Vater, verherrliche Deinen Namen.“
Bewahre mich davor, je Deine Ehre für mich zu beanspruchen, Macht zu missbrauchen oder den Ruhm anzutasten, der nur Dir gebührt.
Ich möchte, dass man einmal von mir sagen kann, dass Du in meinem Leben für alles die höchste Ehre erhalten hast.

Fragen zum Nachdenken:

1. Fragen Sie sich manchmal, warum Sie keine Anerkennung für etwas erhalten, das Sie geleistet haben, und sind ein wenig verärgert, dass die Anerkennung ausbleibt?
2. Was bedeutet es für Sie, Gott die Ehre für etwas zu geben?
3. Wie abhängig sind Sie von Gott? Wie abhängig sollten Sie von Gott sein?
4. Welche positiven Auswirkungen hat es für Sie persönlich, wenn Sie Gott für alles, was Sie tun, die Ehre geben?

KAPITEL 35

Er stillt unsere Bedürfnisse
– und mehr als das

*... zu erkennen ihn und die Kraft seiner Auferstehung
und die Gemeinschaft seiner Leiden.*
PHILIPPER 3,10

Als ich im pastoralen Dienst noch sehr unerfahren war, ermunterten mich verschiedene Mentoren von Zeit zu Zeit mit der Feststellung, dass mein Dienst erst mit dreißig Jahren richtig beginnen würde; das sei das Alter der „Salbung", dann würden die Himmel sich auftun und Engelchöre verkünden, dass wieder ein Mensch mit göttlicher Vollmacht für seine Generation auftreten würde.

Diese Vorstellung hatte natürlich Tradition. Schließlich war Joseph dreißig, als er Premierminister von Ägypten wurde; David war dreißig, als er König wurde. Nach einigen Überlieferungen war Hesekiel dreißig, als er zu prophezeien begann. Johannes der Täufer war dreißig, als er seinen Dienst begann, und natürlich war auch Jesus dreißig, als er anfing, öffentlich aufzutreten.

Das ist ja eine grandiose Gesellschaft, dachte ich. Also freute ich mich darauf, dreißig zu werden.

Am Tag meines dreißigsten Geburtstags fuhren meine Frau Nancy und ich von Los Angeles nach San José zurück, wo wir damals wohnten. Es versprach, ein herrlicher Tag zu werden - die Sonne schien, es waren nur wenige Autos unterwegs, und wir planten ein köstliches Abendessen in einem hervorragenden Restaurant an der berühmten Küste Kaliforniens. Die Fahrt würde rund sieben Stunden dauern, und nachdem wir etwa eine Stunde gefahren waren, drehte meine Frau sich zu mir um, blickte mir forschend in die Augen und ließ die Bombe platzen.

Wissen Sie, was ich mit einer Bombe meine? Eine dieser kleinen Bemerkungen, die Ehefrauen gern fallen lassen für jeden, der sie hören mag – und wenn man gerade in Hörweite ist, umso besser. Sie sagte einfach: „Schatz, ich glaube, du liebst mich gar nicht wirklich." Aus heiterem Himmel! Einfach eine nüchterne Feststellung, die für sie so sonnenklar war, wie der Himmel über uns, die mich aber mit der Wucht einer Bombe traf.

„Für wen hält sie sich eigentlich?", dachte ich unwillkürlich. „So etwas an meinem dreißigsten Geburtstag zu sagen, an der heiligen Schwelle zu meiner neuen Salbung! Wie kann sie an *meiner* Liebe zu ihr zweifeln? Natürlich liebe ich sie – weiß sie das denn nicht?"

Ich wollte auf der Stelle explodieren, aber ich besann mich eines Besseren. Ich setzte das gewinnendste Gesicht mit einer väterlich, herablassenden Haltung auf und fragte: „Was willst du denn damit sagen,?"

Worauf sie erwiderte: „Na ja, ich glaube einfach nicht, dass du mich liebst." Nun wusste ich, dass es sich um eine schrecklich überzogene Verallgemeinerung handelte – eine Fähigkeit, wie ich vielleicht hinzufügen darf, die viele Frauen superb beherrschen. Als Männer haben wir – natürlich – die Aufgabe, diese groben Verallgemeinerungen entgegenzunehmen, sie in bestimmbare Probleme aufzuschlüsseln, die sich lösen lassen, und sie dann aus der Welt zu schaffen.

Also fuhr ich fort, Nancy mehrere Fragen zu stellen.

„Liegt es daran, dass ich nicht ausreichend für dich sorge? Fühlst du dich finanziell eingeengt?", fragte ich.

„Nein", sagte sie, „in diesem Bereich fühle ich mich gut versorgt. Habe genug auf dem Konto, danke."

„Nun, meinst du, dass wir nicht genug Zeit miteinander verbringen?" Ich wusste, dass eine Ehefrau einen beträchtlichen Teil der Zeit ihres Mannes braucht, um sicher zu sein, dass sie für ihn etwas Besonderes ist, also machte ich diesen Vorstoß als eine Art Friedensangebot.

„Nein, ich denke, wir verbringen genug Zeit miteinander."

So weit, so gut. Ich hakte weitere Fragen auf meiner Liste ab in dem Bemühen herauszufinden, worauf sie hinauswollte. Schließlich kam ich an einen Punkt auf meiner Liste, der mich ein wenig ins Schwitzen brachte. Ich warf einen nervösen Blick zu ihr hinüber, bevor ich fragte: „Bin ich vielleicht nicht romantisch genug?"

„Aber nein, du bist sehr romantisch. In diesem Bereich gibt es keine Probleme."

Nachdem mein männliches Selbstbewusstsein wieder gefestigt war, klapperte ich die übrigen Fragen ab – und bestand die Prüfung glänzend! Auf jede meiner Fragen antwortete sie mit einer ehrlichen Anerkennung meines Verhaltens als Ehemann.

An dieser Stelle riss mein Geduldsfaden und ich platzte heraus: „Also, was ist es dann?"

„Ich weiß nicht."

Nichts bringt einen Ehemann schneller auf die Palme als dieses „Ich weiß nicht".

„Also, wenn du mir nicht sagst, wo das Problem liegt, wie soll ich die Sache dann in Ordnung bringen?", rief ich verzweifelt.

„Ich weiß nicht, wo das Problem liegt, aber ich spüre es."

Ich spüre es, sagt sie! Können sich vorstellen, wie die nächsten Stunden aussahen? Mein dreißigster Geburtstag entpuppte sich als einer der schlimmsten Tage meines Lebens. Keine Spur von himmlischen Chören, keine Stimme Gottes, die sagte: „Dies ist mein geliebter Diener." Alles, was ich wusste, war, dass ich ein Trottel von Ehemann sei, der seine Frau nicht liebte.

Doch wenige Monate später traf mich die Erkenntnis wie ein Blitz. Worauf Nancy hinauswollte, war die Tatsache, *dass sie mich nicht wirklich hatte, wenn ich mit ihr zusammen war.* Ja, sie hatte einen Teil von mir. Aber wenn wir Zeit miteinander verbrachten, hatte sie nur einen Teil von mir; der andere Teil war eifrig damit beschäftigt, die nächste Predigt zu verfassen, das nächste Lied zu schreiben, die nächste Evangelisation zu planen. Es ging um meine Aufmerksamkeit. Und die bekam sie nicht.

Verhält es sich in unserer Beziehung zu Gott nicht manchmal ähnlich? Dass er uns nicht wirklich hat, wenn er uns hat? Wenn Paulus sagt: „Ich will Christus erkennen", möchte er ihn nicht um seiner eigenen Bedürfnisse willen erkennen, sondern es geht ihm um Gott selbst. Paulus will nicht Christus erkennen, um ein besserer Leiter zu sein, effektiver Gemeinden zu gründen oder von seinen Mitarbeitern höher geachtet zu werden. Das alles interessierte Paulus nicht. Er wollte Christus einfach, weil er Christus wollte!

Vor einiger Zeit haben Nancy und ich unseren dreiundzwanzigsten Hochzeitstag gefeiert. Ein Merkmal, an dem ich erkenne, wie ich in meiner Beziehung zu ihr reife, ist die Tatsache, dass ich es immer mehr genieße, sie als Person besser kennen zu lernen, ohne darüber nachzudenken, was ich zurückbekomme.

Bewusst oder unbewusst zeigen wir unserem Ehepartner unsere Liebe oft nur in Abhängigkeit von dem, was wir selbst in der Beziehung brauchen: das Gefühl der persönlichen Kameradschaft, die Bestätigung unserer Talente, körperliche Intimität und so weiter. Eine unreife Beziehung beruht oft auf Bedürfnissen. Wir geben, um zu bekommen. Aber je mehr wir reifen, desto mehr sollten wir den Wunsch haben, unseren Lebenspartner einfach als den Menschen zu kennen, der er ist.

So ist es auch bei unserer Beziehung mit Gott. Die bloße Faszination, Gott um seiner selbst willen und nicht aus Eigeninteresse zu entdecken, spricht von einer wachsenden Reife in dieser Beziehung und führt zu einer zunehmenden Gewissheit seiner Liebe. Für den Apostel Paulus war das Entscheidende im Leben, Gott zu erkennen. Gott zu kennen war kein Mittel, sondern das eigentliche Ziel. Im Gegensatz dazu scheinen viele Christen heute Gott als Mittel zu irgendeinem Zweck kennen lernen zu wollen. Oft suchen wir Gott, weil wir intakte Menschen, bessere Eltern, erfolgreiche Geschäftsleute oder effektivere Mitarbeiter im geistlichen Dienst werden wollen.

Selbst bei Pastoren kann die Suche nach Gott eher in dem Wunsch begründet sein, effektiver zu dienen oder ein größeres Gemeindewachstum zu erzielen, als dass sie einfach Sehnsucht nach tieferer Erkenntnis Gottes hätten. So viele von uns suchen Gott nur wegen der Dinge, die wir für uns selbst brauchen, und vielleicht liegt darin der entscheidende Grund für unsere Kraftlosigkeit als Christen. Wir handeln oft so, als sei Gott nicht zu vermarkten, solange er nicht so dargestellt wird, dass er den Bedürfnissen der Menschen begegnet.

Diese Darstellung ist nicht falsch; sie ist aber unvollständig. Zu den tragischsten Entwicklungen der Gemeinde heute gehört die

Tatsache, dass man Menschen durch das Raster ihrer eigenen Bedürfnisse über Gott lehrt. Wenn sie keinen Nutzen für sich selbst darin sehen, sind sie nicht interessiert.

Ich behaupte nicht, dass es völlig unangebracht wäre, Gott als denjenigen kennen zu lernen, der unseren Bedürfnissen begegnet. Der höchste Ausdruck dafür, dass Gott uns in unserer Bedürftigkeit begegnet, ist die Menschwerdung seines Sohnes Jesus. Menschen zu Gott zu führen, indem man ihnen hilft zu erkennen, dass er ihren Bedürfnissen begegnet, ist ein klassischer Ansatz der Evangelisation: Man findet heraus, welcher Aspekt einer Person oder auch einer Subkultur für Gott besonders empfänglich ist, und setzt an diesem Punkt an, um Gott der Person oder Kultur näher zu bringen. Aber wenn wir geistliche Reife beanspruchen, sollten wir uns dann nicht radikal von einer Einstellung entfernen, die Gott nur will, weil er unsere Bedürfnisse stillt? Sollten wir nicht stattdessen Gott einfach um seiner selbst willen suchen, ob das, was wir über ihn entdecken, nun unsere gegenwärtigen Bedürfnisse stillt oder nicht?

Dieser Frage liegt eine der drei Schlüsselversuchungen zugrunde, die Satan in der Wüste gegen Jesus einsetzte. Die Tatsache, dass Satan dachte, er könnte Jesus mit dieser Taktik versuchen, zeigt, wie subtil sie ist und welche Rolle sie in der Strategie des Feindes spielt. Sie zeigt auch, dass es kein konventioneller Angriff ist, wenn der Feind diese Taktik benutzt, um Gottes Volk anzugreifen, sondern ein taktischer Atomkrieg. In der Wüste wollte Satan Jesus veranlassen, seine persönlichen Bedürfnisse durch seine übernatürliche Macht zu stillen. Was antwortete Christus? „Der Mensch lebt nicht vom Brot allein, sondern von einem jeden Wort, das durch den Mund Gottes ausgeht" (Matthäus 4,4).

In dieser Antwort liegt ein dynamisches Gleichgewicht. Jesus leugnete nicht, dass es wichtig ist, Bedürfnisse zu stillen; aber er zeigte, dass persönliche Bedürfnisse nicht nur durch Gottes Versorgung gestillt werden, sondern auch durch Gottes Offenbarung seiner selbst. Wenn wir in diesem Gleichgewicht leben, gelangen wir von der Bedürfnisorientierung immer mehr hin zur Ausrichtung auf Gott selbst. Das ist Reife!

Vielleicht ist das einer der Gründe, weshalb Gott zulässt, dass wir Wüstenzeiten durchmachen; vielleicht ist das ein Grund, warum Gott die Gemeinde in Amerika durch die gegenwärtige Phase der Erschütterung gehen lässt. Vielleicht liegt der wahre Grund darin, dass wir nicht die ganze Botschaft verstehen, denn offenbar verstehen wir Gott im Großen und Ganzen immer noch als den, der unsere Bedürfnisse erfüllen kann. Wir suchen Gott für das, was seine Hand uns zu geben hat, statt sein Angesicht zu suchen. Vielleicht müssen wir weiter durch unsere Wüste ziehen, bis wir diese Lektion gelernt haben.

In 5. Mose 1,26 berichtet Mose über eine Situation, in der das Volk gegen Gott rebellierte und auf die negativen Berichte der zehn Späher hörte. Mose erinnerte sich konkret an ihre Reaktion: „Ihr habt in euren Zelten gemurrt und gesagt: ‚Der Herr hasst uns.'" Der Unglaube der Kinder Israels war kein Ausdruck von Ungewissheit, sondern eine Anklage gegen Gott. Bei ehrlicher Scheu und sogar bei Zweifeln wird Gott uns immer entgegenkommen. Aber das war kein Ausdruck bloßer Ungewissheit, es war eine dreiste Anklage gegen Gott.

Vielleicht sagen Sie: „Wie konnten sie Gott denn beschuldigen, sie zu hassen? Schließlich hatten sie so viele Wunder erlebt und so viel Hilfe erfahren." Das Problem war, dass sie Gott die ganze Zeit über als den gesehen hatten, der ihre Bedürfnisse stillt, er war nicht der, den sie liebten. Solange sie Gott als den betrachteten, der ihre Bedürfnisse stillte, und nicht als den, nach dem sich ihre Herzen sehnten, stagnierte ihr Wachstum. Das Tragische ist, dass die Israeliten in ihrer Beziehung zu Gott nie zur Reife gelangten. Und als der Augenblick gekommen war, ihr Land in Besitz zu nehmen, hatten sie nicht den geistlichen Elan, hineinzuziehen.

Auch unsere Unreife tritt selten zutage, bis eine Herausforderung kommt und Gott uns auffordert, in einer schwierigen Aufgabe gehorsam zu sein. An diesem Punkt sehen wir oft unüberwindliche Hindernisse; wir sehen unsere „Riesen"; wir geraten in Konflikte, wie wir sie nie zuvor erlebt haben; und wir reagieren mit Verärgerung gegen Gott und sagen, wie damals die Israeliten: „Du hasst uns", wobei wir alles vergessen, was er bisher für uns getan hat.

Wie können wir seine Hilfe und Versorgung so völlig vergessen? Wie Jakobus sagte, gleichen wir einem Mensch, der sein Bild in einem Spiegel sieht, aber es sofort wieder vergisst, sobald er sich vom Spiegel entfernt (Jakobus 1,23-24). Das ist die große Gefahr, wenn wir Gott nur als den kennen lernen, der unsere Bedürfnisse erfüllt. Wenn das unsere Motivation ist, werden wir nicht bewahren, was wir über Gott gelernt haben. Wir laufen Gefahr, geistlich „von der Hand in den Mund" zu leben – indem wir vor uns hin dümpeln und uns nur dann geistliche Nahrung holen, wenn wir schließlich verzweifelt genug sind, Gott zu suchen.

Wenn wir von seiner Versorgung abhängig sind, suchen wir seine Hand, nicht sein Angesicht, und wenn er uns – aus sehr weisen Gründen – nicht gibt, was wir wollen, reagieren wir wie Heroinsüchtige und toben. In alledem spiegelt sich ein bedauernswerter Mangel an Reife. Ich empfehle uns allen, wenn wir Gott um seiner selbst willen kennen lernen, werden wir behalten, was wir über ihn erkannt haben; aber wenn wir Gott nur um unserer eigenen Bedürfnisse willen suchen, werden wir bald wieder vergessen, was wir gelernt haben, und geistlich kleinwüchsig bleiben. Wir werden Gott benutzen, statt ihn zu lieben.

GEBET

*Herr, ich bin so dankbar, dass Du jedes meiner Bedürfnisse
kennst – selbst diejenigen, von denen ich selbst nichts weiß.
Und ich danke Dir, dass Du meine Bedürfnisse gerne stillst.
Aber bewahre mich davor, Dich nur als den zu suchen,
der meinen Bedürfnissen begegnet. Gib mir ein Herz,
das Dich um Deiner selbst willen erkennen möchte.
Ich will Dich kennen, weil es wahre Freude ist, Dich zu kennen!*

Fragen zum Nachdenken:

1. Haben Sie sich je geprüft und gefragt, ob Sie Gott wirklich
   ganz gehören? Was haben Sie dabei festgestellt?
2. Was würden Sie tun, wenn Ihnen bewusst würde, dass Sie sich
   Gott nicht ganz gegeben haben?
3. Haben Sie schon einmal festgestellt, dass Sie Gott einfach deshalb suchen, weil Sie möchten, dass er Ihre Bedürfnisse stillt?
4. Haben Sie je innig Gottes Angesicht gesucht, einfach weil er
   Gott ist?

KAPITEL 36

Gott, unsere Freude

Denn die er vorher erkannt hat, die hat er auch vorherbestimmt,
dem Bilde seines Sohnes gleichförmig zu sein,
damit er der Erstgeborene sei unter vielen Brüdern.
RÖMER 8,29; ELBERFELDER BIBEL

Ich war Anfang Zwanzig, frisch verheiratet und leitete eine Jugendgruppe von etwa vierhundert Kindern. Zu dieser Zeit sah ich mich mit meiner fünfjährigen Erfahrung als alter Hase und war auch erst ein einziges Mal an den Rand der Verzweiflung getrieben worden. Ich konnte mich glücklich schätzen.

Wir hatten das ganze Spektrum von Programmen - nach innen, nach oben oder nach außen zielend -, das jeden von uns sieben Tage die Woche auf Trab hielt. Wir förderten Touren, gründeten Zellgruppen, richteten Schulungen ein und starteten Produktionsfirmen. Am Ende war ich so ausgedörrt wie ein staubtrockener, alter Keks und fing mit dreiundzwanzig Jahren an, über eine Pensionierung nachzudenken. Ich war vor lauter Geschäftigkeit für Gott völlig ausgebrannt.

Ich begann, einige grundlegende Fragen zu stellen, wie: „Warum tue ich das eigentlich?" Und genau an diesem Punkt des absoluten Zusammenbruchs dämmerte meinem geräderten, kleinen Gehirn eine absolut ermutigende Offenbarung. Sie hatte damit zu tun, dass ich Gottes eigentliche Absicht für mich entdeckte. Ich begriff, dass *seine Absicht* vor allem darauf zielte, *meine Motive* zu prägen.

Mein Leben lang war mir erklärt worden, dass Gottes eigentliche Absicht nach Römer 8,29 darin besteht, mich dem Ebenbild seines Sohnes ähnlich zu machen. Doch als ich in dieser Phase der Erschöpfung diese Bibelstelle näher untersuchte, erkannte ich, dass die Ebenbildlichkeit Christi letztlich nicht die eigentliche Absicht meines Lebens war.

Dieser Gedanke mag uns in unseren evangelikalen Gefühlen verunsichern, denn viele von uns leben in dieser Annahme. Aber er käme der Behauptung gleich, wir wären nur dann für Gott annehmbar, wenn wir uns änderten, was meiner Auffassung nach einen Schatten auf die Wahrheit der bedingungslosen Annahme wirft.

Dass die Umgestaltung in das Ebenbild Christi durch das Werk des Heiligen Geistes absolut wesentlich ist, steht überhaupt nicht in Frage. Aber diese Verwandlung muss als Prozess verstanden werden, nicht als Ziel. Das Ziel, wie es in Römer 8,29 angesprochen wird, war mir entgangen: Gott hat uns dazu vorherbestimmt, „dem Ebenbilde seines Sohnes gleichgestaltet zu werden, damit er der Erstgeborene sei unter vielen Brüdern."

Das war es! Der *Prozess*, in das Ebenbild Christi verwandelt zu werden, diente einer noch höheren Absicht: dass Gott eine Familie habe. Gott möchte, dass ich Teil seiner Familie bin! Er liebt mich nicht einfach, weil er es müsste, sondern weil er – wie wir bereits gesehen haben –, mich lieben *möchte*. Gott liebt uns nicht, um seine eigene moralische Vollkommenheit zu wahren; er liebt uns, weil er uns liebt. Er sehnt sich zutiefst nach Gemeinschaft mit uns. Er möchte eins mit uns werden! Das ist sein eigentlicher, höchster Plan. Die Umgestaltung in sein Ebenbild ist der Weg, wie wir mit ihm eins werden, aber diese Einheit ist das Ziel.

Wenn das stimmt, überlegte ich, dann muss alles, was ich tue, diese Gemeinschaft fördern. Das höchste Ziel all dessen, was ich tue, ist die Einheit mit ihm. In einer Zeit des Ringens mit Gott, als ich betend durch eine Küstenstadt in Kalifornien spazierte, fing der Herr an, die Liste meiner Aktivitäten durchzugehen.

„Warum lehrst du junge Menschen?", fragte er.

„Nun", antwortete ich ihm, „weil sie gestärkt werden müssen und im Glauben reif werden sollen."

Kein schlechtes Motiv.

„Warum setzt du dich so sehr dafür ein, in der Gemeinde Hausgruppen aufzubauen?"

„Weil die Leute einander kennen lernen müssen", lautete meine Antwort.

Auch kein schlechtes Motiv.

Der Herr fragte mich: „Warum engagierst du dich so stark in der Evangelisation?"

Meine Antwort war wieder so direkt wie die anderen: „Weil die Ungläubigen die Gute Nachricht hören müssen."

Nun, ich glaube nicht, dass irgendjemand etwas gegen diese Beweggründe einzuwenden hätte. Sie sind wirklich ehrbar.

Doch bei näherer Überlegung wurde mir allmählich klar, dass diese Motive zwar gut, aber keinesfalls die besten waren.

Was hätte bei all diesen Aktivitäten meine Motivation sein sollen? Ging es nicht um Gottes endgültige Absicht für mich – nämlich die Gemeinschaft mit ihm selbst? Wenn das so ist, folgerte ich, dann muss *alles*, was ich tue, darauf ausgerichtet sein. Wie bei einem Kind, das zum ersten Mal ein Feuerwerk sieht, fielen mir fast die Augen aus, als mir die Bedeutung klar wurde. Alles, was ich tue, muss zuerst und vor allem der Absicht dienen, *ihn zu erfreuen*. Warum sollte ich in der Lehre mitwirken? Um ihn zu erfreuen. Warum sollte ich mich in der Evangelisation engagieren? In erster Linie, um ihn zu erfreuen.

Mir wurde klar, dass ich trotz einer riesigen Mischung guter Motive das Beste versäumt hatte. Kein Wunder, dass ich ein klassischer Fall von Burn-Out war! Ich tat, was ich tat, nicht einfach, um ihn zu erfreuen.

Seit diesem Gedankenspiel mit einer Frühpensionierung habe ich entdeckt, dass in dem Maße, in dem ich alles einfach tue, um ihn zu erfreuen, seine Freude und sein Friede beständig in mir bleiben.

GEBET
Herr, der Weg zur Freude und zum Frieden ist nicht schwer.
Manchmal mache ich die Sache komplizierter als nötig,
weil meine Motive oft gemischt sind. Nimm jedes andere
Bestreben weg, außer dem Wunsch, Dich zu erfreuen.
Im Glauben nehme ich die Freude und den Frieden an,
die die Welt nicht wegnehmen kann.

Fragen zum Nachdenken:

1. Haben Sie schon einmal erlebt, wie das, was Sie für Gott *tun*, zum Burn-Out führt? Was haben Sie dagegen unternommen?
2. Was ist Ihrer Meinung nach das eigentliche biblische Ziel Ihres Lebens?
3. Wie wichtig ist Ihnen die Ebenbildlichkeit Christi?
4. Was bedeutet die Gemeinschaft mit Gott für Sie? Wie können Sie diese Gemeinschaft fördern?

KAPITEL 37

Er gießt seine Barmherzigkeit aus

Ja, die Gnadenerweise des Herrn sind nicht zu Ende,
ja, sein Erbarmen hört nicht auf,
es ist jeden Morgen neu. Groß ist deine Treue.
KLAGELIEDER 3,22-23; ELBERFELDER

Mein Onkel Curly war ein ausgesprochen reaktionärer Südstaatler. Aufgewachsen im tiefen Süden hatte er sich zu einem kauzigen alten Burschen entwickelt, für den ein gutes Freizeitvergnügen darin bestand, Waschbären zu schießen. Ich konnte mich nie wirklich mit ihm anfreunden – eigentlich konnte das niemand. Sie müssen wissen, dass mein Onkel überaus reizbar und aggressiv war. Dazu kam noch, er verachtete Afroamerikaner. Er gehörte zu der Sorte von Eiferern, neben denen Archie Bunker aussah wie ein liberaler Harvardabsolvent.

Als meine Tante Billie und Curly heirateten, waren sie keine Christen. Doch wenige Jahre später bekehrte sich meine Tante radikal zu Christus. Curly wollte nichts von ihrem neuen Glauben wissen. Ja, er verachtete ihren Glauben zusehends und schimpfte ständig mit ihr über ihren Eifer für Gott.

Meine Tante ließ sich aber nicht von ihrem Glauben abbringen und wurde eine brilliante Bibellehrerin. Als ihr Lehrdienst mit den Jahren wuchs, wurde sie als Referentin immer gefragter. Meinem Onkel Curly bedeutete das überhaupt nichts. Im Gegenteil: Je „religiöser" sie wurde, desto unausstehlicher verhielt er sich. Wenn Freunde es wagten, sie zu Hause anzurufen, bekamen sie am anderen Ende oft Curlys ruppige Stimme zu hören und mussten manche Beschimpfung über sich ergehen lassen. So weit ich mich erinnern kann, habe ich den alten Griesgram nie lächeln sehen.

Sicher können Sie sich vorstellen, wie ein solcher Mann – blind vor Vorurteilen – reagierte, als eine seiner Töchter einen Afroamerikaner heiratete. Es machte ihn furchtbar wütend, als ihre erste Tochter geboren wurde! Das war *seine* Enkelin, ein Kind aus *seinem Fleisch und Blut*, gemischt mit dem Blut eines Schwarzen. Curly war so aufgebracht, dass er sich weigerte, sie je zu sehen.

Die Jahre vergingen. Mit über siebzig Jahren, gezeichnet von Emphysemen – düstere Folge des jahrzehntelangen übermäßigen Zigarettenkonsums, er rauchte 3 Packungen am Tag – wurde er sogar noch feindseliger. Er schloss sich mit seinem kleinen Fernseher in seinem Zimmer ein, schottete sich von der übrigen Welt ab und verbrachte seine bedauernswerten Tage in schrecklicher, einsamer Isolation. Dreißig Jahre lang hatte meine Tante, zusammen mit vielen anderen, treu für seine Errettung gebetet, doch er zeigte nie auch nur den Hauch eines Interesses, sondern wurde ständig mürrischer und gehässiger.

Er stand, ich weiß nicht wie oft, an der Schwelle des Todes, und jedes Mal weigerte er sich hartnäckig, von Gottes Liebe zu hören. Wir wussten, dass seine Tage gezählt waren, doch alle – mit Ausnahme meiner Tante – hatten die Hoffnung aufgegeben, dass er je zum Herrn kommen würde. Nach dreißig Jahren des Gebets und zahlloser Gelegenheiten, Christus persönlich anzunehmen, dachten wir, dass er vermutlich zu der Sorte Menschen gehörte, von denen Paulus im ersten Kapitel des Römerbriefs spricht: verkommene Subjekte, die ihrem verdorbenen Sinn ausgeliefert sind und für die es keine Aussicht auf Rettung mehr gibt. Wir nahmen einfach an, dass er endgültig verloren sei.

Ein paar Monate bevor er starb, betrat jene kleine Enkelin – Sprössling der Mischehe, die er so verachtete – mit ihren vier Jahren sein Sterbezimmer. Zu geschwächt, um sie zu beschimpfen, lag er einfach da, während sie in den Raum tippelte.

„Opa", sagte sie, „du musst dein Herz Jesus geben, denn vielleicht kann ich dir nie wieder von seiner Liebe erzählen."

Als er diese Worte hörte, schimmerten plötzlich Tränen in seinen Augen. Dieser freudlose, von Hass zerfressene Mann, der sein ganzes Leben vergeudet hatte, dieser alte Griesgram, der mit seiner ungerührten Gleichgültigkeit seine unglückliche Seele verhärtet und so viele Menschen so lange betrübt hatte, hörte die Stimme der verachteten Enkelin, die ihm inständig zuredete.

„Du musst beten und Jesus in dein Herz einladen."

Im nächsten Augenblick war sie wieder fort. Aber in den folgenden Minuten geschah etwas in diesem Zimmer. Ein wer weiß wie lange verhärtetes Herz taute plötzlich auf. Diese großartige kleine Enkelin - Zielscheibe seines Spotts -, wurde zur Quelle seiner Rettung. Gott berührte ihn und er gab sein Leben auf der Stelle dem Herrn Jesus Christus.

Und seine Bekehrung war aufrichtig. In den verbleibenden Monaten seines Lebens ließ er trotz aller Schwachheit sämtliche Angehörigen zu sich rufen, um ihnen zu erzählen, was er getan hatte, und ihnen zu sagen, dass sie ihre Herzen mit Gott versöhnen lassen mussten. Er verbrachte die letzten Monate seines Lebens damit, Gottes Liebe nicht nur an seine Familie weiterzugeben, sondern auch an die Ärzte und Krankenpfleger, die ihn betreuten, und an jeden, der ihm Gehör schenkte. Er war ein völlig anderer Mann.

Als ich von seinem veränderten Leben und seiner neuen Beziehung zu Jesus erfuhr, war ich ebenso verblüfft wie viele andere, die ihn kannten. Denn ich hatte nie einen Menschen gekannt, bei dem eine Veränderung so absolut unmöglich erschienen war. Er war der härteste Fall, den ich je erlebt hatte, und doch war sein Fall nicht zu schwer für die Liebe Jesu.

An dem Tag, als ich von seiner Bekehrung erfuhr, wurde mir die Barmherzigkeit Gottes auf ganz neue Art bewusst. Ich erkannte, wie groß und wie umfassend und wie mächtig Gottes Barmherzigkeit sein musste, um das Herz eines so verhärteten Mannes weich zu machen.

Ich war natürlich kein so harter Fall. Ich bin nicht so hartnäckig wie mein Nächster. Ich bin ein anständiger Bürger, kein abgehärteter Verbrecher. Ich bin nicht so dringend auf Barmherzigkeit angewiesen wie der Lebenslängliche in der Strafvollzugsanstalt. Ich weiß, dass ich Gnade brauche. Aber Barmherzigkeit ist für die Schurken, die um Begnadigung bitten. So schlecht bin ich nicht - zumindest denke *ich*, dass *ich* nicht so bin.

Die Bibel sagt, dass Gottes Erbarmen jeden Morgen neu ist. Das kann uns in zweifacher Hinsicht überraschen. Für diejenigen von uns, denen bewusst ist, wie sehr wir Gnade brauchen, zeigt sie sich als überwältigende Erleichterung im letzten Augenblick vor der Hinrichtung. Für diejenigen von uns, die meinen, sie wären eigentlich gar nicht so schlecht, scheint sie ein wenig verwirrend. Normalerweise wird uns erst dann bewusst, dass wir Barmherzigkeit brauchen, wenn wir unser Leben nach eigenen Maßstäben ziemlich verpfuscht haben. Andernfalls ist unser Selbstbild ziemlich intakt und wir halten uns für recht akzeptable Menschen.

Doch haben wir je daran gedacht, dass die ständigen Gnadenangebote Gottes auf unser ständiges Gefühl der Bedürftigkeit hinweisen? Vielleicht erkennen wir nicht wirklich, wie wir ohne Gottes Gnade wären. Bin ich davon überzeugt, dass ich seine Barmherzigkeit jeden Morgen brauche? Nicht nur an manchen Tagen – nicht nur an dem Morgen, an dem ich verzweifelt bin –, sondern jeden Morgen?

Hat das Bewusstsein meiner Unzulänglichkeit und meiner Abhängigkeit von Gott mich radikal herausgefordert?

Bin ich davon überzeugt, dass getrennt von ihm nichts Gutes in mir wohnt?

Bin ich zutiefst davon überzeugt, dass selbst meine Entscheidungen, Gott anzubeten und ihm zu gehorchen, aus dem mächtigen Wirken des Heiligen Geistes in mir entspringen?

Solange ich mir nicht ständig durch den Heiligen Geist offenbaren lasse, was ich ohne sein Werk der Gnade wäre, werde ich nicht verstehen, warum Gottes Barmherzigkeit *für mich* jeden Morgen neu sein muss, ob ich nun spüre, dass ich sie brauche, oder nicht. Vielleicht habe ich am dringendsten nötig, dass ich dies erkenne und Gott täglich bitte, mir zu offenbaren, in welchem Bereich und warum ich seine Gnadenerweise *heute* brauche. Demut wird dann vielleicht weniger in dem Versuch bestehen, ein eigenwilliges Ego zu zügeln, sondern eine natürliche Reaktion auf die Erkenntnis sein, wie verzweifelt ich auf seine Barmherzigkeit angewiesen bin. Die Einsicht, warum ich ständig Gottes Barmherzigkeit brauche, ist das, was mich vom Gestank der Selbstgerechtigkeit reinigt.

Fragen zum Nachdenken:

1. Warum fällt es uns Ihrer Meinung nach so schwer, anderen Menschen mit Barmherzigkeit zu begegnen?
2. Was bedeutet es für Sie, dass Gottes Barmherzigkeit jeden Morgen neu ist?
3. Wenn wir gegen irgendeinen Menschen verbittert sind oder Groll hegen, welche Schritte können wir dann tun, damit unser Herz diesem Menschen gegenüber weich wird?
4. Können Sie sich an drei Fälle in der Bibel erinnern, bei denen Gott einer Person oder einer Nation Gnade zeigte, die etwas Verwerfliches getan hatte? Was meinte der Psalmist, als er schrieb: „Seine Barmherzigkeit ist jeden Morgen neu"?

KAPITEL 38

Ein Gott, der den Verstand befriedigt

Sein unsichtbares Wesen, das ist seine ewige Kraft und Gottheit,
wird seit Erschaffung der Welt an den Werken
durch Nachdenken wahrgenommen.
RÖMER 1,20

Als mein Sohn Cameron zehn Jahre alt war, kam er eines Tages zu mir, als ihm Gottes Unsichtbarkeit zu schaffen machte. „Warum können wir Gott nicht sehen?" fragte er. „Ich denke, wenn wir ihn sehen könnten, würde es mir viel leichter fallen, zu glauben."

Das sind Augenblicke, in denen Eltern hastig verzweifelte Gebete zum Himmel schicken. „Hilf mir, jetzt klar zu denken, Gott!", beten wir. Wenn Ihre Kinder mit den ganz schweren Fragen ankommen, können Sie auf Sicherheit spielen und ihnen den Ball erst mal wieder zurückspielen.

„Was meinst du, warum Gott unsichtbar ist?", fragte ich ihn.

„Na ja", überlegte er kurz, „wahrscheinlich, weil er schon versucht hat, sichtbar zu sein und viele Menschen offenbar nichts damit anfangen konnten. Und zweitens, wenn er sichtbar wäre, sodass jeder ihn gleichzeitig sehen könnte, hätten wir wahrscheinlich eine Menge kleiner Götter überall in der Welt und er wäre nicht mehr der eine, große, mächtige Gott, der er ist. Wahrscheinlich kann er nur dann überall für alle Menschen da sein, wenn er unsichtbar ist."

Also, das war eine ziemlich scharfsinnige Antwort. Cameron verstand, dass Gott sich schon in Christus Jesus in menschlicher Gestalt offenbart und die Fülle seiner Macht und Liebe bewiesen hat und dass die meisten Menschen trotzdem nicht an ihn glaubten, während er in Palästina wirkte. Und Gott kennt die Herzen der Männer und Frauen; sie sind in jeder Generation gleich. Wenn Christus in jeder Generation zu jeder Gesellschaft auf der Erde kommen würde, wäre die Reaktion immer dieselbe – die meisten würden nicht glauben und diejenigen, die glauben, würden keine physischen Beweise brauchen. Zweitens sah Cameron den Zusammenhang zwischen der Macht der Allgegenwart Gottes und der Notwendigkeit, für das bloße Auge unsichtbar zu sein.

Jeder von uns stößt auf seiner Suche nach Gott an solche gedanklichen Hindernisse. Manchmal können ungelöste Fragen, die unseren Verstand gefangen nehmen, zu schmerzenden Verletzungen werden. Ungelöste Fragen wie:

- Wenn Gott ein Gott der Liebe ist, warum gibt es dann Krieg?
- Warum ist Jesus der „einzige Weg" zu einer Beziehung mit Gott?
- Wie ist Gottes Dreieinigkeit – ein Gott in drei Personen, drei Personen in einem Gott – zu verstehen?

Viele Menschen zucken einfach ratlos und resigniert mit den Schultern, wenn es darum geht, Gott zu verstehen. „Ist einfach zu mysteriös für mich", sagen sie oft. Es gibt Menschen, deren Herzen sich nie für Gott erwärmen, weil sie solche Fragen haben und meinen, sie müssten ihren Verstand auf Leerlauf schalten, um mit dem Göttlichen in Beziehung zu treten. Und denjenigen von uns, die nach Gründen für den Glauben suchen, erscheinen blinde Glaubensschritte als ein sehr riskantes Unterfangen.

Nehmen wir einmal die Frage der Dreieinigkeit Gottes. Ich erinnere mich, dass ich vor Jahren einen Artikel über einen Spitzensportler las, der in einer christlichen Umgebung aufgewachsen war, aber als Erwachsener zum Islam übertrat. Auf die Frage, warum er konvertierte, gab er zur Antwort, das Christentum sei mit seinen vielen Lehren einfach zu verwirrend, und nannte die Doktrin von der Dreieinigkeit als Beispiel. Angesichts dieser Verwirrung entschied er sich zum Ausstieg – es war einfach zu irritierend für ihn und er wollte einen Glauben, der ihm einfacher und geordneter erschien.

Doch ist es tatsächlich so schwer, das Konzept Gottes als Vater, Sohn und Heiliger Geist zu verstehen? Ich glaube, wenn wir innehalten und aufmerksam nachdenken, werden wir feststellen, dass die Idee von der Dreieinigkeit die höchstmögliche Vorstellung vom Wesen Gottes ist und kein Stolperstein mehr zu sein braucht.

Den meisten von uns kommt die Vorstellung entgegen, dass Gott ein Gott der Liebe ist. Wenn es Gott gibt, dann vertrauen wir – angesichts des Guten, das wir um uns spüren – darauf, dass er ein liebender Gott ist. Aus meiner Sicht liegt darin eines der stärksten Argumente für die Dreieinigkeit Gottes. Bedenken Sie: Woher wissen wir, dass Liebe existiert? Liebe lässt sich nur verifizieren, wenn es ein Objekt gibt, dem ihre Zuwendung gilt. Wenn es nichts zu lieben gibt, lässt sich nie feststellen, ob Liebe existiert oder nicht.

Betrachten wir einmal die muslimische Vorstellung von Gott. Wenn niemand außer Allah existierte, der als eine einzige Person verstanden wird, woher weiß man dann, ob er Liebe war oder nicht? Man weiß es nicht. Man kann nur auf die Lehren des Koran vertrauen und hoffen, dass das, was man glaubt, richtig ist, aber in seinem Wesen liegt nichts, was das Vorhandensein der Liebe verifizieren könnte.

Ich glaube dagegen, dass die Dreieinigkeit Gottes – Gott als Pluralität – die Ewigkeit der Liebe bestätigt, denn es hat in der Gottheit immer ein Objekt der Zuneigung gegeben. Wir können von drei unterscheidbaren Personen sprechen, die in einer so allumfassenden Einheit existieren, dass wir gleichzeitig von dem einen Gott sprechen, der sich in drei Personen manifestiert.

Warum bestätigt diese Tatsache die Liebe? Weil der Vater immer ein Objekt der Liebe hatte – er hat immer den Sohn und den Heiligen Geist geliebt; der Sohn hat immer den Vater und den Heiligen Geist geliebt; der Heilige Geist hat immer den Vater und den Sohn geliebt. Mit anderen Worten hat in der Gottheit immer Liebe existiert.

Nach meinem Verständnis ist diese Offenbarung Gottes der Vorstellung, dass Gott vom Wesen her in der Einzahl existiert, weit überlegen. Wir haben nicht nur die schriftliche Aufzeichnung seiner Worte in der Bibel, sondern er gibt uns schon durch sein Wesen den Beweis, dass Liebe eine ewige Realität ist. Da verwundert es nicht, wenn der Dichter John Donne mit so glühender

Zuneigung betete: „Zerschlage mein Herz, du Gott in drei Personen!"

Damit ist das Mysterium jedoch nicht vollständig gelöst. Und das sollte es auch gar nicht. C. S. Lewis sagte: „Ein Grund, weshalb ich an die Dreieinigkeit glaube, ist die Tatsache, dass kein Mensch sie sich hätte ausdenken können."[15] Es gibt immer ein gesundes Bewusstsein dessen, was an Gott „anders" ist, und wenn wir das verlieren, laufen wir Gefahr, uns Gott nach unserem Ebenbild vorzustellen. Nichtsdestoweniger hat Gott sich so offenbart, dass wir die Weisheit hinter dem Mysterium erkennen können. Es ergibt einfach einen Sinn, dass Gott in mehreren Personen existiert, die von Ewigkeit her eins sind.

Natürlich steht Gott nicht vor Gericht und lässt sich auch nie vor den Karren der Skeptiker spannen. Aber intellektuelle Hürden wie die Dreieinigkeit Gottes halten viele Menschen davon ab, seine Liebe zu erfahren. In der Überschwänglichkeit seiner Gnade offenbart Gott sich selbst und zeigt uns, dass es weise und liebevolle Gründe gibt, warum er so ist, wie er ist. Sie zu entdecken, lässt uns über das Wunder seines Charakters staunen.

GEBET
*Danke, Gott, dass Du meine Fragen nicht scheust
und meine Zweifel Dich nicht zornig machen.
Herr, ich bringe Dir jetzt meine ungelösten Fragen.
Danke, dass Du sie nicht alle sofort beantwortest,
denn so gibst Du mir die Freude, Zeit damit zu verbringen,
Dich zu suchen, was mich nur noch fester mit Dir verbinden
wird.
Denn ich weiß, dass Du, wie der Prophet Jeremia sagte,
Dich finden lässt, wenn wir Dich von ganzem Herzen suchen.*

Fragen zum Nachdenken:

1. Wie reagieren Sie auf die wirklich schwierige Frage nach Gott als Person?
2. Wie gut verstehen Sie die Dreieinigkeit? Was bedeutet das für Ihre Beziehung mit Gott?
3. Wie gehen Sie mit Ihren eigenen schwierigen Fragen und inneren Zweifeln über Gott, sein Wort und sein Wesen um?
4. Warum mutet Gott uns Ihrer Meinung nach diese Geheimnisse über sich selbst zu?

KAPITEL 39

Gottes Ruf zur Abhängigkeit

Denn getrennt von mir könnt ihr nichts tun.
JOHANNES 15,5B

Kürzlich sprach ich in einem Flugzeug mit einer ziemlich wohlhabenden Frau, die Pensionspläne für multinationale Konzerne erstellte. Sie hatte gute Verbindungen und war geschäftlich viel unterwegs. Als wir auf geistliche Dinge zu sprechen kamen, gestand sie bald ihr Interesse am Übernatürlichen – einschließlich einiger übersinnlicher Erfahrungen, sie war der Meinung, sie habe dabei mehrmals schon ihren Körper verlassen.

Wir sprachen über das Vertrauen auf Gott, was uns zu einem bekannten Argument führte, das viele Menschen gegen Gott vorbringen. Es ist das Argument: „Ihr Christen braucht Gott einfach als Krücke."

Ich antwortete dieser Frau: „Natürlich ist Gott eine Krücke! Er ist die ultimative Krücke! Ich habe kein Problem damit, das zuzugeben, und es bringt mich auch nicht in Verlegenheit. Ich bin völlig von Gott abhängig, der die Quelle allen Lebens und alles Seienden ist."

Sehen Sie, dieses Argument berührt die Wurzel dessen, was an der Menschheit falsch ist. Die Feministen protestieren gegen dies, die Linken gegen jenes, die Waffenlobbyisten gegen etwas anderes, und obwohl viele ihrer Proteste eine gewisse Berechtigung haben, besteht ihre Rhetorik zum größten Teil aus einer Forderung nach Rechten. Und dann wundern wir uns, warum es so schwierig ist, eine Ebene der Einheit zu finden. Es liegt daran, dass Menschen, die nur auf sich selbst vertrauen, nicht miteinander klarkommen.

Wir müssen zuerst radikale Abhängigkeit lernen. Und die einzige Person, die es verdient, dass wir uns völlig von ihr abhängig machen, ist Gott. Ich gehe davon aus, dass die Welt ein besserer Ort wäre, wenn alle erkennen würden, wie sehr sie diese „Krücke" brauchen. Doch seit dem berüchtigten Sündenfall, als Adam und Eva von der verbotenen Frucht aßen, haben Menschen unablässig versucht, allein zurechtzukommen, und die Vorstellung einer völligen Abhängigkeit von Gott als kindisch betrachtet.

Im Garten Eden war es Adam, der das Schicksal der Menschheit besiegelte. Denn obwohl Eva schon von der Frucht gegessen hatte, hätte Adam die Menschheit vor ihrem jetzigen Zustand bewahren können. Wir wissen nicht, was mit Eva geschehen wäre, aber Adam hätte überlebt und vielleicht hätte Gott ihm eine andere Partnerin geschaffen. Aber die Tragödie Adams war, dass er beim Anblick seiner Frau Eva, die von der Frucht gegessen hatte und nicht starb, mehr auf seine Sinne und seine eigene Interpretation der Ereignisse als auf das Wort des Herrn vertraute. Er verwarf die „Krücke", schätzte die Situation nach eigenem Ermessen ein und entschloss sich zu der Tat, die er für das Beste hielt: Er aß von der Frucht.

Die Art und Weise, wie wir die Frage der Abhängigkeit betrachten, hat einen messbaren Bezug zu unserer Auffassung von Gottes Macht. Und sie erklärt auch, warum Gott ständig zulässt, dass wir mit dem scheinbar Unmöglichen konfrontiert werden.

Gottes Sache ist es, sich in unseren Augen groß zu machen. Das ist aber kein Ego-Trip, sondern dient ganz im Gegenteil dazu, unsere Sicherheit zu gewährleisten. Er setzt uns einer Fülle von Umständen aus, die Angst oder Sorge auslösen, nur damit er sich als der Gott offenbaren kann, der mehr als fähig ist, diesen Ängsten und Sorgen zu begegnen. Er möchte uns in die Sackgassen unseres Lebens bringen, damit er uns zeigen kann, dass er größer ist als unsere Auswegslosigkeit. Er möchte uns an die Roten Meere unseres Lebens führen, damit er uns zeigen kann, dass er größer ist als das Heer des Pharaos.

Vielleicht erinnern Sie sich, dass die Route, auf der die Israeliten an das Rote Meer gelangten, weit von der Route abwich, auf der sie in die Wüste Sinai hätten ziehen können. Aber Gott führte sie absichtlich fernab vom üblichen Weg an einen ausweglosen Ort, um offenbaren zu können, dass er viel mächtiger ist als alle Macht Ägyptens.

Wenn Sie also meinen, dass Gott sich zu viel Zeit nimmt, um Sie an Ihr Ziel zu bringen, oder wenn Sie glauben, mit dem Rücken zum Roten Meer zu stehen und schon den heißen Atem des Feindes zu spüren, dann seien Sie gewiss, dass Gott Sie auf eine Offenbarung seiner Macht vorbereitet.

Das ganze Konzept des Selbstvertrauens ist bestenfalls fragwürdig. Wir betrachten uns als selbst bestimmt, als autonome Wesen, deren Reife am besten daran gemessen wird, wie unabhängig sie werden. Wir spielen Gott in unserem eigenen Leben und vergessen so leicht, was H. G. Wells einmal beobachtete – dass der Mensch, sobald er sich für Gott hält, wie der Teufel zu handeln beginnt.

Der Gedanke, von irgendetwas oder irgendjemandem abhängig zu sein, riecht für uns nach Schwäche. Aber das Wesen Gottes in seiner Dreieinigkeit deutet darauf hin, dass Singularität in Wirklichkeit illusorisch ist. Wenn Gott selbst in drei Personen – Vater, Sohn und Heiliger Geist – in einer umfassenden, vollkommen geeinten Pluralität existiert, woher nehme ich dann die Vorstellung, ich sei als einzelner Mensch in mir selbst vollständig?

Ganz im Gegenteil hat Gott mich wunderbar dazu geschaffen, grundsätzlich unvollständig zu sein – er hat mich dazu bestimmt, meine Ganzheitlichkeit in der rechten Beziehung zu ihm und zu anderen Menschen zu finden. Abhängigkeit ist keine Schwäche; sie bedeutet, sich der Realität der Dinge zu stellen. Sie ist ein absolutes Vertrauen auf Gott, nicht allein aufgrund unserer Bedürftigkeit, sondern nach Gottes Absicht, seine herrliche Macht zu demonstrieren.

Eine in diesem Sinn „abhängige Persönlichkeit" ergibt keinen sozialen Parasiten, der allem und jedem das Leben aussaugt; aus ihr erwächst eine Person, die erfrischend frei von der ständigen Beschäftigung mit sich selbst ist. Oswald Chambers ermahnt uns: „Mache dir eine ständige Abhängigkeit von Gott zur Grundhaltung und dein Leben wird eine unsagbare Anziehungskraft haben."[16]

Vor Jahren schrieb der bedeutende französische Philosoph Jean-Paul Sartre das Stück „Huis Clos" (Bei geschlossenen Türen), in dem sich das Lebensgefühl einer Generation spiegelt, in einer elenden, sinnlosen Welt gefangen zu sein, in der es wenig Hoffnung gibt. Aber gerade dann, wenn wir hinter „verschlossenen Türen" keinen Ausweg sehen, wenn wir mit unseren Begrenzungen und Unfähigkeiten konfrontiert werden, erfassen wir die Offenbarung der Macht Gottes.

Gott kann seine Macht nicht den Menschen zeigen, die sich ihrer Situation gewachsen fühlen und ihr Vertrauen auf eigene Fähigkeiten setzen. Menschen sagen oft, dass wir erst in Zeiten der Schwachheit für die Dinge des Herrn offen werden. Das ist Unsinn. Es hat nichts mit unserer Schwachheit zu tun; es geht darum, dass Gott uns absichtlich an diesen Punkt der Schwachheit bringt, damit er uns seine Macht zeigen kann.

Gott bringt uns nicht einfach an den Punkt, an dem wir uns auf die göttliche Krücke stützen können, obwohl wir genau das tun müssen. Er gewährt uns vielmehr an dem Punkt unserer Ausweglosigkeit einen flüchtigen Einblick in seine Macht, damit wir die Freude erfahren, die darin liegt, nach seinen Absichten effektiv handeln zu können. In Ihrer schmerzlichen Situation liegt die Möglichkeit einer Begegnung mit Gottes Macht. Bei alledem sollten wir eines nie vergessen: Wir müssen bei allem, was wir ohne Gott tun, „jämmerlich versagen – oder noch jämmerlicher erfolgreich sein", wie George MacDonald sagte.[17]

GEBET

Wieder erfüllt mich dankbares Staunen, Vater,
dass Du mich in dieser Welt nicht allein navigieren lässt.
Danke, dass Du kein göttlicher Uhrmacher bist, der mich
einmal aufgezogen hat und mich nun aus der Ferne beobach-
tet.
Nein, Du bist mit jeder Facette meines Lebens vertraut und
forderst mich auf, Dir in jeder Einzelheit völlig zu vertrauen.
Ich weiß, dass diese Art der Hingabe es Dir ermöglicht, in mir
den Charakter und das Wesen Deines Sohnes Jesus zu formen,
und ich weiß, dass nichts so erfüllend ist, wie diese Art zu
leben.

Fragen zum Nachdenken:

1. Haben Sie schon einmal gehört, wie jemand kritisierend sagte, dass Gott nur eine „Krücke" ist?
2. Wie rückhaltlos vertrauen Sie auch in solchen Zeiten auf Gott, in denen die Dinge nicht so gut laufen?
3. Beobachten Sie manchmal, wie Sie sich - wenn auch kaum merklich - von Gott entfernen, wenn Ihr Leben „in Ordnung" ist?
4. Fühlen Sie sich manchmal unzulänglich, nur um dann zu erleben, wie Gott Sie aufrichtet und Ihnen zeigt, dass all Ihre Befähigung in Ihm liegt?

KAPITEL 40

Mit Gott von Angesicht zu Angesicht

Ich sah den Herrn sitzen auf einem hohen und erhabenen Throne
und seine Säume füllten den Tempel.
Seraphim standen oben über ihm ...
Und einer rief dem andern zu und sprach:
Heilig, heilig, heilig ist der Herr der Heerscharen;
die ganze Erde ist voll seiner Herrlichkeit.
JESAJA 6,1-3

Es war einer dieser glühend heißen Tage, für die der Nahe Osten so bekannt ist. Auf den ausgedörrten Hängen des Ölbergs, von denen man auf das berühmte Osttor Jerusalems hinabblickt, hatten sich mehrere hundert Fürbitter versammelt. Die Bibel sagt, dass Christus bei seiner Wiederkunft auf die Erde zuerst diesen Berg mit seinen Füßen berühren wird. Die Vorstellung, wie es an jenem Tag sein wird, wenn der König der Könige durch das Osttor einziehen und seine Herrschaft über die Welt antreten wird, fasziniert uns alle im Blick auf unsere ewige Bestimmung. Fünf Nachmittage lang knieten wir auf diesem dürren, staubigen Hang und beteten inständig für die Nationen.

Am letzten Tag zog diese große Schar tanzend und farbige Banner schwingend den Ölberg hinab, bewegt von den Klängen zweier Loblieder, die ich geschrieben hatte, um einen Eindruck von der Majestät des Herrn und von seinem endgültigen Triumph zu schildern:

The kingdoms of this world
Have become the Kingdoms of our God
And of His Christ forever,
And He shall reign forever and ever.
Lift up your heads to your coming King:
Bow before Him and adore Him, sing
to His majesty, let your praises be
Pure and holy, giving glory to the King of kings.

(Die Reiche dieser Welt
sind für immer die Reiche unseres Gottes
und seines Christus' geworden.
Und er wird herrschen in Ewigkeit.
Erhebt eure Häupter vor eurem kommenden König:
Beugt euch vor ihm nieder und betet ihn an, singt
seiner Majestät, euer Lobpreis sei
rein und heilig, den König der Könige zu ehren.)

Schauer liefen mir über den Rücken, als ich diese große Schar tanzender, singender und Banner schwingender Menschen sah, die laut rufend und singend die Herrlichkeit Gottes priesen. Es war ein elektrisierender Anblick, der mir eine Vorahnung von jenem großen Tag vermittelte, an dem jedes Knie sich beugen und jede Zunge bekennen wird, dass *Jesus Christus der Herr ist* - zur Ehre Gottes, des Vaters.

In demselben Augenblick verspürte ich einen Hauch der Ehrfurcht, die den Propheten Jesaja ergriffen haben muss, als eine Vision von Gottes Herrlichkeit ihn ergriff. Die Bibel sagt, dass Jesaja im Todesjahr des Königs Usija seine Augen zum Himmel hob und im Geist entrückt wurde bis an die Schwelle des heiligen Thronsaals Gottes (Jesaja 6). Vielleicht erinnern Sie sich, dass Usija eine Art Nationalheld war, der nach einer langen Phase des Niedergangs den früheren Glanz der Nation wiederhergestellt hatte. Usija war aber auch ein gottesfürchtiger Mann, ein König, der seinem Volk Stabilität, moralische Integrität, Sicherheit, Frieden und Wohlergehen gebracht hatte. Wie sehr muss Jesaja ihn bewundert haben - und wie tief muss ihn die Trauer über den plötzlichen Tod Usijas getroffen haben.

Ja, als Usija starb, starb mit ihm auch alles, was für Jesaja Sicherheit bedeutet hatte, mit diesem großen Mann, der sein König, Mentor und Held gewesen war. Zweifellos war Jesaja über diesen Verlust erschüttert, als hätte ein Erdbeben die Fundamente seines Lebens ins Wanken gebracht. Wie konnte er ahnen, dass diese Erschütterung nur die Vorbereitung auf etwas Größeres war – der Auftakt zu neuer Vision, zu neuer geistlicher Kraft und Reife? Wie konnte er ahnen, dass aus Verlust und Unsicherheit Vollmacht, klare Führung und eine Berufung für das Lebenswerk hervorgehen würde, das Gott für ihn hatte?

Nach Usijas Tod muss Jesaja nichts als Verwirrung empfunden haben. Und dann – dann hob Jesaja die Augen und blickte über seine Umstände hinaus. In diesem Moment wurde er von einer Vision der Herrlichkeit erfasst – der Herrlichkeit Gottes, die jenseits dieser irdischen Sphäre ständig ausstrahlt, ob unsere Augen dafür offen sind oder nicht.

Entrückt in himmlische Regionen, die ihn staunen ließen, stockte Jesaja sicher der Atem angesichts der unaussprechlichen Schönheit des himmlischen Tempels, der vor ihm auftauchte. Was für eine majestätische Pracht sah er? Was für eine Reinheit? Jesajas Ehrfurcht war so groß, dass er nur wenige Einzelheiten für uns aufschrieb.

Aber wir können uns vorstellen, wie er ganz langsam durch die Korridore des himmlischen Heiligtums schritt. Was war das für eine Schar strahlender Wesen, unter denen er sich hier bewegte? Es waren die himmlischen Heerscharen! Das Gefolge der anbetenden Engel, die Schulter an Schulter das Gebäude ausfüllten und sich drängten, um einen Blick zu erhaschen.

Einen Blick erhaschen wovon?

Jesaja drängte sicher vorwärts, nur um plötzlich wie angewurzelt stehen zu bleiben, als sich ihm dieser Anblick bot: oben ein großer Thron, schwebende Engel. Die großen Seraphim, die vor leidenschaftlicher Anbetung glühten, wie gebannt auf den Einen blickend, dessen anmutige, überwältigende Schönheit vom Thron ausstrahlte. Der Eine, auf den die ganze Schöpfung wartet. Das Zentrum des ganzen Universums. Unfähig, ihre Augen von ihm abzuwenden, riefen die Engel: *„Heilig, heilig, heilig…"*

Aber Jesajas sterbliche Augen konnten ihn nicht ansehen. In

ein und demselben Augenblick überfluteten ihn die Freude, das Staunen, die Sehnsucht – und die Angst, weil er die Reinheit selbst geschaut hatte. „Weh mir, ich vergehe!", rief Jesaja.

Erscheint Ihnen Jesajas Reaktion auch so seltsam wie mir? Warum rief er nicht zusammen mit den Engeln: „Heilig ist der Herr"?

Eine mögliche Erklärung kommt mir in den Sinn: In dem Moment, als Jesaja düstere Gedanken über seinen eigenen Schmerz und Verlust und Mangel hatte, wurde er in die Gegenwart dessen entrückt, der alles in allem ist. In die Gegenwart des Einen, der selbstlos Heiligkeit, Liebe, Güte, Barmherzigkeit, Führung, Versorgung verströmt – alles, was unsere Seelen brauchen, um leben zu können.

Ich frage mich, ob Jesaja sich selbst erkannte, wie er wirklich war: ein selbstbezogener Mensch, der seine Sicherheit, seine Position und sein Wohlergehen in der irdischen Beziehung zu einem sterblichen Mann gefunden hatte, der zwar ein König war, aber unweigerlich sterben würde.

Erkannte Jesaja, wie klein er tatsächlich war? Erkannte er, dass er sein Vertrauen fälschlich auf einen Menschen gesetzt hatte? Vielleicht. Wir wissen jedenfalls, dass er in die brennenden Tiefen Gottes schaute und rief: „Weh mir ..."

Ich weiß, dass ich Jesaja sehr ähnlich bin, wenn ich dem Irrtum erliege, meine Sicherheit und die Erfüllung meiner Bedürfnisse in irgendetwas zu suchen, was dieses Leben zu bieten hat. Wir lieben. Wir arbeiten. Wir planen. Wir bauen Häuser und träumen Träume. Und natürlich sollten wir nie so jenseitsorientiert sein, dass wir uns weigern, die Güte und den Segen Gottes auch in den geschaffenen Dingen wahrzunehmen.

Aber ich weiß auch, dass Gott bei mir dasselbe tun muss wie bei Jesaja: dass er gerade diejenigen Dinge erschüttern oder sogar wegnehmen muss, auf die ich meine Sicherheit und mein Wohlergehen baue. Offenbar muss er die Usijas aus meinem Leben beseitigen, um meinen Blick über diese irdische Ebene und über meinen eigenen Schmerz und Verlust hinauszuheben, damit er mir *sich selbst* zeigen kann.

Was sonst, außer einer echten Vision Gottes, der völlig selbstlos ist, könnte uns aus dem Gefängnis unserer Selbstbezogenheit herausholen? A. W. Tozer drückte es so treffend aus: „Um ihre verlorene Vollmacht wiederzuerlangen, muss die Gemeinde den Himmel offen sehen und durch eine Vision Gottes verwandelt werden."[18]

Wir werden viele Verluste, Verletzungen und Bedürfnisse in diesem Leben haben. Das liegt in der Natur unseres Lebens diesseits des Himmels. Aber die Heilung unserer Seelen – das Nähren, das Wachstum und die Reife unseres inneren Menschen – wird nicht geschehen, indem wir auf unsere Bedürfnisse starren. Heilung wird nie geschehen, wenn wir wie gebannt in die Leere und Sehnsucht in uns starren. Dort werden wir nur uns selbst sehen und das ist der sichere Weg zu Kummer, Zynismus, Langeweile oder Verzweiflung.

Was wir am dringendsten brauchen ist, uns selbst in der Anbetung zu verlieren – in der Sehnsucht, einen neuen Blick auf den Einen erhaschen zu können, nach dem unsere Seelen sich verzehren: den Gott, der unsere Verletzungen heilt, unseren Mangel stillt und unsere Schritte durch sein Erscheinen lenkt. Denn in den vielen Facetten seines wunderbaren Charakters liegt alles, was wir an Antworten und Trost je brauchen.

Jesaja brauchte eine Begegnung mit Gott von Angesicht zu Angesicht. Danach war er nicht mehr in sich selbst versunken; er wurde durch das atemberaubende Wunder Gottes von innen her erneuert. Sein Leben wurde verwandelt. Wie ein Laserstrahl wurde es auf eine einzige glühende Leidenschaft konzentriert: diesen wunderbaren Gott bis an die Enden der Erde bekannt zu machen. Inmitten eines großen Verlustes hob Jesaja die Augen, sah Gott und begann so die wahre Mission, zu der er erschaffen worden war.

Dasselbe gilt auch für Sie und für mich. Vielleicht muss Gott seinen Finger auf die irdischen Dinge legen, aus denen wir unseren Sinn schöpfen und von denen wir unser Wohlergehen abhängig machen. Und wenn die Erschütterung vorüber ist und wir in unserer Angst allein dastehen, haben wir die Chance, unsere Augen zu heben und die Herrlichkeit des Herrn zu sehen, wenn wir uns ihm rückhaltlos hingeben.

Gebet

Geliebter Vater, wunderbarer Gott, heile meine Verletzung,
fülle meinen Mangel aus, führe mich zu einer Vision von Dir.
Lehre mich, Dich zu kennen, und mache mich bereit,
anderen Menschen zu dienen, um die Dein Herz leidet.
Ja, forme mich zu einem Gefäß, das nur die Wahrheit über
Deine unvergleichlichen Tugenden enthält,
welche die ganze Erde und auch den Himmel erfüllen.
Heile meine Seele, Vater, und mache mich bereit,
auf Deinen Ruf zu antworten, damit ich,
wenn Du ein gehorsames Kind suchst, das Dir auf dieser Erde
dient, wie Jesaja Deinen Ruf hören und sagen kann:
„Hier bin ich – sende mich!"

Fragen zum Nachdenken:

1. Wie würden Sie Gottes Herrlichkeit beschreiben?
2. Vergleichen Sie das mit Ihrer eigenen menschlichen Unvollkommenheit. Wie stellt sich Ihre Beziehung zu Gott auf diesem Hintergrund dar?
3. Hat Gott Sie schon einmal bis zu dem Punkt erschüttert, an dem Sie erkannten, dass Ihre Sicherheit völlig in ihm liegt?
4. Wenn Sie geschaffene Dinge betrachten, wissen Sie darin die Güte Gottes zu schätzen?

ANMERKUNGEN

1 *An Anthology of C. S. Lewis*, hrsg. von Clyde S. Kilby, New York 1969, S. 22, 24
2 Oswald Chambers, *My Utmost for His Highest*, New York 1935, S. 31 (*Mein Äußerstes für sein Höchstes*, Wuppertal 1998)
3 J. George Mantle, *Beyond Humiliation*, Minneapolis 1975, S. 35
4 A. W. Tozer, *The Knowledge of the Holy*, New York 1961, S. 113
5 Michael Quoist, *Prayers of Life*, London 1963, S. 102
6 Donald Bloesch, *Essentials of Evangelical Theology*, Bd. I, New York 1978, S. 41
7 Francis Thompson, *Selected Poems of Francis Thompson*, London 1909, S. 55-56
8 Oswald Chambers, *My Utmost for His Highest*, New York 1935, S. 154 (*Mein Äußerstes für sein Höchstes*, Wuppertal 1998)
9 Jonathan Edwards, *The Great Awakening*, London 1976, S. 215
10 Helmut Thielicke, Die Lebensangst und ihre Überwindung, C. Bertelsmann Verlag, Gütersloh 1954
11 Charles Haddon Spurgeon zitiert aus, *The Shadow of the Broad Brim*, von Richard E. Day, Valley Forge 1934, S. 177-178
12 George MacDonald, „Lost and Found", in: *Anthology of Jesus*, hrsg. von Warren W. Wiersbe, Grand Rapids 1981, S. 129
13 Henri Nouwen, *In the Name of Jesus*, New York 1993, S. 38
14 C. S. Lewis, *The Weight of Glory and Other Addresses*, Grand Rapids 1965, S. 1-2
15 C. S. Lewis, zitiert aus Renewing America's Soul Howard E. Butt, Jr. New York 1996, S. 1
16 Oswald Chambers, *My Utmost for His Highest*, New York 1935, S. 2 (*Mein Äußerstes für sein Höchstes*, Wuppertal 1998, S. 12)
17 George MacDonald, *Creation in Christ*, hrsg. von Rolland Hein, Wheaton 1976, S. 281
18 A. W. Tozer, *The Knowledge of the Holy*, New York 1961, S. 121

teamw🔴rk

Verlag, Musik + Handel GmbH